名家精译史学经典

战国策选译

赵丕杰　译注

长江出版传媒｜崇文书局

图书在版编目（CIP）数据

战国策选译 / 赵丕杰译注 . -- 武汉 ：崇文书局，
2022.2（2023.3重印）
（名家精译史学经典）
ISBN 978-7-5403-6515-8

Ⅰ．①战… Ⅱ．①赵… Ⅲ．①中国历史－战国时代－
史籍②《战国策》－注释③《战国策》－译文 Ⅳ.
①K231.04

中国版本图书馆 CIP 数据核字（2021）第 242633 号

策　　划　叶　蓬
责任编辑　李　玮
封面设计　九　光
责任校对　董　颖
责任印制　李佳超

战国策选译
ZHANGUOCE XUANYI

出版发行　长江出版传媒　崇文书局
地　　址　武汉市雄楚大街268号C座11层
电　　话　（027）87677133　邮政编码　430070
印　　刷　武汉精一佳印刷有限公司
开　　本　880㎜×1230㎜　　1/32
印　　张　8.25
字　　数　210千
版　　次　2022年2月第1版
印　　次　2023年3月第2次印刷
定　　价　49.00元

出版说明

　　"名家精译史学经典"丛书是为中国史学爱好者提供的一套普及型史学读物,它包括中国首部国别史《国语》、中国首部编年史《左传》、先秦历史散文的杰作《战国策》、二十四史中水准最高的"前四史"《史记》《汉书》《后汉书》《三国志》和规模空前的编年体通史巨著《资治通鉴》。这八种史书不只开创、确立了国别体、编年体、纪传体等不同的史书体裁,而且在史识、史裁、叙事技巧、语言艺术等方面也颇有建树,影响广泛而深远,历来被视为中国史学的经典,是学习中国历史必读的史籍。

　　由于原著大多卷帙浩繁,从读选本入手就成为史学爱好者的普遍选择。在众多的选本版本中,我们经过权衡比较,遴选了这些由名家选注的、且历经时间检验和学识文笔俱佳的选本。

　　这些从民国至今不同年代的选本,其选注者既有功力深厚的老辈学人,也有治学严谨的当代学者。其年代跨度之大,学者风格之鲜明,是目前同类丛书中仅见的。整套书所呈现出的丰富的文化意蕴和多元的学术风格,一定会给读者带来别样的阅读兴味。

　　秦同培先生是民国初期的教育家、民国时期三大出版机构之一的世界书局的老编辑。他译注的《史记选译》初版名为《史记评注读本》，由世界书局于1924年首次出版，后重版多次。1949年后，该书又流传到港台地区，依然备受读者青睐。《汉书选译》和《后汉书选译》原为一本，初版名为《汉书评注读本》，由世界书局于1924年首次出版。这几部作品虽已面世百年，但仍有独特的价值和鲜明的特点。其选篇别开生面，独具慧眼，大大拓展了读者的历史视野。特别是每篇的评语，尤显功力，散发着民国学者特有的、醇厚的古典气息，值得细细品读。

瞿蜕园先生是著述等身的文史大家，他在20世纪50年代致力于史学普及，出版了多种广受欢迎的史籍选本。他译注的《左传选译》由春明出版社于1955年首次出版。该选本"选择精审，译文畅达，注释简要"，上海古籍出版社于1981年重版。《资治通鉴选译》初版名为《通鉴选》，由古典文学出版社于1957年首次出版，这是《资治通鉴》的第一部选注本，从选篇、题解到注释都深具匠心，后曾一度再版。本次出版则特邀瞿氏弟子俞汝捷先生配写了晓畅雅洁的译文。

邬国义先生、胡果文先生译注的《国语译注》由上海古籍出版社于1994年首次出版。该选本内容丰赡，注释贴切，译文流畅，题解精辟，有研究者评该选本"译文很得《国语》原义，为《国语》各译注本中不可多得的佳作"。

赵丕杰先生译注的《战国策选译》由人民文学出版社于1994年首次出版。该选本"所选都是思想内容好，文学性较强的作品。历来为人传诵的名篇都包括在内，……力求能反映《战国策》的全貌"，是目前研究《战国策》的重要参考书。

陈稼禾先生译注的《三国志选译》初版名为《三国志菁华》，由上海教育出版社于 2001 年首次出版。该选本选篇全面精当，注释简明详实，译文通俗畅达，题解言简意赅，是一本十分适合初学者阅读的选本。

为帮助读者更好地阅读和欣赏这些古典巨著的佳妙之处，书中内容有前言、原文、译文、注释和评语或题解几大部分，这样的体例安排也给读者提供了很好的学习便利。

本丛书依据的底本为多年前的旧作，此次出版，底本中是繁体字竖排的，一律改为简体字横排；为便于今天的读者阅读，对个别底本中的部分译文作了重译；底本中有些词汇的使用与现代汉语规范不尽一致，为尊重作者的行文风格，没有按现代汉语规范统一修改；底本中所注的今地名，由于时代的变迁多有变化，今遵从原著，基本不作改动。限于水平，错误难免，恳请方家不吝赐教。

崇文书局

2021 年 11 月

前 言

一

《战国策》是一部以记载战国策士的说辞和活动为主要内容的历史著作，也是一部优秀的历史散文总集。确切的作者已不可考，大抵是战国末年至秦汉之间的游说之士，出于学习和揣摩的需要，杂采各国史料和流传的权变、游说故事，加以增益、整理、纂集而成。当时流传的本子不止一个，内容、体例、书名也不一致，1973 年马王堆出土的《战国纵横家书》，就是其中之一。司马迁曾从这些资料中采录九十余事写入《史记》。西汉末年刘向根据他所见到的本子，校其错讹，去其重复，依国别、按时序，重新整理编排，分为东周、西周、秦、楚、齐、赵、魏、韩、燕、宋、卫、中山十二策，三十三篇。以其为"战国时游士辅所用之国为之策谋"之作，定名为《战国策》。

《战国策》曾经东汉高诱作注，但到北宋时已亡佚十一篇，高注也已残缺。曾巩访求当时藏本加以校补，补足三十三篇，但未能恢复刘向原书的面貌（《太平御览》等书中还保存了原书不少整段的佚文）。南宋绍兴年间，姚宏、鲍彪同时校注《战国策》。姚本以校为主，

1

并对高注作了续补，比较接近古本；鲍本以注为主，并调整了某些篇章的次序，改动了某些字句。元代吴师道根据鲍本，正以姚本，参之诸书，作了补正。清代黄丕烈重刻姚氏本，做了札记。1978年上海古籍出版社整理出版的标点本，即以黄氏重刻姚氏本为底本，这是目前较好的版本。

对这部巨著，前人只做了些零星的校勘工作，还谈不上系统的整理，文字上的舛误仍较多，至今没有一个比较理想的注本。吴师道的《补正》、黄丕烈的《札记》、王念孙的《读书杂志·战国策》和金正炜的《战国策补释》，都有重要的参考价值。

二

《战国策》记述的历史事件，上起周贞定王十一年（公元前458年）知伯率韩、赵、魏三家灭范、中行氏（《赵策一》），下迄秦始皇二十六年（前221年）以后高渐离筑击秦始皇（《燕策三》），前后约二百四十年（刘向在《校战国策书录》中说"讫楚汉之起"，司马贞《史记索隐》也说《战国策》载有蒯通说韩信事，那么原书的下限还要晚一些）。这段时期正是我国社会结构急遽变化，社会矛盾异常尖锐，兼并战争接连不断，文化思想空前活跃的战国时期。

商鞅变法之后，西方的秦国崛起，日益成为山东六国的威胁。六国企图联合抗秦，秦国则利用六国之间的矛盾分化瓦解，远交近攻，从而形成了持续百余年的"合纵""连横"斗争。在这种错综复杂的政治、军事、外交斗争中，谋臣策士应运而生，他们凭借智谋和辩才，奔走游说，纵横捭阖，在政治舞台上大显身手。正如刘向所说："故孟子、孙卿儒术之士弃捐于世，而游说权谋之徒见贵于俗。是以苏秦、张仪、公孙衍、陈轸、代、厉之属,生从(纵)横短长之说,左右倾侧。"他们"因势而为资,据时而为故,其谋扶急持倾,为一切之权。虽不可以临国教,化兵革,亦救急之势也"(《校战国策书录》)。《战国策》着重记述这些纵横家者流"为一切之权"的言论和行动,表现他们的才能和辩智,宣扬士人在历史上的作用,对凭借口舌乃至以权诈猎取功名利禄的行径也直言不讳。因此就全书的主要倾向观察,应该是反映了纵横家的思想,是一部典型的"战国纵横家书"。

但是纵横家不同于儒、道、墨、法诸家,本无完整的思想体系,因此《战国策》包罗的思想内容便比较复杂。其中不少受到高度评价的名篇,实际并不能代表它的主要思想倾向。例如《赵威后问齐使》提出"苟无岁何以有民,苟无民何以有君",这种民贵君轻的"民本"思想,实际是思孟学派的儒家思想;《赵武灵王胡服骑射》宣扬"理世不必一道,便国不必法古",显然是卫鞅学派的法家思想;《墨子止楚攻宋》反映的"非攻"思想,无疑是墨家的主张。触龙反对"位尊而无功,奉厚而无劳,而挟重器多"的深谋远虑,鲁仲连"为人排患释难解纷乱而无所取"的超然风度,荆轲"壮士一去兮不复还"的慷慨悲壮,也都同纵横家的急功近利不合。

最能反映纵横家思想,体现《战国策》主要思想倾向的,还是苏秦、张仪、陈轸等人的言行。典型的例子就是《苏秦以连横说秦》。他在秦国失意之后,发愤勤读,苦心揣摩,改以合纵说赵,一举成功。这说明他并没有一定的政治主张,完全是"度时君之所能行",以售其计。他毫不掩饰地说:"安有说人主不能出其金玉锦绣,取卿相之尊者乎?""贫穷则父母不子,富贵则亲戚畏惧,人生世上,势位富贵,盖可忽乎哉!"赤裸裸地表现了唯利是图的人生观。范雎说秦王,蔡泽说范雎的言论,比起苏秦的自白要冠冕堂皇、委婉动听得多,然而其目的仍然是为了取他人而代之，与苏秦并无不同。在这种人生观的支配下，他们可以互相利用，如甘茂亡秦之齐，要托苏代说情，苏代为燕说齐，又要买通淳于髡；也可以互相倾轧，如张仪多次攻击陈轸，公孙衍也多次攻击张仪；还可以不顾信义阴谋权诈，如张仪诳楚绝齐，陈轸诳韩绝秦。诸如此类，不胜枚举。正如鲁迅所说："战国时候谈士蜂起，不是以危言耸听，就是以美言动听，于是夸大、装腔、撒谎，层出不穷。"把握住产生游说之士的特定历史背景，就能给《战国策》以恰如其分的评价。像曾巩那样把它一概斥为足以亡身灭国的"邪说"，固然是迂腐之论；仅仅根据某些不能代表全书主要思想倾向的篇章，便做出高度评价，也未免失之偏颇。

此外，《战国策》还特别强调了士这一阶层的作用，以为得士失士，关系到一国的胜败兴衰。如赵襄子倚重张孟谈而转危为安，知伯不听知过而身死国亡；燕昭王求贤重士而破齐雪耻，齐闵王拒谏杀士而天怨人怒。并且通过书中人物之口为贵士大声疾呼。如颜斶在齐宣王面前宣称"士贵耳，王者不贵"；王斗面刺齐宣王好马、好狗、好酒、好色，独不好士；汪明对春申君用"骥服盐车"的比喻为天下士人的不遇作不平之鸣。宋人鲍彪在评论知氏灭亡时说："此一时三晋、智氏皆有士，三晋之应之如响、智氏独不用之而亡，则士岂非天下之重宝乎？"可谓一语破的。《战国策》对求才、识才、用才的论列也甚精辟。如莫敖子华、淳于髡、王斗等都认为只要君王好贤就有贤，好士就有士。王斗说"王亦不好士也，何患无士"（齐策四）；莫敖子华说"若君王诚好贤，皆可得而致之"（楚策一）；淳于髡饶有风趣地说"夫物各有畴，今髡贤者之畴也，王求士于髡，譬若挹水于河，而取火于燧也"（齐策三）；郭隗更直截了当地说"王诚欲致士，先从隗始，隗且见事，况贤于隗者乎"（燕策一）。姚贾向秦王政提出，明主用人应当考虑他有无真才实学，能否为国立功，而不必计较他出身是否微贱，历史有无污点（秦策五）；鲁仲连也对孟尝君说，用人当用人所长，人尽其材，不能舍其所长，用其所短（齐策二）。这些见解至今仍有借鉴意义。

三

《战国策》继承并发扬了《左传》《国语》的传统，对后世史传散文和政论文的发展有着深远的影响，在文学史上占有重要地位。

善于写游说之辞。《左传》即以长于写行人辞令著称，《战国策》的策士更是辩才无碍，铺张扬厉，气势奔放，酣畅淋漓。苏秦、张仪游说各国的许多长篇大论就是典型的代表。特别值得提出的是，有些说辞写得推心置腹，真诚恳切，令人动容。例如范雎入秦说昭王的一大段："臣非有所畏而不敢言也，知今日之言于前，而明日伏诛于后，然臣弗敢畏也……臣之所恐者，独臣死之后，天下见臣尽忠而身蹶，是以杜口而裹足，莫肯即秦耳！"听起来全是为对方设想，昭王不能不被打动。乐毅在报燕王书中反复剖析自己"所以事先王之心"，表明弃燕归赵实在出于不得已，"夫免身全功，以明先王之迹者，臣之上计也。离毁辱之非，堕先王之名者，臣之所大恐也。临不测之罪，以幸为利者，义之所不敢出也"。情致委曲，后来蒯通、主父偃读了都"未尝不废书而泣"（《史记·乐毅列传》）。像这样披肝沥胆的文字，在《策》文中绝非仅见。有些说辞则危言耸听，出语惊人。例如鲁仲连驳斥辛垣衍，力陈帝秦之害，从"吾将使秦王烹醢梁王"，直说到"将军又何以得故宠"，使辛垣衍再拜谢罪，不敢复言帝秦；唐且针对秦王"伏尸百万，流血千里"的恫吓，针锋相对地提出"伏尸二人，流血五步，天下缟素"，使秦王色挠，长跪而谢；庄辛说楚襄王，从蜻蛉、黄雀、黄鹄、蔡侯，一直说到襄王本身，使他颜色变作，身体战栗。

善于刻画人物。同《左传》的一般只能用片段的情节和简约的文字点染人物相比，《战国策》的许多篇章情节更为曲折，故事更为完整，人物形象更为丰满。如《苏秦以连横说秦》通过苏秦前贫贱后富贵，家人前倨后卑的鲜明对比，把朝秦暮楚变化无常的策士形象，刻画得鲜明生动。《荆轲刺秦王》通过错综复杂的情节安排，感人的细节描写，以及有关人物的映衬，把不欺其志的刺客形象写得栩栩如生。此外像冯谖、鲁仲连、唐且、触龙、邹忌、聂政、张孟谈等众多人物，无不写得有声有色，令人难忘。这方面的成就，实开汉代传记文学的先河，对后世小说的发展也不无影响。

善于取譬设喻。运用比喻和寓言说明抽象的道理，是诸子散文的共同特点，而《策》文由于是策士用于游说的辅助，使对方易于理解和接受，在取譬的浅显通俗、巧妙机警方面表现得更为突出。邹忌以自己受到妻、妾、客的蒙蔽为例，说服齐王广开言路虚心纳谏，赵客以买马必将待工为喻，讽谏赵王不应把治国的大任交给嬖臣，都是用浅显、警策的比喻说明深刻的道理。苏秦用"食贵于玉，薪贵于桂，谒者难得见如鬼，王难得见如天帝"讽刺楚王，齐客用"海大鱼"比喻靖郭君之与齐犹如大鱼之与海，亦都通俗贴切，既夸张而又实际。此外像"画蛇添足""狐假虎威""鹬蚌相争""南辕北辙""惊弓之鸟"等寓言的运用，无不浅显通俗，巧妙奇警，千百年来脍炙人口，流传不衰。

四

　　这个选本共选译《战国策》原文六十章。所选都是思想内容较好，文学性较强的作品，历来为人传诵的名篇都包括在内，同时也照顾到国别和不同的文体，力求能反映《战国策》全书的面貌。原文以上海古籍出版社《战国策》整理本为底本，凡有所校勘，均加注说明。译文以直译为主，意译为辅。为了节省篇幅，只加了少量注释，凡是译文能够体现的，一般不注。每章都加了标题，有的采用通用的篇名，有的根据内容拟定。标题下面附有简短的提示，希望能有助于读者阅读理解。古籍今注不易，今译更难，加之译者学力有限，不妥之处在所难免，敬希读者指正。

赵丕杰

目 录

出版说明 ······································· 1

前言 ··· 1

东周策 ··· 1

  颜率计全九鼎 ······························· 2

西周策 ··· 5

  苏厉说周君止白起攻魏 ······················· 6

秦策 ··· 8

  商鞅治秦 ································· 9

  苏秦以连横说秦 ····························· 10

  司马错论伐蜀 ······························· 17

  张仪诳楚绝齐 ······························· 21

  陈轸止秦助齐 ······························· 25

  扁鹊投石 ································· 27

  息壤之盟 ································· 28

  苏代重甘茂于齐 ····························· 32

范雎说秦王远交近攻 ·················· 34

蔡泽代范雎相秦 ····················· 45

吕不韦相秦 ························· 55

甘罗十二出使 ······················ 59

姚贾论用人之道 ····················· 63

齐策 ····························· 68

三字谏 ··························· 69

靖郭君知人 ························ 70

邹忌讽齐王纳谏 ····················· 73

画蛇添足 ························· 76

苏秦止孟尝君入秦 ··················· 78

淳于髡谏齐王伐魏 ··················· 79

冯谖客孟尝君 ······················ 80

颜斶论贵士 ························ 86

赵威后问齐使 ······················ 91

跖犬吠尧 ························· 93

田单攻狄 ························· 97

楚策 ····························· 100

狐假虎威 ························· 101

莫敖子华论贤臣 ····················· 102

慎子计全东地 ······················ 109

米珠薪桂 ························· 114

郑袖谗魏美人 ······················ 115

庄辛论幸臣 ························ 116

不死之药 ························· 122

2

惊弓之鸟 ···123

骥服盐车 ···124

春申君灭族 ···127

赵策 ···133

赵韩魏三家灭知伯 ·····························134

豫让刺赵襄子 ·····································141

赵武灵王胡服骑射 ·····························145

虞卿谏割地赂秦 ·································156

鲁仲连义不帝秦 ·································163

赵王买马 ···172

触龙说赵太后 ·····································174

魏策 ···179

魏文侯二三事 ·····································180

鲁共公择言 ·······································182

南辕北辙 ···183

唐且说信陵君 ·····································185

缩高义抗信陵君 ·································186

唐且不辱使命 ·····································189

韩策 ···192

秦韩浊泽之战 ·····································193

聂政刺韩傀 ·······································196

燕策 ···202

燕王哙让位亡国 ·································203

燕昭王求贤 ·······································207

苏代为燕说齐 ·····································210

乐毅报燕王书 ……………………………………212

鹬蚌相争 …………………………………………219

荆轲刺秦王 ………………………………………220

宋卫策 ……………………………………… 234

墨子止楚攻宋 ……………………………………235

要言失时 …………………………………………237

中山策 ……………………………………… 239

中山君以壶餐得士 ………………………………240

4

东周策

颜率计全九鼎

（东周策）

九鼎相传是夏禹收九州贡金所铸，历经商、周，成为政权的象征。春秋战国时期，周王室衰落，诸侯都想据为己有。据《左传》记载，鲁宣公三年（前606年），楚庄王就曾"问鼎之轻重大小"。东周小国自然更无法抗拒大国的强索，而策士颜率却利用列国间的矛盾，拒秦却齐，为东周保全了九鼎。

秦兴师临周而求九鼎[1]，周君患之，以告颜率。颜率曰："大王勿忧，臣请东借救于齐。"

颜率至齐，谓齐王曰："夫秦之为无道也，欲兴兵临周而求九鼎，周之君臣，内自画计[2]，与秦，不若归之大国。夫存危国，美名也；得九鼎，厚宝也。愿大王图之。"齐王大悦，发师五万人，使陈臣思将以救周，而秦兵罢。

齐将求九鼎，周君又患之。颜率曰："大王勿忧，臣请东解之。"颜率至齐，谓齐王曰："周赖大国之义，得君臣父子相保也，愿献九鼎。不识大国何途之从而致之齐？"齐王曰："寡人将寄径于梁[3]。"颜率曰："不可。夫梁之君臣欲得九鼎，谋之晖台之下、少海之上，其日久矣。鼎入梁，必不出。"齐王曰："寡人将寄径于楚[4]。"对曰："不可。楚之君臣欲得九鼎，谋之于叶庭之中，其日久矣。若入楚，鼎必不出。"王曰："寡人终何途之从而致之齐？"颜率曰："弊邑固窃为大王患之。夫鼎者，非效醯壶酱甄耳，可怀挟提挈以至齐者，非效鸟集乌飞、兔兴马逝漓然止于齐者[5]。昔周之伐殷，得九鼎，凡一鼎而九万人挽之，九九八十一万人[6]，士卒师徒，器械被具所以备者称此。今大王纵有其人，何途之从而出？臣窃为大王私忧之。"齐王曰："子之数来者，犹无与耳！"颜率曰："不敢欺大国，疾定所从出，弊邑迁鼎以待命。"齐王乃止。

[1]周：指东周国（前367年至前249年），不是历史上习惯称作王朝的西周、东周。周考王封其弟揭于周故都王城，是为西周桓公。周显王二年（前367年），桓公子威公死，少子公子根和公子朝争立，韩、赵两国帮助公子根在巩（今河南巩义市西南）独立，号东周。当时九鼎在雒邑（今河南洛阳市），属东周境内。　[2]画：原作"尽"，据姚宏注及金正炜说改。　[3]梁：即魏。魏惠王九年（前361年）迁都大梁（今河南开封市西北），此后魏又称梁。　[4]"寄径于楚"句：鲍彪注"楚非适齐之途"。[5]醯（xī）：醋。甀（chuí）：小口大腹的瓦罐。漓（lí）然：流通无阻的样子。　[6]"凡一鼎"二句：《左传·桓公二年》孔颖达疏引此，以为"挽鼎人数，或是虚言"。

秦国将要发兵到东周索取九鼎。东周君对此事感到忧虑，把这件事告诉颜率。颜率说："大王不用担心，让我到东方向齐国借救兵。"

颜率到了齐国，对齐王说："那秦国行为无道，想要发兵到东周索取九鼎。东周的君臣暗自计议，与其给秦国，不如送给贵国。保全危急的国家，是个好名声；得到九鼎，是贵重的宝器。希望大王加以考虑。"齐王非常高兴，发兵五万，派陈臣思率领去救东周，秦兵这才撤退。

齐国准备索取九鼎，周君又为这件事发愁。颜率说："大王不用担心，让我到东方去了结这件事。"颜率到了齐国，对齐王说："周国仰赖贵国仗义，君臣父子才得以保全，愿意奉献九鼎。不知贵国从哪条路把它运到齐国？"齐王说："我打算向魏国借路。"颜率说："不行。魏国的君臣想要得到九鼎，在晖台之下，少海之上商量这件事，已经很长时间了。鼎如果到了魏国，肯定不会送出的。"齐王说："我打算向楚国借路。"颜率回答说："不行。楚国的君臣想要得到九鼎，在叶庭之中商量这件事，已经很长时间了。鼎如果到了楚国，肯定不会送出的。"齐王说："我究竟该从哪条路把它运到齐国呢？"颜率说："敝国也为这件事替大王发愁。说到这鼎，不是像醋壶酱罐那样可以夹在怀里、提在手中带到齐国的，也不是像鸟栖、鸟飞、兔奔、马跑那样可以顺顺当当到达齐国的。从前周武王讨伐殷纣，得到九鼎，每一只鼎用九万人牵挽它，九九八十一万人，护送的士兵和补给运输工具、生活用品的，大抵也需要这么多人。现在大王即使有这些人，又从哪条路运出来呢？我个人也替大王暗自发愁。"齐王说："你来了好几趟，还是等于不给啊！"颜率说："不敢欺骗大国。您赶快决定从哪条路运走，敝国移动九鼎等待命令。"齐王这才作罢。

西周策

苏厉说周君止白起攻魏

（西周策）

白起是秦国名将，这次攻魏事，《史记·周本纪》系于周赧王三十四年，但《秦本纪》《魏世家》《白起传》都没有记载，可能白起果为苏厉的说辞所动，称病不出，亦未可知。运用寓言和譬喻进行游说，是战国策士论辩特点之一。苏厉是苏秦的弟弟，他抓住当时将帅建功立业不过是取得自己的富贵这一点，借养由基的故事提出"一攻不得，前功尽灭"，是颇具说服力的。

苏厉谓周君曰："败韩、魏，杀犀武，攻赵，取蔺、离石、祁者，皆白起[1]。是攻用兵，又有天命也[2]。今攻梁，梁必破，破则周危，君不若止之。"谓白起曰："楚有养由基者，善射[3]。去柳叶者百步而射之，百发百中。左右皆曰善。有一人过曰：'善射，可教射也矣[4]。'养由基曰：'人皆曰善，子乃曰可教射，子何不代我射之也[5]？'客曰：'我不能教子支左屈右[6]。夫射柳叶者，百发百中，而不已善息，少焉气力倦，弓拨矢钩，一发不中，前功尽矣。'今公破韩、魏，杀犀武，而北攻赵，取蔺、离石、祁者，公也。公之功甚多。今公又以秦兵出塞[7]，过两周，践韩而以攻梁，一攻而不得，前功尽灭。公不若称病不出也。"

[1]"败韩、魏"句：周赧王二十二年（前293年），秦将白起败韩、魏联军于伊阙（今河南洛阳市南），杀魏将犀武。周赧王三十三年（前282

年），白起攻赵，拔蔺（今山西吕梁市离石区西）、祁（今山西祁县东南），三十四年又拔离石（今山西吕梁市离石区）。　[2]攻：通"工"，善，巧。

　　[3]养由基：春秋楚人，字叔，以善射著称，楚共王时为将。　[4]善射：金正炜认为"善射"二字系涉上文而衍。　[5]人皆曰善：原作"人皆善"，据姚宏注，依刘、钱本增"曰"字。金正炜认为"皆"系"比曰"二字误并为一，"比"通"皆"。　[6]支左屈右：伸直左臂弯曲右臂，即拉弓的姿势，此指射箭的技术。　[7]塞：指伊阙塞。

　　苏厉对西周君说："打败韩国、魏国，杀死犀武，攻打赵国，夺取蔺、离石和祁等地的，都是白起。这是因为他善于用兵，又有上天的帮助。如今攻打魏国，魏国必败；魏国破灭，西周就危险了。君王最好设法阻止他。"对白起说："楚国有个养由基，善于射箭，距离柳叶一百步来射它，百发百中。周围的人都说好。有一个人走过，说：'射得好，可以教他射箭了。'养由基说：'别人都说射得好，您却说可以教他射箭了，那么您为什么不给我射一射柳叶呢？'这个人说：'我不能教您拉弓射箭。至于说到射柳叶，能百发百中而不停下来好好休息，过一会儿就会气力不足，弓不正箭歪曲，有一发不中，以前的成绩就全完了。'如今您打败韩、魏，杀死犀武，而且北面攻打赵国，夺取蔺、离石和祁等地的，也是您。您的功劳很多。现在您又率领秦兵出塞，经过东、西周，越过韩国而来攻打魏国，如果有一次进攻没有得手，就会前功尽弃。您不如借口有病不出门为好。"

秦策

商鞅治秦

（秦策一）

商鞅辅佐秦孝公变法，使秦国富强，为后来统一六国奠定了基础。对于商鞅的事迹，历史上评价不一。本文写他"刻深寡恩，特以强服之耳"，以致死后"秦人不怜"，基本上采取否定态度。

卫鞅亡魏入秦，孝公以为相[1]，封之於、商，号曰商君[2]。商君治秦，法令至行，公平无私，罚不讳强大，赏不私亲近，法及太子，黥劓其傅[3]。期年之后[4]，道不拾遗，民不妄取，兵革大强，诸侯畏惧。然刻深寡恩，特以强服之耳。

孝公行之十八年[5]，疾且不起，欲传商君，辞不受。孝公已死，惠王代后，莅政有顷，商君告归。人说惠王曰："大臣太重者国危，左右太亲者身危。今秦妇人婴儿皆言商君之法，莫言大王之法。是商君反为主，大王更为臣也。且夫商君固大王之仇雠也，愿大王图之。"商君归还，惠王车裂之[6]，而秦人不怜。

[1]卫鞅：即公孙鞅，卫国公族，后因封于於、商，又称商鞅。初事魏相公叔座为中庶子，座荐鞅于魏惠王，惠王不用。会秦孝公下令求贤，遂亡魏入秦。孝公：秦献公之子，前361年至前338年在位。 [2]於（wū）、商：皆秦邑。於在今河南西峡县东，商在今陕西商洛市商州区东南。《史记·商君列传》："秦封之於、商十五邑，号为商君。" [3]"法及太子"二句：秦孝公的太子驷（即位后称惠王）犯了法，商鞅考虑到对太子不便用刑，便判

太子的老师公子虔以劓刑，公孙贾以黥刑。及：涉及，牵扯。黥（qíng）：用刀刺破面额，然后涂上墨。劓（yì）：割掉鼻子。　［4］期（jī）年：一周年。　［5］十八年：原作"八年"，据姚宏注及王念孙说补。　［6］车裂：古代酷刑，以车撕裂人体。

　　卫鞅逃离魏国到秦国。秦孝公任用他为相，赐给他於、商的土地，号称商君。商君治理秦国，严格执行法令，公正无私，治罪不回避强宗大族，奖赏不偏袒亲朋好友，太子犯了法，判处他师傅黥刑和劓刑。一年之后，掉在路上的东西没有人拣，不该得到的财物没有人拿。兵力强盛，诸侯害怕。但是严酷苛刻，缺少仁爱，只是用强权压服罢了。

　　孝公实行商君的治国办法十八年，病重将死，打算把君位传给商君，商君推辞不接受。孝公死后，惠王继承王位，执政不久，商君请假回去。有人劝惠王说："大臣权势太重的国家就会危险，左右过于亲近的国君也会危险。如今秦国的妇女小孩都说商君的法令，却没有人说大王的法令。这样一来商君反而成了国君，大王倒变成臣子了。而况商君这个人本来就是大王的仇人，希望大王对此加以考虑。"商君假满后回到秦国，惠王把他车裂而死，秦国人毫不怜惜。

苏秦以连横说秦
（秦策一）

　　苏秦最初以连横说秦，碰壁之后又改用合纵之策，终于促成六国联合抗秦的局面，他本人也随之飞黄腾达。由此可见，当时某些策士本无一定的政治主张，他们发愤勤读、游说诸侯，不过是为了猎取"金玉锦绣""卿相之尊"。本文系战国末期的纵横家根据有关苏秦的传说拟托而作，尽管不完全符合史实，文章却写得有声有色，特别是通过苏秦由贱而贵，家人前倨后恭的生动描绘和鲜明对比来刻画人物形象，反映当时的炎凉世态，给人留下了深刻的印象。

苏秦始将连横说秦惠王曰[1]："大王之国，西有巴、蜀、汉中之利，北有胡貉、代马之用，南有巫山、黔中之限，东有肴、函之固[2]，田肥美，民殷富，战车万乘，奋击百万，沃野千里，蓄积饶多，地势形便，此所谓天府，天下之雄国也。以大王之贤，士民之众，车骑之用[3]，兵法之教，可以并诸侯，吞天下，称帝而治[4]。愿大王少留意，臣请奏其效。"秦王曰："寡人闻之，毛羽不丰满者不可以高飞，文章不成者不可以诛罚[5]，道德不厚者不可以使民，政教不顺者不可以烦大臣。今先生俨然不远千里而庭教之，愿以异日。"

[1]苏秦：东周洛阳人，纵横家代表人物，以倡合纵之说著名。前284年被齐国车裂。连横：东西为横，西方的秦国同东方六国分别联合、各个击破的策略叫"连横"，与"合纵"（南北为纵，东方六国从北到南联合起来共同抗秦的策略叫"合纵"）相对。秦惠王：秦孝公之子，前337年至前311年在位。 [2]巴、蜀：古国名。巴在今四川省东部，蜀在今四川省西部。前316年为秦所灭，建巴、蜀二郡。汉中：郡名，在今陕西省南部和湖北省西北部，原属楚，前312年为秦所并。胡貉：指北方少数民族地区产的貉。代马：指漠北产的骏马。巫山：在今四川巫山县东。黔中：在今湖南省西北部和湖南省西南部一带。巫山、黔中二地原属楚，前277年为秦占据，合并为黔中郡。肴（xiáo）：也作"殽""崤"，山名，在今河南洛宁县西北。函：指函谷关，在今河南灵宝市。 [3]用：备。《国语·郑语》："时至而用。"

韦昭注："用，备也。"［4］称帝：战国时代诸侯国国君相继称王，其中强者又企图进而称帝。稍后的秦昭王、齐湣王便曾一度自称西帝、东帝。
［5］文章：这里指法令。罚：通"伐"。

　　起初，苏秦用连横的策略游说秦惠王说："大王的国家，西面有巴、蜀、汉中的富饶；北面有胡貉、代马的物资；南面有巫山、黔中的屏障；东面有崤山、函谷关的要塞。田地肥美，百姓富足，战车万辆，精兵百万，肥沃的田野纵横千里，粮食储备充足，地理形势便于攻守，这是所说的天然的府库，天下的强国啊。凭着大王的贤明，人民的众多，战车马匹的齐备，兵法的熟习，完全可以兼并诸侯，吞灭天下，居帝王的位号而治理。希望大王稍加留意，让我陈述这样做的效果。"秦王说："我听说：羽毛不丰满的不可以高飞，法度不完备的不可以征伐别国，道德不深厚的不可以役使百姓，刑赏教化不合宜的不可以劳烦大臣。现在先生庄重地从千里之外到朝廷上指教我，希望改日再说吧！"

　　苏秦曰："臣固疑大王之不能用也。昔者神农伐补遂，黄帝伐涿鹿而禽蚩尤，尧伐驩兜，舜伐三苗，禹伐共工，汤伐有夏，文王伐崇，武王伐纣，齐桓任战而伯天下[1]。由此观之，恶有不战者乎？古者使车毂击，驰言相结[2]；天下为一，约从连横，兵革不藏；文士并饬[3]，诸侯乱惑，万端俱起，不可胜理。科条既备，民多伪态[4]，书策稠浊，百姓不足，上下相愁，民无所聊。明言章理[5]，兵甲愈起，辩言伟服，战攻不息。繁称文辞，天下不治，舌弊耳聋，不见成功，行义约信，天下不亲。于是乃废文任武，厚养死士，缀甲厉兵，效胜于战场。夫徒处而致利，安坐而广地，虽古五帝、三王、五伯[6]，明主贤君，常欲坐而致之，其势不能，故以战续之。宽则两军相攻，迫则杖戟

12

相橦[7]，然后可建大功。是故兵胜于外，义强于内；威立于上，民服于下。今欲并天下，凌万乘，诎敌国[8]，制海内，子元元，臣诸侯，非兵不可！今之嗣主，忽于至道，皆惛于教，乱于治，迷于言，惑于语，沈于辩，溺于辞。以此论之，王固不能行也。"

[1]神农：即炎帝，传说中的古代帝王。补遂：古代部落。蚩尤：传说中古代九黎部落的首领，曾与黄帝战于涿鹿之野，被擒杀。驩（huān）兜：传说是尧的臣子，因为凶恶在尧的晚年被放逐到崇山。三苗：古代部落，传说舜把它迁到三危。共工：传说是禹的水官，与驩兜、三苗、鲧并称"四凶"，后被禹放逐到幽州。崇：商代诸侯国，在今陕西西安市鄠邑区东。崇侯虎助纣为虐，为文王所诛。伯：通"霸"。下文"五伯"的"伯"同。
[2]"使车"二句：原作"使车毂击驰言语相结"。姚宏注：钱、刘本无"语"字。黄丕烈曰：当读以"使车毂击"为一句，"驰言相结"为一句。今据改。毂（gǔ）：车轮正中有孔的圆木，里面贯轴，外面连接辐条。驰：传。
[3]饬（chì）：巧伪。这里指巧饰的言辞。 [4]态：通"慝"（tè），邪恶（用王念孙说）。 [5]章：明显。 [6]五帝：指黄帝、颛顼、帝喾、唐尧、虞舜（据《史记·五帝本纪》）。三王：指夏禹、商汤、周文王。五伯：指齐桓公、晋文公、楚庄王、吴王阖闾（一作阖庐）、越王勾践（据高亨《商君书新笺》）。
[7]橦（chōng）：刺。 [8]诎（qū）：屈服。

苏秦说："我早就料到大王不会采纳的。从前，神农讨伐补遂，黄帝用兵涿鹿擒获蚩尤，尧讨伐驩兜，舜讨伐三苗，禹讨伐共工，汤讨伐夏桀，文王讨伐崇侯，武王讨伐殷纣，齐桓公采用战争从而称霸天下。从这些事例看来，哪里有不通过战争的呢？古时候用战车奔驰冲击，用言语互相结盟，天下合而为一，有时合纵有时连横，武器从不收藏。自从文人辩士竟相巧饰辞令，诸侯昏乱迷惑；千奇百怪的事层出不穷，没有办法全部治理。法令规章虽然完备，百姓更加弄虚作假；文书简策又多又乱，百姓更加不能满足；君臣互相愁怨，百姓无所适从。言论规章明白昭著，战争越要发生；言辞巧辩服饰奇伟，攻伐不能停息；重视华美精密的文辞，天下不能太平。磨破舌头，聒聋耳朵，却见不到成效；实践道义，信守盟约，天下不能和睦。在这种情况下，才弃文用武，优待敢死之士，制作铠甲，磨砺刀枪，致力于战场上取胜。说到不费力地获得利益，安稳地坐着扩大领土，即使是古代的五帝、三王、五霸，和贤明的君主，想要安全地实现这种愿望，势必是办不到的，所以只得用战争来实现。通常时两支军队互相攻击，紧急时战士短兵相接，然后才可以建立大功。因此军队在国外取胜，道义在国内加强；威信在上面树立，百姓在下面服从。如今想兼并天下，凌驾大国，制服敌国，统治海内，抚育万民，臣服诸侯，非用武力不可！可是如今继位的君主，忽略这个根本的道理，都被所谓治国的说教弄昏了头脑，迷惑于各种各样的议论，沉溺于巧辩伪饰的言辞。由此看来，大王肯定是不能实行我的主张的。"

　　说秦王书十上而说不行。黑貂之裘弊，黄金百斤尽，资用乏绝，去秦而归[1]。嬴縢履跻，负书担橐，形容枯槁，面目犁黑，状有归色[2]。归至家，妻不下纴，嫂不为炊，父母不与言。苏秦喟叹曰："妻不以我为夫，嫂不以我为叔，父母不以我为子，是皆秦之罪也。"乃夜发书，陈箧数十，得太公《阴符》之谋，伏而诵之，简练以为揣摩[3]。读书欲睡，引锥自刺其股，血流至踵[4]，曰："安有说人主不能出其金玉锦绣，取卿相之尊者乎？"期年，揣摩成，曰："此真可以说当世之君矣！"

　　于是乃摩燕乌集阙，见说赵王于华屋之下，抵掌而谈[5]。赵王大悦，封为武安君，受相印。革车百乘，锦绣千纯，白璧百双，黄金万溢，以随其后，约从散横，以抑强秦[6]。故苏秦相于赵而关不通[7]。

[1]"黑貂"二句：高诱注："苏秦仕赵，赵王资貂裘、黄金，使说秦王……秦王不从，故苏秦用金尽而貂裘坏弊也。" [2]羸：缠绕。縢（téng）：绑腿布。蹻（jué）：草鞋。橐（tuó）：一种口袋。犁：通"黧"，黑中带黄的颜色。归：通"愧"，惭愧。 [3]箧（qiè）：一种小箱子，这里指书箱。阴符：传说是姜太公吕尚所著的兵法，或以为即《汉书·艺文志》所载的《阴符经》。简练：摘要熟读。简，选择。练，熟习，熟练。 [4]踵：原作"足"，依王念孙说改。 [5]摩：循，顺着。《广雅·释诂》："摩，顺也。"华屋：指朝会或议事的地方（用王伯祥说）。抵掌：击掌。抵掌而谈，形容谈得很投机。抵，当作"扺"（zhǐ），击。 [6]纯（tún）：量词，丝棉布帛一段曰"纯"。溢：通"镒"，古时金二十四两为镒。 [7]关：指函谷关。

游说秦王的奏章上了十次而说辞始终没有被接受。黑貂皮袍破了，上百斤黄金用光了，生活没有着落，只好离开秦国回家。缠着裹腿，穿着草鞋，背着书袋，挑着行李，容貌枯槁憔悴，脸色又黑又黄，带有惭愧的神情。回到家里，妻子不下织机，嫂子不给做饭，父母不同他说话。苏秦长叹一声说："妻子不把我当作丈夫，嫂子不把我当作小叔，父母不把我当作儿子，这都是我的罪过啊！"于是连夜拿出藏书，摆出十几只书箱，找出太公《阴符》兵法，伏案诵习，仔细熟读领会。读到昏昏欲睡的时候，便拿锥子刺进大腿，鲜血一直流到脚跟，说："哪里有游说国君而不能叫他拿出黄金美玉、织锦刺绣，取得卿相高位的道理呢！"一年以后，领会深透，说："这次真的可以游说当代的君王了！"

于是苏秦就途经燕乌集阙，拜见并游说赵王于高大的官殿中，谈得很投机。赵王非常高兴，封他为武安君，授予相印。并用兵车百辆、锦锻千匹、白玉璧百双、黄金万镒，让他随身带着，（出使关东各国），相约合纵，拆散连横，来抑制强大的秦国。所以苏秦任赵相后，函谷关内外就断绝了交往。

当此之时，天下之大，万民之众，王侯之威，谋臣之权，皆欲决苏秦之策。不费斗粮，未烦一兵，未战一士，未绝一弦，未折一矢，诸侯相亲，贤于兄弟。夫贤人在而天下服，一人用而天下从。故曰：式于政，不式于勇；式于廊庙之内，不式于四境之外[1]。当秦之隆，黄金万溢为用，转毂连骑，炫熿于道，山东之国，从风而服，使赵大重[2]。且夫苏秦特穷巷掘门、桑户棬枢之士耳，伏轼撙衔，横历天下，廷说诸侯之王，杜左右之口，天下莫之能伉[3]。

将说楚王，路过洛阳，父母闻之，清宫除道，张乐设饮，郊迎三十里[4]。妻侧目而视，倾耳而听；嫂蛇行匍伏，四拜自跪而谢[5]。苏秦曰："嫂，何前倨而后卑也？"嫂曰："以季子之位尊而多金[6]。"苏秦曰："嗟乎！贫穷则父母不子，富贵则亲戚畏惧。人生世上，势位富贵，盖可忽乎哉[7]！"

[1]式：通"试"，用，任用。廊庙：廊、庙都是古代帝王和大臣议论政事的地方，后因称朝廷为廊庙。 [2]熿：通"煌"。山东之国：指崤山以东的六国。 [3]掘门：以洞穴为门。掘，通"窟"。桑户：用桑枝编成门扇。棬（quān）枢：把树条圈起来做门轴。均极言其居处简陋。伏轼：伏在车前的横木上。撙衔：勒住马嚼子。撙（zǔn），勒住。伉：通"抗"，匹敌。 [4]宫：室。先秦居室不分贵贱皆可称"宫"。 [5]四拜：拜是古代表示敬意的一种礼节，其礼为先跪下，头低至手与心平。连拜两次为再拜，已是重礼，此言四拜，极表态度之卑。 [6]季子：在兄弟辈中对小弟弟的称呼，嫂呼

16

小叔亦为季子。一说苏秦字季子。 〔7〕盖：通"盍"，何。

在这个时候，天下的广大，百姓的众多，王侯的威势，谋臣的权力，都要取决于苏秦的策略。没有耗费一斗粮食，没有劳烦一个士兵，没有出动一名将领，没有绷断一根弓弦，没有损失一支羽箭，便使诸侯互相亲善，胜过兄弟。可见有才能的人在位，天下便会归顺；一个人才用事，天下便会听从。所以说，要重视政治，不要重视勇力；要重视朝廷上的谋略，不要重视国境外的得失。当苏秦得势的时候，万镒黄金任他使用，随从的车马成行，往来路上威风十足。殽山以东各国像草木随风倒伏那样服从，使赵国的威望大大提高。而且苏秦不过是出生在陋巷寒门里的士人罢了，却乘坐高车驾着骏马，走遍天下，在朝廷上游说各国君主，使得左右的大臣哑口无言，天下没有人能同他抗衡。

苏秦将要游说楚王，路过洛阳，他的父母听到消息，收拾房间，清扫街道，排开乐队，摆设酒席，到城外三十里去迎接。妻子不敢正眼看他，侧着耳朵听他讲话；嫂子趴在地上像蛇一样爬行，拜了四拜，跪着请罪。苏秦问："嫂子，为什么先前那样傲慢，现在这样谦恭呢？"嫂子说："因为叔叔的地位高，金子多啰！"苏秦说："可叹啊！贫困失意时父母都不把他当作儿子，有钱有势时连亲属都害怕。人活在世上，权位和富贵怎么可以忽视啊！"

司马错论伐蜀
（秦策一）

秦惠王准备乘巴、蜀两国发生战争的机会伐蜀，恰巧韩国出兵侵秦。

先伐韩，恐怕不利，先伐蜀，又怕韩乘秦之敝，因而犹豫不决。这时司马错同张仪在秦惠王面前为此展开争论。司马错从秦国的实际出发，提出了先易后难、积蓄实力、徐图发展的战略思想，分析剀切中肯，主张积极稳妥，终于驳倒张仪，为秦惠王所采纳。着墨不多，便把一个复杂的战略问题说得清清楚楚，是《战国策》文章的一个显著特点。

司马错与张仪争论于秦惠王前[1]。司马错欲伐蜀，张仪曰："不如伐韩。"王曰："请闻其说。"对曰："亲魏善楚，下兵三川，塞轘辕、缑氏之口，当屯留之道，魏绝南阳，楚临南郑，秦攻新城、宜阳，以临二周之郊[2]，诛周主之罪，侵楚魏之地。周自知不救，九鼎宝器必出。据九鼎，桉图籍[3]，挟天子以令天下，天下莫敢不听，此王业也。今夫蜀，西辟之国，而戎狄之长也，弊兵劳众不足以成名，得其地不足以为利。臣闻：争名者于朝，争利者于市。今三川、周室，天下之市朝也，而王不争焉，顾争于戎狄，去王业远矣。"

[1] 司马错：秦臣，曾为秦灭蜀。张仪：魏国人，纵横家代表人物，以倡连横之说著名，曾几次出任秦相。 [2] 三川：韩地，在今河南灵宝市以东黄河、洛水、伊水三川汇聚地带。轘辕：山名，在今河南偃师县东南，山路盘曲，形势险阻。缑（gōu）氏：山名，在今河南偃师市东南，地当伊洛平原东部嵩山山口，历代为军事要地。二地均属韩。屯留：在今山西长治市屯留区南。屯留之道，指太行山的羊肠坂道，当时属赵。南阳：在今河南济源至获嘉一带，当时属魏，与韩、周接壤。南郑：今河南新郑市，时为韩国国都。新城：韩邑，在今河南伊川县西南。宜阳：韩邑，在今河南宜阳县西。 [3] 桉：通"按"。

18

司马错同张仪在秦惠王面前争论。司马错主张攻打蜀国，张仪说："不如攻打韩国。"秦惠王说："让我听听你们的见解。"张仪回答说："亲近魏国结好楚国，出兵三川，堵塞辗辕、缑氏的隘口，阻拦屯留的通道，魏国隔断南阳，楚国兵临南郑，秦国攻打新城、宜阳，进入东周、西周的境内，声讨周君的罪行，侵占楚、魏两国的土地。周王室自知无法挽救，一定会交出九鼎等宝器。占有了九鼎，根据地理图籍，挟持周天子来号令天下，天下没有人敢不听从，这是帝王的大业。至于说蜀国，是西方偏僻的国家，戎狄的首领，疲困士兵、劳苦百姓，不能够获得名声，夺得土地没有实际利益。我听说：争名的人在朝廷，争利的人在市场。如今三川、周王室是天下的市场和朝廷，可是大王不到那里去争，却到戎狄那里去争，这就离开王业太远了。"

司马错曰："不然。臣闻之：欲富国者务广其地，欲强兵者务富其民，欲王者务博其德。三资者备，而王随之矣。今王之地小民贫，故臣愿从事于易。夫蜀，西辟之国也，而戎狄之长也，而有桀纣之乱[1]。以秦攻之，譬如使豺狼逐群羊也。取其地，足以广国也；得其财，足以富民缮兵，不伤众而彼已服矣。故拔一国，而天下不以为暴；利尽西海[2]，诸侯不以为贪。是我一举而名实两附，而又有禁暴正乱之名。今攻韩、劫天子[3]，劫天子，恶名也，而未必利也，又有不义之名。而攻天下之所不欲，危！臣请谒其故：周，天下之宗室也；齐、韩，周之与国也[4]。周自知失九鼎，韩自知亡三川，则必将二国并力合谋，以因于齐、赵，而求解乎楚、魏。以鼎与楚，以地与魏，王不能禁。此臣所谓危。不如伐蜀之完也。"

惠王曰："善，寡人听子。"卒起兵伐蜀，十月取之[5]，遂定蜀。蜀主更号为侯，而使陈庄相蜀。蜀既属，秦益强富厚，轻诸侯。

[1] 桀纣之乱:蜀王封其弟于汉中,号苴(jū)侯,苴侯与巴王交好,而巴、蜀为敌,蜀王因而伐苴,苴侯奔巴,引起巴蜀之战。 [2] 西海:古人以为中国四周皆海,统称四海。蜀在西方,所以称"西海"。 [3] 天子:指周慎靓(jìng)王。 [4] 齐、韩,周之与国也:吴师道认为"齐"字是衍文。黄丕烈据《史记》《新序》,认为"周"字是衍文。按文意,似以吴说为是,译文从吴说。 [5] 十月:秦惠王后元九年十月。据《史记·秦本纪》《史记·六国年表》,秦灭蜀在秦惠王后元九年(前316年)。

司马错说:"不对。我听说过:想使国家富足的就要扩大他的土地,想使军队强大的就要富裕他的百姓,想建立王业的就要广布他的恩德。这三个条件具备,王业就随之而建立了。如今大王的土地狭小、百姓贫困,所以我希望从容易处着手。说到蜀国,是西方偏僻的国家,戎狄的首领,又有桀纣那样的乱政。用秦国的力量去攻它,就像让豺狼追赶羊群一样。夺取它的土地,能够扩大国土;得到它的财富,能够富裕百姓、强大军队;用不着伤害百姓,蜀国就已经归服了。所以攻克一个国家,天下并不认为残暴;全部占有西方的利益,诸侯并不认为贪婪。这样,我们一举就可以名实兼收,而且又有禁暴除乱的名声。如果攻打韩国、胁迫周天子,胁迫周天子是声名狼藉而又未必有利的事,(攻打无罪的韩国)又会得到不义的名声。进攻天下人不愿意进攻的地方,危险哪!请让我说明其间的缘故:周王室是天下诸侯尊崇的王室,韩国是周的盟国。周王室知道要失去九鼎,韩国知道要丢掉三川,那么两国一定同心协力共同采取对策,从而依靠齐国和赵国,并且向楚国和魏国求救。如果把九鼎送给楚国,把土地送给魏国,大王无法阻止。这就是我所谓的危险。因此不如攻打蜀国稳妥。"

秦惠王说："好，我听从你的意见。"终于发兵攻打蜀国。这一年十月攻取蜀国，平定蜀地。蜀国国君改称为侯，并派陈庄任蜀相。蜀国归附以后，秦国更加强大富庶，轻视诸侯。

张仪诳楚绝齐
（秦策二）

齐、楚是当时的两个大国，结成联盟，对秦国的发展威胁很大。于是秦惠王派张仪用欺骗手段诳楚绝齐。由于楚怀王"计失于陈轸，过听于张仪"，以致一误再误，使楚、秦对峙的局势发生了逆转。本文通过言论和行动刻画人物相当成功：张仪的善于花言巧语、玩弄权术，陈轸的独具慧眼、远见卓识，写得都很生动传神，特别是写楚怀王的既昏庸无能又利欲熏心，更是入木三分。

齐助楚攻秦，取曲沃[1]。其后，秦欲伐齐，齐、楚之交善，惠王患之，谓张仪曰："吾欲伐齐，齐、楚方欢，子为寡人虑之，奈何？"张仪曰："王其为臣约车并市，臣请试之。"

张仪南见楚王[2]，曰："弊邑之王所说甚者，无大大王；唯仪之所甚愿为臣者[3]，亦无大大王。弊邑之王所甚憎者，无大齐王[4]；唯仪之甚憎者，亦无大齐王。今齐王之罪，其于弊邑之王甚厚，弊邑欲伐之，而大国与之欢，是以弊邑之王不得事令而仪不得为臣也。大王苟能闭关绝齐，臣请使秦王献商、於之地，方六百里。若此，齐必弱，齐弱则必为王役矣。则是北弱齐，西德于秦，而私商、於之地以为利也，则此一计而三利俱至。"

齐国帮助楚国攻打秦国，夺取曲沃。后来，秦国想讨伐齐国，齐、楚两国关系亲密，秦惠王很担心，对张仪说："我想讨伐齐国，齐、楚两国正在交好，你替我策划一下，该怎么办？"张仪说："大王不妨给我准备车马和礼物，让我试一试。"

张仪到南方拜见楚王，说："敝国国君最尊敬的，莫过于大王；就是我最希望向他称臣的，也莫过于大王。敝国国君最憎恶的，莫过于齐王；就是我最憎恶的，也莫过于齐王。现在齐王的罪恶，对于敝国国君来说很严重，敝国想要讨伐他，可是大国同他交好，因此敝国国君不能听命（于大王），而我也不能做您的臣子了。大王如果能够关闭关塞同齐国绝交，我就让秦王奉献商、於的土地方圆六百里。如果这样，齐国必定孤弱，齐国孤弱就必然听命于大王了。那么北面削弱齐国，西面施恩秦国，而且占有商、於的土地作为利益，那么这一条计策就能得到三种好处。"

楚王大说，宣言之于朝廷，曰："不穀得商、於之田，方六百里。"群臣闻见者毕贺，陈轸后见，独不贺[1]。楚王曰："不穀不烦一兵，不伤一人，而得商、於之地六百里，寡人自以为智矣。诸士大夫皆贺，子独不贺，何也？"陈轸对曰："臣见商、於之地不可得，而患必至也，故不敢妄贺。"王曰："何也？"对曰："夫秦所以重王者，以王有齐也。

22

今地未可得而齐先绝，是楚孤也，秦又何重孤国？且先出地后绝齐[2]，秦计必弗为也。先绝齐后责地，且必受欺于张仪。受欺于张仪，王必悗之。是西生秦患，北绝齐交，则两国兵必至也。"楚王不听，曰："吾事善矣，子其弭口无言，以待吾事！"楚王使人绝齐，使者未来，又重绝之。

[1]闻见：闻知。见，这里是知的意思。《淮南子·修务》："而明弗能见者。"何宁注："见，犹知也。"陈轸（zhěn）：战国时著名策士，初仕秦，为张仪所谗，至楚，时为楚怀王臣。 [2]后绝齐：原无"后"字，据金正炜说补。

楚王非常高兴，在朝廷上宣告说："我得了商、於的土地，方圆六百里。"大臣们听到的都祝贺，陈轸最后朝见，却不祝贺。楚王说："我不派一个兵，不伤一个人，就得到商、於的土地六百里，我自己认为已经很精明了。士大夫们都祝贺，你却不祝贺，为什么？"陈轸回答说："我看商、於的土地不可能得到，灾祸却一定要来临，所以不敢胡乱祝贺。"楚王说："为什么？"回答说："秦国所以尊重大王，是因为大王有齐国这个盟国。现在土地未必能得到，却先同齐国绝交，这样楚国就孤立了，秦国又何必尊重孤立的国家？况且先交出土地然后同齐国绝交，看来秦国决计不干的。先同齐国绝交后索取土地，必将受到张仪的欺骗。受到张仪的欺骗，大王一定会悔恨。这样西面惹出秦国的灾祸，北面断绝了同齐国的交往，那么两国的军队一定会打来了。"楚王不听，说："我的做法已经很好了，你闭上嘴别说了，等着我大功告成吧！"楚王派人同齐国绝交，使者没有回来，又再次（派人）去绝交。

张仪反，秦使人使齐，齐、秦之交阴合。楚因使一将军受地于秦。张仪至，称病不朝。楚王曰："张子以寡人不绝齐乎？"乃使勇士往詈齐王。张仪知楚绝齐也，乃出见使者，曰："从某至某，广从六里。"使者曰："臣闻六百里，不闻六里。"仪曰："仪固以小人[1]，安得六百里？"使者反报楚王，楚王大怒，欲兴师伐秦。陈轸曰："臣可以言乎？"王曰："可矣。"轸曰："伐秦非计也，王不如因而赂之一名都，与之伐齐，是我亡于秦而取偿于齐也。楚国不尚全乎[2]？今王已绝齐，而责欺于秦，是吾合齐、秦之交也，国必大伤。"楚王不听，遂举兵伐秦。秦与齐合，韩氏从之。楚兵大败于杜陵[3]。

故楚之土壤士民非削弱[4]，仅以救亡者，计失于陈轸，过听于张仪。计听知覆逆者[5]，唯王可也。计者，事之本也；听者，存亡之机。计失而过听，能有国者寡也。故曰：计有一二者难悖也，听无失本末者难惑。

[1] 以：为。《玉篇》："以，为也。" [2] 乎：原作"事"，据高诱注、吴师道说改。 [3] 杜陵：在今陕西西安市东南。杜陵与蓝田（在今陕西蓝田县西）相距甚近，杜陵之败即《史记·楚世家》所记的蓝田之败（据缪文远说，见《战国策考辨》）。 [4] 故：用法同"夫"，训见《古书虚字集释》。[5] "计听知覆逆者"：自此句以下五十一字，原在《楚绝齐齐举兵伐楚》章，王念孙认为系本章之错简，当在"计失于陈轸，过听于张仪"之后。王说是，今据改。覆逆：预料。《文选·东方朔画赞》："周给敏捷之辩，支离覆逆之数。"唐吕延济注："覆谓射覆，逆谓逆刺，预知前事也。"一二：犹言次第，指轻重缓急的次第（用王伯祥说，见《史记选·淮阴侯列传》注）。

张仪返回，秦国派人出使齐国，齐、秦两国暗中结成联盟。楚国随即派一位将军到秦国接受土地。张仪到了秦国，借口有病不上朝。楚王说:"张仪认为我没有同齐国绝交吗?"便派勇士去辱骂齐王。张仪知道楚国同齐国绝交,才出来会见使者,说:"从某处到某处,宽长各六里。"使者说:"我听说是六百里,没听说是六里。"张仪说:"我本是个小人物,怎么可能有六百里土地?"使者回去报告楚王,楚王大怒,要发兵讨伐秦国。陈轸说:"我可以说话了吗?"楚王说:"可以了。"陈轸说:"讨伐秦国不是办法,大王不如趁势送给秦国一座有名的都城,同秦国一起讨伐齐国。这样我们在秦国丢失的可以从齐国得到补偿。楚国不是还完整无缺吗?大王如今已经同齐国绝交,又去谴责秦国欺骗,这等于我们促进齐、秦两国的友谊,国家一定大受损失。"楚王不听,于是发兵讨伐秦国。秦国同齐国联合,韩国也跟随他们。楚国军队在杜陵大败。

楚国的土地并不狭小,人民并不懦弱,却只能勉强免于灭亡,是因为没有采用陈轸的计谋,而错误地听信了张仪的谎言。谋略和听断有先见之明的人,即使统治天下也是可以的。谋略,是事业的根本;听断,是存亡的关键。谋略失误,听断不明,而能保全国家的实在少见。所以说:谋略能分清主次的不会失误;听断不忽略来龙去脉的不会迷惑。

陈轸止秦助齐
(秦策二)

陈轸为楚使秦,意在争取秦国在齐、楚之战中保持中立,却装出一副替秦国着想的姿态,献"坐山观虎斗"之策。两虎相斗,必有一伤,利用矛盾,从中取利,是战国诸侯经常采用的策略,所以很容易被秦王接受。陈轸先后运用了"吴人游楚"和"管庄刺虎"两个故事,阐明自己的立场和观点,委婉动听而又有说服力,表现了高超的辩才。

楚绝齐，齐举兵伐楚[1]。陈轸谓楚王曰："王不如以地东解于齐，西讲于秦[2]。"

楚王使陈轸之秦。秦王谓轸曰："子秦人也[3]，寡人与子故也，寡人不佞，不能亲国事也，故子弃寡人事楚王。今齐、楚相伐，或谓救之便，或谓救之不便，子独不可以忠为子主计，以其余为寡人乎？"

陈轸曰："王独不闻吴人之游楚者乎？楚王甚爱之，病，故使人问之，曰：'诚病乎？意亦思乎[4]？'左右曰：'臣不知其思与不思，诚思则将吴吟。'今轸将为王'吴吟'[5]。王不闻夫管与之说乎？有两虎诤人而斗者[6]，管庄子将刺之[7]，管与止之曰：'虎者，戾虫[8]；人者，甘饵也。今两虎诤人而斗，小者必死，大者必伤。子待虎伤而刺之，则是一举而兼两虎也。无刺一虎之劳，而有刺两虎之名。'齐楚今战，战必败一[9]。王起兵救之，有救齐之利，而无伐楚之害[10]。"

[1]齐举兵伐楚：楚绝齐后，齐无举兵伐楚事。《史记·张仪列传》载此事，作"韩、魏相攻"。据黄式三《周季编略》、吴汝纶《战国策点勘》及钟凤年《国策勘研》，均谓当从《史记》。　[2]讲：和解，媾合。[3]子秦人也：陈轸先事秦惠王，所以秦惠王说他本是秦国的人。参见《张仪诳楚绝齐》注。　[4]意：通"抑"。　[5]为王吴吟：意思是为秦王作故国之吟，表示自己还是思念秦国的。　[6]诤：通"争"。　[7]管庄子：即卞庄子，春秋时鲁国的勇士。"管"一作"馆"。馆是宾馆、旅舍的意思。上文"管与"，即"馆与"，当是旅舍中的服务人员，《史记》作"馆竖子"，即旅舍中的僮仆。　[8]戾虫：凶兽。虫，泛指动物，古代虫鱼鸟兽皆可称虫。　[9]战必败一：原作"战必败败"。鲍彪注："必有一败。"姚宏注："钱、刘一无下'败'字。"金正炜认为第二个"败"字系"一"字之误。今

26

据金说改。 [10]以下原有"计听知覆逆者"五十一字,据王念孙说移入《张仪诳楚绝齐》章。

楚国同齐国绝交,齐国发兵攻打楚国。陈轸对楚怀王说:"大王不如用土地东面同齐国和解,西面同秦国搞好关系。"

楚王派陈轸到秦国去。秦惠王对陈轸说:"你是秦国人,我和你是老相识,我没有能力,不能执掌国家大事,以致你离开我去侍奉楚王。现在齐、楚两国互相攻打,有人认为救楚有利,有人认为救楚不利,你难道不能在忠心耿耿替你的主人出谋划策之余,也替我出点主意吗?"

陈轸说:"大王难道没有听说过在楚国做官的那位吴国人的事吗?楚王很喜欢这个人,病了,特意派人去探询他,说:'真的病了呢?还是想家呢?'侍从的人说:'我不知道他想家不想家,真的想家,就会哼出吴国的歌来。'现在我就给大王唱一曲'吴歌'吧!大王没听说过管与的说法吗?有两只老虎为争夺一个人而搏斗,管庄子打算刺杀他们,管与阻止他说:'老虎是凶暴的野兽,人是(老虎的)美食。现在两只老虎为了争夺人而搏斗,小的一定会死,大的一定受伤。您等着它受了伤再去刺杀,这样一下子就可以同时得到两只老虎。不费刺杀一只虎的力气,却有刺杀两只虎的美名。'齐、楚两国如今交战,必然有一国战败,大王再派兵去救它,就会有救齐的好处,而没有攻楚的危险。"

扁鹊投石

(秦策二)

秦武王请名医扁鹊治病,却又听信左右的妄言,无怪乎扁鹊要怒而投

27

石了。这则只有八十六字的小故事，说明了执政者必须有主见，应该用人不疑。

医扁鹊见秦武王[1]，武王示之病，扁鹊请除。左右曰："君之病，在耳之前，目之下，除之未必已也，将使耳不聪，目不明。"君以告扁鹊。扁鹊怒而投其石[2]，曰："君与知之者谋之，而与不知者败之。使此知秦国之政也，则君一举而亡国矣！"

[1]扁鹊：原名秦越人，勃海郡郑人，住在卢国，又称卢医。但其人的时代与秦武王不接，所以不少研究者认为这是名医的通称。秦武王：秦惠王之子，前310年至前307年在位。 [2]石：砭石，用石头磨成的针，古人多用来治疗痈疡，去除脓血。

医生扁鹊谒见秦武王，武王向他说明自己的病情。扁鹊建议治疗。左右的近臣说："君王的病，在耳朵前面，眼睛下面，治疗未必能痊愈，反而会使耳朵听不清，眼睛看不见。"武王把这话告诉扁鹊。扁鹊生气地扔掉他的砭石，说："君王同懂得医道的人商量治病，却又同不懂医道的人败坏它。如果像这样执掌秦国的政事，君王很快就会亡国的！"

息壤之盟
（秦策二）

甘茂深知作为臣子，想要建功立业，必须取得国君的信任和支持，否则几句谗言就可以功毁垂成。因此在攻宜阳之前，先把丑话讲在前面，同秦武王盟于息壤，终于赖此获得成功。"息壤在彼"也因此成为恪守誓言的典故。

秦武王谓甘茂曰[1]:"寡人欲车通三川,以窥周室,而寡人死不朽乎[2]!"甘茂对曰:"请之魏,约伐韩。"王令向寿辅行[3]。甘茂至魏,谓向寿:"子归告王曰:'魏听臣矣,然愿王勿攻也。'事成,尽以为子功。"向寿归以告王,王迎甘茂于息壤[4]。

[1]甘茂:楚国人,秦武王时为秦国左相,昭王时为向寿、公孙奭所谗,逃往齐国,客死于魏。 [2]三川:三川及后文南阳、巴、蜀,均见《司马错论伐蜀》注。周王室当时在洛阳,秦欲伐周,必须通过韩国的三川地带。而:用法同"则",训见《经传释词》。乎:用法同"矣",训见《古书虚字集释》。 [3]向寿:是秦昭襄王母宣太后外族,当时受秦武王宠信。下文甘茂使向寿先回秦要求暂不攻韩,目的在于引起秦王疑问,以便进言。[4]息壤:地名,在秦都咸阳东郊(据顾颉刚说)。

秦武王对甘茂说:"我想使车马直通三川,伺机夺取周王室,那么我就会死而不朽了!"甘茂回答说:"让我到魏国去,约它一起讨伐韩国。"秦王命令向寿作为副使同行。甘茂到了魏国,对向寿说:"您回去报告大王说:'魏国已经听从我的意见了,不过希望大王不要攻打韩国。'事情办成了,全算您的功劳。"向寿回国报告秦王,秦王在息壤迎接甘茂。

甘茂至,王问其故。对曰:"宜阳,大县也,上党、南阳积之久矣,名为县,其实郡也[1]。今王倍数险,行千里而攻之,难矣。臣闻张仪西并巴、蜀之地,北取西河之外,南取上庸,天下不以为多张仪而贤先王[2]。魏文侯令乐羊将,攻中山,三年而拔之[3]。乐羊

29

反而语功，文侯示之谤书一箧，乐羊再拜稽首曰：‘此非臣之功，主君之力也[4]。’今臣羁旅之臣也，樗里疾、公孙衍二人者，挟韩而议，王必听之，是王欺魏，而臣受公孙朋之怨也[5]。昔者，曾子处费[6]，费人有与曾子同名族者而杀人，人告曾子母曰：‘曾参杀人。’曾子之母曰：‘吾子不杀人。’织自若。有顷焉，人又曰：‘曾参杀人。’其母尚织自若也。顷之，一人又告之曰：‘曾参杀人。’其母惧，投杼逾墙而走。夫以曾子之贤，与母之信也，而三人疑之，则慈母不能信也。今臣之贤不及曾子，而王之信臣又未若曾子之母也，疑臣者不适三人[7]，臣恐王为臣之投杼也。”王曰："寡人不听也，请与子盟。"于是与之盟于息壤。

[1] 宜阳：韩县名，在今河南宜阳县西，是三川的重镇，打通三川，必先取宜阳。上党：韩郡名，在今山西沁河以东一带，北与赵的上党郡相接。
[2] 西河之外：指黄河西岸的魏地，在今陕西大荔、宜川一带，前330年魏献西河之地于秦。上庸：在今湖北竹山县一带，原属楚，前312年为秦占领。先王：指秦惠王。　[3] 魏文侯：魏国的始君，前445年至前396年在位。乐羊：魏国名将。中山：国名，春秋时称鲜虞，在今河北唐县、定县、正定一带。前406年为魏将乐羊所灭，前380年前后复国，前296年灭于赵。
[4] 主君：古之诸侯、卿、大夫皆可称主君，这里称魏文侯，魏灭中山时文侯尚未正式列为诸侯。　[5] 樗（chū）里疾：秦惠王异母弟，名疾，因居樗里（在今陕西西安市长安区西），故称樗里疾，武王时任右相。公孙衍：秦公子，《史记》作"公孙奭"，《新序》作"公孙子"，黄丕烈认为即公孙郝（赫）。挟韩：怀着对韩国的私心。《新序》："樗里子、公孙子……其外家（舅家）韩也。"《战国策·韩策一》："公孙郝党于韩。"公孙朋：韩国公族，时任韩相。"朋"原作"侈"，据鲍本及王引之说改。

30

　　甘茂到了,武王问他不让攻韩的缘故。回答说:"宜阳是个大县,上党、南阳的物资贮存在那里很久了,名义上是个县,实际是个郡城。如今大王要穿越多处险要,行军千里去攻打它,难哪!我听说张仪西边吞并巴、蜀,北边攻取西河一带,南边攻取上庸,天下人并不因此赞扬张仪却尊敬先王。魏文侯派乐羊为将,攻打中山,三年才拿下来。乐羊回国述说自己的功劳,文侯把一箱子诽谤他的文书给他看,乐羊再拜叩头说:'这不是我的功劳,是主君的力量啊!'现在我是客居异国的臣子,樗里疾、公孙衍这两个人,怀着对韩国的私心参与议论,大王一定会听信他们。这样,大王便失信于魏国,而我也会遭到公孙朋的怨恨。从前曾子住在费邑,当地有个跟曾子同名同姓的人杀了人,有人告诉曾子的母亲说:'曾参杀了人!'曾子的母亲说:'我的儿子不会杀人。'照常织布。过了一会儿,又有人说:'曾参杀了人!'他母亲仍然照常织布。不久,一个人又告诉她说:'曾参杀了人!'他母亲害怕了,扔下梭子跳墙逃跑。以曾参的德行,加上母亲的信任,有三个人怀疑他,就连慈母也不敢相信了。如今我的德行赶不上曾子,大王信任我也不像曾子的母亲（信任儿子）,而怀疑我的又不只三个人,我担心大王也会为我扔下梭子的。"秦武王说:"我不会听信他们的,让我跟你订立誓约!"于是同甘茂在息壤立誓。

　　果攻宜阳,五月而不能拔也。樗里疾、公孙衍二人在争之王[1],王将听之,召甘茂而告之。甘茂对曰:"息壤在彼!"王曰:"有之。"因悉起兵,复使甘茂攻之,遂拔宜阳。

　　［1］在:通"才",训见《词诠》《古书虚字集释》。《史记·甘茂列传》

作"果"，于义为长，译文从之。

决定攻打宜阳，五个月还攻不下来。樗里疾、公孙衍两人果然在秦王面前争辩，秦王准备听从他们，召回甘茂告诉他争议的情况。甘茂回答说："息壤就在那里呀！"秦王说："有这么回事。"于是调动全部军队，派甘茂再次攻打，终于拿下宜阳。

苏代重甘茂于齐
（秦策二）

甘茂被谗亡秦之齐，途遇苏代，用"江上处女"的寓言，说明游说之士应该互相借重的道理，因而赢得苏代的帮助。苏代则从秦、齐两国的利害关系入手展开游说，既有威胁又有利诱，终于使秦王和齐王完全按照他的主意行事。

甘茂亡秦，且之齐，出关遇苏子[1]，曰："君闻夫江上之处女乎？"苏子曰："不闻。"曰："夫江上之处女，有家贫而无烛者[2]，处女相与语，欲去之。家贫无烛者将去矣，谓处女曰：'妾以充烛故，常先至扫室布席[3]，何爱余明之照四壁者？幸以赐妾，何妨于处女？妾自以有益于处女，何为去我？'处女相语以为然而留之。今臣不肖，弃逐于秦而出关，愿为足下扫室布席，幸无我逐也。"苏子曰："善。请重公于齐。"

乃西说秦王曰："甘茂，贤人，非恒士也。其居秦累世重矣[4]，自殽塞、溪谷，地形险易尽知之[5]。彼若以齐约韩、魏，反以谋秦，是非秦之利也。"秦王曰："然则奈何？"苏代曰："不如重其贽、厚其禄以迎之[6]。彼来则置之槐谷，终身勿出，天下何从图秦？"秦王曰："善。"与之上卿，以相印迎之齐[7]。

甘茂辞不往。苏代伪谓齐王曰[8]："甘茂，贤人也。今秦与之上卿，以相迎之。茂德王之赐，故不往，愿为王臣。今王何以礼之？王若不留，必不德王。彼以甘茂之贤[9]，得擅用强秦之众，则难图也。"齐王曰："善。"赐之上卿命而处之。

[1] 苏子：下文前作"苏代"，后作"苏秦"。《史记·樗里子甘茂列传》径作"苏代"。今据姚宏注、鲍彪注及《史记》，改后文"苏秦"为"苏代"。苏代，战国时东周洛阳人，苏秦之兄（用唐兰说）。　[2] 处女：未出嫁的女子。烛：火炬。古无蜡烛，唯呼火炬为烛，或束苇，或束麻，灌以油脂，用来照明。　[3] 布席：铺席。古人席地而坐，所以要铺席。[4] 累世重：甘茂在秦，历事惠王、武王、昭王三代，都曾受到重用，所以说累世重于秦。　[5] 骰塞：即骰山，地形险要，为军事要塞。溪谷：一作"鬼谷"，即今陕西三原县西北之清水谷。据《史记》，"溪谷"与下文之"槐谷"，并作"鬼谷"。"槐""鬼"系一声之转。　[6] 贽（zhì）：聘礼。按照古代礼节，重贽用玉帛，轻贽用禽鸟。　[7] 上卿：官名。周代官制，最尊贵的诸侯臣称上卿。"以相印迎之齐"句：原无"印"字，依姚宏注，据钱本增。　[8] 伪：通"为"（用王念孙说）。齐王：原作"王"，据鲍本增"齐"字。齐王，指齐宣王。甘茂亡秦之齐在秦昭王元年，时当齐宣王十四年（用钱穆说）。　[9] 彼：用法同"夫"，训见《古书虚字集释》。

甘茂从秦国逃亡，准备到齐国去。出函谷关遇见苏子，对他说："您听说过江上处女的事吗？"苏子说："没听说过。"甘茂说："江上的处女中，有个因为家里贫穷没有灯的，处女们互相议论，打算把她赶走。这个家里贫穷没有灯的处女临走时，对那些处女们说：'我因为没有灯的缘故，常常先来一步打扫房间、铺好席子，你们何必吝惜这一点照在四壁上的余光呢？把这点余光赏给我，对你们有什么妨碍呢？我自认为对大家还有点用处，为什么要赶我走呢？'处女们合计后认为她的话有道理，便把她留下了。现在我不成才，被秦国遗弃赶出函谷关，愿意替您扫房铺席，希望您不要把我赶走。"苏子说："好。让我设法使您在齐国受到重用。"

苏代于是西进劝秦王说："甘茂是个贤人，不是寻常的士人。他居留秦国已经连续几代受到重用，从崤塞到溪谷，地势的险阻平坦完全了解。如果他凭借齐国联合韩、魏，回过头来打秦国的主意，这对秦国可是很不利呀！"秦王说："那可怎么办呢？"苏代说："不如加重聘礼，提高俸禄，接他回来。他来了便把他软禁在槐谷，一辈子不让他出来，天下还有谁打秦国的主意？"秦王说："好。"便给他上卿的职位，拿相印到齐国迎接他。

甘茂谢绝不去。苏代替他对齐王说："甘茂是个贤人。现在秦国给他上卿的职位，拿相印迎接他。甘茂感激大王的恩惠，所以不去秦国，愿意做大王的臣子。现在大王用什么礼节对待他呢？大王如果不挽留，他一定不会再感激大王。凭甘茂的才能，如果得以任意指挥强秦的军队，就很难对付了。"齐王说："好。"便任命甘茂为上卿，安排他留在齐国。

范雎说秦王远交近攻
（秦策三）

秦昭王时代，秦国的势力已经相当强大。但是在内部，太后专制、"四贵"擅权；在外部，穰侯为了扩大自己的势力，多次远攻齐、魏。秦昭王三十七年（前270年），范雎入秦，先后提出"远交近攻"和贬逐"四贵"两项重大建议，特别是"远交近攻"的策略，在秦统一六国的过程中起了重大作用。范雎是客卿，必须先取得秦王的信任，所以在初见秦王时，他老练沉着，机智谨慎，采取迂回前进的方式，先是含而不露，反复试探，直到看准秦王的态度，才单刀直入，剀切进言，终于使秦王心悦诚服。这番说辞，虽然意在取穰侯而代之，但恳切动人，在战国策士的说辞中，颇具代表性。

范雎至秦，王庭迎[1]，谓范雎曰："寡人宜以身受令久矣。会义渠之事急，寡人日自请太后，今义渠之事已，寡人乃得以身受命[2]。躬窃闵然不敏，敬执宾主之礼[3]。"范雎辞让。是日，见范雎见者，无不变色易容者。

秦王屏左右，宫中虚无人。秦王跪而请曰[4]："先生何以幸教寡人？"范雎曰："唯唯。"有间，秦王复请，范雎曰："唯唯。"若是者三。秦王跽曰："先生不幸教寡人乎？"

范雎谢曰："非敢然也。臣闻始时吕尚之遇文王也，身为渔夫而钓于渭阳之滨耳[5]。若是者，交疏也。已，一说而立为太师，载与俱归者，其言深也。故文王果收功于吕尚，卒擅天下，而身立为帝王。即使文王疏吕望而弗与深言，是周无天子之德，而文、武无与成其王也。今臣，羁旅之臣也，交疏于王，而所愿陈者，皆匡君臣之事，处人骨肉之间[6]，愿以陈臣之陋忠，而未知王心也。所以王三问而不对者是也。臣非有所畏而不敢言也。知今日言之于前，而明日伏诛于后，然臣弗敢畏也。大王信行臣之言，死不足以为臣患，亡不足以为臣忧，漆身而为厉，被发而为狂[7]，不足以为臣耻。五帝之圣而死，三王之仁而死，五伯之贤而死，乌获之力而死，奔、育之勇而死[8]。死者，人之所必不免也。处必然之势，可以少有补于秦，此臣之所大愿也，臣何患乎？伍子胥橐载而出昭关，夜行而昼伏，至于蔆水，无以饵其口，坐行蒲服，乞食于吴市，卒兴吴国，阖庐为霸[9]。使臣得进谋如伍子胥，加之以幽囚，终身不复见，是臣说之行也，臣何忧乎？箕子、接舆，漆身而为厉，被发而为狂，无益于殷、楚[10]。使臣得同行于箕子、接舆，可以补于所贤之主[11]，是臣之大荣也，臣又何耻乎？臣之所恐者，独恐臣死之后，天下见臣尽忠而身蹶也，是以杜口裹足，莫肯即秦耳！足下上畏太后之严，下惑奸臣之态；居深宫之中，不离保傅之手；终身暗惑，无与照奸[12]；大者宗庙灭覆，小者身以孤危。此臣之所恐耳！若夫穷辱之事，死亡之患，臣弗敢畏也。臣死而秦治，贤于生也。"

秦王跽曰："先生是何言也！夫秦国僻远，寡人愚不肖，先生乃幸至此，此天以寡人恩先生，而存先王之庙也[13]。寡人得受命于先生，此天所以幸先王而不弃其孤也[14]。先生奈何而言若此！事无大小，上及太后，下至大臣，愿先生悉以教寡人，无疑寡人也。"范雎再拜，秦王亦再拜。

[1] 范雎（jū）：魏国人，字叔，初为魏中大夫须贾家臣，以通齐之嫌被笞，化名张禄逃秦，后任秦相，封应侯。王：指秦昭王，秦武王异母弟，前306年至前251年在位。 [2] 会：原作"今者"，据王念孙说改。义渠：古国名，是西戎中较强大的一支，在今甘肃庆阳、泾川一带。《史记·匈奴列传》："秦昭王时，义渠戎王与宣太后乱，有二子。宣太后诈而杀义渠戎王于甘泉，遂起兵伐残义渠。"事在昭王三十五年。太后：指宣太后，秦惠王妃芈（mǐ）八子，楚贵族，昭王之母。昭王继位时年幼，宣太后多参与政事。 [3] 窃闵然不敏：鲍彪注"自伤其见雎之晚"。敬执宾主之礼：范雎见秦王应行君臣大礼，秦王提出以宾主之礼相待，表示对他格外敬

重。所以下文说"见范雎见者，无不变色易容者"。 ［4］跪：古人席地而坐，两膝着地，置臀腿上。臀部提起则为跪；上身挺直有欲起之势，则为跽，又叫长跪。 ［5］吕尚：即姜尚，字子牙。先世封于吕，亦称吕尚。周文王在渭水之滨遇见他时说过"吾太公望子久矣"，故又号太公望。后文"吕望"亦指姜尚。 ［6］匡君臣之事："臣"原作"之"，据姚宏注及鲍本改。处人骨肉之间：秦武王无子，死后秦惠王妃芈八子立其子嬴稷为王，即秦昭王。昭王封芈八子为宣太后，封宣太后异父弟魏冉为穰侯（穰，在今河南邓州市），封宣太后同父弟芈戎为华阳君（华阳，在今陕西华阴县华山之南），从此秦国大权便掌握在宣太后、穰侯、华阳君等人手中。 ［7］厉：通"癞"，麻风病。以漆涂身，则中毒而生恶疮如患麻风。被：通"披"。"漆身为厉"和"被发为狂"，都是不得已改变容貌的做法。 ［8］乌获：秦武王时的大力士。奔：孟奔，又作"孟贲"，战国时齐国勇士。育：夏育，周代卫国勇士。"之勇而死"，原作"之勇焉而死"，据鲍本删"焉"字。 ［9］伍子胥：名员（yún），春秋楚人。父、兄为楚平王所杀，子胥藏于橐中逃往吴国，后佐吴王阖庐伐楚入郢，报父、兄之仇。昭关：在今安徽含山县西北，当时为吴、楚交界之处。菱（líng）水：《史记》作"陵水"，即今之溧水，源出安徽芜湖，东流入江苏境内。坐行：膝行，古人坐时两膝着地，所以膝行也叫坐行。蒲服：联绵词，又写作"匍匐"。 ［10］箕子：殷纣王的叔父，名胥余，封于箕。因谏纣不听，乃披发佯狂为奴。接舆：春秋时楚国隐士，曾披发佯狂避世。"被发而为狂"，即指此二人。"漆身而为厉"，系战国初期刺客豫让事（见《战国策·赵策一》《史记·刺客列传》），非箕子、接舆事。 ［11］"可以补"句："可以"上原有"漆身"二字，据姚宏注及《史记》删。 ［12］态：司马贞曰："态谓奸臣谄诈之志也。"保傅：辅导天子和诸侯子弟的官员统称保傅。这里当指左右近臣。 ［13］㥅（hùn）：惊动，打扰。 ［14］幸：哀，怜悯，同情。《吕氏春秋·至忠》："王必幸臣与臣之母。"高诱注："幸，

37

哀也。"

范雎到达秦国，秦昭王在宫廷前迎接，对范雎说："我早就应该亲自接受指教了，正赶上义渠的事情紧急，我每天要亲自请示太后，现在义渠的事情已经了结，我这才能够亲自接受指教。我遗憾不能早日相见，谨奉行宾主相见的礼节。"范雎推辞不受。这一天看到范雎被接见的人，没有不惊讶失色的。

秦王斥退身边的侍从，宫廷中空空的没有别人，秦王跪着问道："先生用什么指教我呢？"范雎说："是，是。"过了一会儿，秦王又问，范雎说："是，是。"像这样反复多次。秦王挺直上身跪着说："先生不愿意指教我吗？"

范雎谢罪说："不敢这样。我听说吕尚初次遇见文王时，只是作为渔翁在渭水北岸垂钓而已。像这样，交情是很浅的。后来经过交谈便被封为太师，同乘一辆车回去，他们的交谈很深入啊。所以文王果然依靠吕尚取得成功，终于据有天下，并且成为帝王。假使文王疏远吕尚，不同他深谈，这是周室没有天子的德行，而文王、武王也就不能成就他们的王业了。如今我是旅居异乡的人，同大王的交情很浅，可是希望陈述的都是纠正君王失误的事情，涉及家人至亲间的关系，愿意以此表达我浅陋的忠心，却不知道大王的想法。因此大王多次动问而不回答，就是这个缘故。我并不是因为害怕而不敢说话的。明知今天把话讲出来，明天就会被杀掉，我也不敢害怕。大王果真实行我的议论，丧失生命算不得我的祸害，四处逃亡算不得我的忧虑，用漆涂身成为麻风病人，披头散发成为疯子，算不得我的耻辱。五帝那样圣明要死，三王那样仁爱要死，五霸那样贤明要死，乌获那样力大要死，孟奔、夏育那样勇敢也要死。死亡这件事，是人类绝对不能避免的。处在一定如此的地位，能够对秦国稍有补益，这就是我最大的愿望，我有什么祸害呢？伍子胥藏在口袋里用车载着逃出昭关，夜里赶路白天潜伏，到了菱水，没有东西吃，饿得伏在地上爬行，在吴国的街市上讨饭，终于使吴国兴盛，阖庐成为霸主。如果我能像伍子胥那样进献计谋，即使从此拘禁起来，一辈子不能再见到（大王），只要我的议论实现了，我有什么忧虑呢？箕子和接舆，用漆涂身成为麻风病人，披头散发成为疯子，对殷朝和楚国毫无补益；如果我得到和箕子、接舆同样的归宿，而可以有助于钦佩的君主，这是我最大的荣幸，我又有什么耻辱的呢？我所担心的，只是怕我死以后，天下的人看到我由于尽忠而身亡，因此闭口止步，谁也不肯到秦国来罢了。您上面害怕太后的威严，下面迷惑于奸臣的诌媚；住在深宫里面，离不开保傅的包围；一生暗昧迷乱，没有人为您察明奸邪。这样，严重时国家毁灭，轻一些自身孤立危险。这是我所担心的呀！至于困窘受辱的遭遇，死亡出逃的祸患，我是不敢畏惧的。我死了，秦国却得到治理，比活着要好得多啊。"

秦王跪着说："先生这是哪里的话呢！秦国偏僻荒远，我又愚昧无能，先生竟然光临敝国，这是上天让我来打扰先生，从而保存先王的宗庙呀。我能够受到先生的教诲，这是上天怜爱先王并且不抛弃他的后代啊。先生为什么说出这样的话呢？事情不论大小，上自太后，下至大臣，希望先生无保留地指教我，不要怀疑我。"范雎拜了两次，秦王也拜了两次。

范雎曰："大王之国，北有甘泉、谷口，南带泾、渭，右陇、蜀，左关、阪[1]；战车千乘，奋击百万。以秦卒之勇，车骑之多，以当诸侯，譬若驰韩卢而逐蹇兔也[2]，霸王之业可致。今反闭关而不敢窥兵于山东者，是穰侯为国谋不忠，而大王之计有所失也。"

王曰："愿闻所失计。"

睢曰:"大王越韩、魏而攻强齐,非计也。少出师,则不足以伤齐;多之则害于秦。臣意王之计欲少出师,而悉韩、魏之兵,则不义矣。今见与国之不可亲[3],越人之国而攻,可乎?疏于计矣。昔者,齐人伐楚,战胜,破军杀将,再辟千里,肤寸之地无得者,岂齐不欲地哉?形弗能有也[4]。诸侯见齐之罢露,君臣之不亲,举兵而伐之,主辱军破,为天下笑[5]。所以然者,以其伐楚而肥韩、魏也。此所谓藉贼兵而赍盗食者也[6]。王不如远交而近攻,得寸则王之寸,得尺亦王之尺也。今舍此而远攻,不亦缪乎[7]?且昔者,中山之地,方五百里,赵独擅之,功成名立利附,则天下莫能害[8]。今韩、魏,中国之处而天下之枢也。王若欲霸,必亲中国而以为天下枢,以威楚、赵。赵强则楚附,楚强则赵附。楚、赵附则齐必惧,惧必卑辞重币以事秦,齐附而韩、魏可虚也。"

王曰:"寡人欲亲魏,魏多变之国也,寡人不能亲。请问亲魏奈何?"范睢曰:"卑辞重币以事之;不可,削地而赂之;不可,举兵而伐之。"于是举兵而伐邢丘,邢丘拔而魏请附[9]。

睢复说昭王曰[10]:"秦、韩之地形,相错如绣。秦之有韩,若木之有蠹,人之病心腹。天下有变,为秦害者莫大于韩。王不如收韩。"王曰:"寡人欲收韩,不听,为之奈何?"范睢曰:"举兵而攻荥阳,则成皋之路不通;北斩太行之道,则上党之兵不下;一举而攻荥阳,则其国断而为三[11]。韩见必亡,焉得不听[12]?韩听而霸事可成也。"王曰:"善。"

[1]甘泉:山名,俗称磨石岭,在今陕西淳化县西北。谷口:即塞门,在今陕西礼泉县东北。陇:指陇西郡,治所在今甘肃临洮南。蜀:指巴郡和蜀郡。关:指函谷关。阪:指殽阪,即殽山。 [2]韩卢:犬

40

名。《战国策·齐策三》："韩子卢者，天下之疾犬也。"蹇（jiǎn）：跛足。

［3］与国：盟国，这里指韩、魏。　［4］齐人伐楚：公元前301年，齐、韩、魏三国联合进攻楚国的方城，齐将匡章在垂沙大败楚军，杀死楚将唐眛，韩、魏取得宛（在今河南南阳市）、叶（在今河南叶县西南）以北的大片土地，而齐国并没有得到一寸土地。肤寸：古以一指宽为寸，四指宽为肤。肤寸，极言其小。　［5］"诸侯见齐之罢露"数句：公元前284年，燕将乐毅率五国之师伐齐，占领齐都临淄，齐闵王出奔，为淖齿所杀。罢：通"疲"。露：败，困乏。　［6］藉（jiè）：借给，帮助。　［7］缪：通"谬"。　［8］"且昔者"数句：指公元前296年赵国乘各大国混战之机吞灭中山。则：用法同"而"，训见《经传释词》。　［9］邢丘：魏邑，在今河南温县东。秦拔邢丘在昭王四十一年（前266年）。　［10］"雎复说昭王曰"：自此以下是范雎同昭王的另一次谈话。其时当在秦拔邢丘之后，即范雎入秦后的第四年。"曰"字上原无"雎复说昭王"五字，依金正炜说据《史记·范雎蔡泽列传》补。

［11］荥（xíng）阳：韩邑，在今河南荥阳市北。成皋：在今河南荥阳市氾水镇。太行之道：指今河南省黄河以北与山西省交界的山隘，是通往上党（在今山西省东南部沁河以东一带）的险道。其国断而为三：荥阳西宜阳一带为一区，荥阳北上党一带为一区，荥阳南新郑一带为一区，彼此隔断不能相救。

［12］韩："韩"上原有"魏"字，据鲍彪注及吴师道说删。

　　范雎说："大王的国家，北有甘泉、谷口，南环泾水、渭水，西靠陇、蜀，东凭殽、函；战车千辆，精兵百万。凭借秦国士卒的英勇，车马的众多，用来对付诸侯，犹如撒出猛犬追赶跛兔，称霸称王的事业可以实现。如今反而闭关自守不敢对山东六国伺机用兵，这是穰侯为国家谋划不忠诚，大王的策略有失误呀。"

　　秦王说："愿意听到策略失误的地方。"

范雎说:"大王越过韩国、魏国去攻打强大的齐国,不是好策略。少出兵,就不能够损伤齐国;多出兵又对秦国不利。我猜想大王的策略是想少出兵却要全部出动韩、魏的军队,这就不妥当了。现在已经看到盟国的不可靠,越过人家的国境去打仗,可以吗?策略太不周密了!从前齐国攻打楚国,打了胜仗,大败敌军,杀死敌将,两次开辟上千里的土地,结果尺寸的土地都没有得到,难道齐国不想要土地吗?形势决定不能据有啊!诸侯国看到齐国疲惫困乏,君主和臣子不和睦,发兵攻打它,国君受辱军队大败,被天下人耻笑。所以这样,是因为它攻打楚国却壮大了韩国和魏国呀,这就是常说的给强盗武器、送小偷粮食了。大王不如结交远国攻打近国,得地一寸就是大王的一寸,得地一尺就是大王的一尺。如今不用这个办法却来进攻远国,不是很不对头吗?再说从前中山国的土地纵横五百里,赵国独占了它,功业成就,名声建立,利益归附,天下没有谁能损害它。如今韩、魏两国,处在中原地带,是天下的枢纽。大王如果想称霸,必须结好中原的国家作为控制天下的枢纽,用来威慑楚国和赵国。赵国强大那么楚国就会归附,楚国强大那么赵国就会归附。楚、赵两国归附那么齐国必然害怕,齐国害怕必然用谦恭的言辞、贵重的礼物来侍奉秦国。齐国归附,韩、魏两国就可以削平了。"

秦王说:"我想结好魏国。但魏国是个反复无常的国家,我不能同它结好。请问用什么办法同魏国结好?"范雎说:"用谦恭的言辞、贵重的礼物侍它;不行的话,就割地送给它;再不行,就发兵攻打它。"于是发兵攻打邢丘。邢丘攻下,魏国便请求归附。

范雎又劝昭王说:"秦、韩两国的地形紧密联接如同刺绣。秦国旁边有个韩国,就像树上有蛀虫,人的心腹害病。局势一旦有变,对秦国构成危害的没有超过韩国的了。大王不如安抚韩国。"秦王说:"我想安抚韩国,它不听从,怎么办?"范雎说:"发兵攻打荥阳,成皋(向西通往宜阳）的道路就断绝；北面切断太行的通道，上党的援兵就不能南下；只要攻下荥阳，那么韩国就分为三截。韩国看到势在必亡，怎么能不听从呢？韩国听从，霸业就可以成功了。"秦主说："好。"

范雎曰[1]："臣居山东，闻齐之有田单，不闻其王[2]。闻秦之有太后、穰侯、泾阳、华阳、高陵，不闻其有王[3]。夫擅国之谓王，能专利害之谓王，制杀生之威之谓王。今太后擅行不顾，穰侯出使不报，泾阳、华阳击断无讳，高陵进退不请[4]。四贵备而国不危者，未之有也。为此四者下，乃所谓无王已。然则权焉得不倾，而令焉得从王出乎？臣闻：善为国者，内固其威，而外重其权。穰侯使者操王之重，决裂诸侯，剖符于天下[5]，征敌伐国，莫敢不听。战胜攻取，则利归于陶，国弊御于诸侯[6]；战败，则结怨于百姓，而祸归社稷。诗曰：'木实繁者披其枝，披其枝者伤其心。大其都者危其国，尊其臣者危其主[7]。'淖齿管齐之权，缩闵王之筋，县之庙梁，宿昔而死[8]。李兑用赵，减食主父，百日而饿死[9]。今秦，太后、穰侯用事，高陵、泾阳、华阳佐之[10]，卒无秦王，此亦淖齿、李兑之类也。臣今见王独立于庙朝矣，且臣将恐后世之有秦国者，非王之子孙也。"

秦王惧，于是乃废太后，逐穰侯，出高陵，走泾阳、华阳于关外[11]。

昭王谓范雎曰："昔者，齐公得管仲，待之以为仲父。今吾得子，亦以为父。"

[1]范雎曰：自此句以下，鲍本另立一章。据《史记》，此次进言在秦昭王四十一年（前266年）。 [2]闻齐之有田单：原作"闻齐之内有田单"，依姚宏注，据《史记·范雎列传》删"内"字。田单：齐将，齐襄王时封安平君。详见《田单攻狄》注。 [3]泾阳：即泾阳君，秦昭王同母弟公子市

（fú），封于泾阳（今陕西泾阳县西北）。高陵：即高陵君，秦昭王同母弟公子悝（kuī），封于高陵（今陕西西安市高陵区西南）。原无"高陵"二字，依吴师道、金正炜说，据《史记》补。下文"四贵"即指穰侯、泾阳君、华阳君、高陵君四人。 ［4］高陵进退不请：六字原无，据曾本及《史记》补。

［5］符：古代传达命令或调遣兵将的凭证，金属或竹木制成，上刻文字，中剖为两，双方各持其半，凡有命必须合符。剖符，这里指剖开兵符，擅自征发调遣诸侯的军队。 ［6］陶：穰侯的封地，在今山东菏泽市定陶区西北，原齐邑，后属秦。弊：通"币"。御：进献。诸侯：指华阳、泾阳之属。《秦策三·应侯谓昭王章》："战胜攻取，利尽归于陶，国之币帛，竭入太后之家，竟内之利，分移华阳。"与此义同，可证（用金正炜说）。 ［7］"诗曰"数句：今本《诗经》无此章。王伯祥认为"盖当时传诵的成语，所以喻木重则伤本的道理"（见《史记选》注）。又，孙诒让认为《逸周书·周祝》中有与此近似的话，古书引《书》，或通称《诗》（见《札迻》）。 ［8］淖（nào）齿：楚将，乐毅率五国兵伐齐，奉楚王命救齐，被齐闵王留任齐相，后来杀害闵王。缩：通"摍"。《广韵》："摍，抽也。"县（xuán）：悬挂。昔：通"夕"。［9］"李兑用赵"三句：赵武灵王二十七年（前299年）传位王子何（即赵惠文王），自号主父。惠文王四年（前295年），公子章作乱，大臣李兑等起兵平叛，公子章逃入主父宫，李兑围宫，主父被困三个多月，饿死宫中。事见《史记·赵世家》。 ［10］华阳：二字原无，据姚宏注及《史记》补。
［11］华阳：二字原无，据姚宏注及《史记》补。

范雎说："我在山东时，只听说齐国有田单，没听说齐国有王；只听说秦国有太后、穰侯、泾阳君、华阳君、高陵君，没听说秦国有王。独揽国家权力的叫王，能够任意行使赏罚的叫王，掌握生杀的权威的叫王。如今太后独断专行不想到有王，穰侯派遣使者从不报告王，泾阳君、华阳君擅行诛杀没有顾忌，高陵君任免官员不请示王。四贵存在而国家不危亡，是从来没有过的。身居这四人之下，就等于没有秦王了。那么权力怎么能不丧失，政令怎能由大王发布呢？我听说：善于治国的人，内部巩固自己的威严，外部加强自己的权力。穰侯的使者操纵大王的威权，瓜分诸侯的土地，调遣全国的军队，征伐敌国，没有人敢不听从。打了胜仗，攻城夺地，那么利益全部归于陶邑，国库的钱财都流入四贵手中；打了败仗，那么百姓就会怨恨，灾祸却要落到国家头上。有一首诗说：'树上果子多了要压断树枝，压断树枝要损伤树干；都邑大了就会危害国家，臣子尊贵就会贬低国君。'淖齿掌管齐国的大权，抽了闵王的筋，把他吊在庙堂的房梁上，一夜之间就死了。李兑在赵国执政，减少主父的饮食，一百天就饿死了。如今的秦国，太后、穰侯执政，高陵君、泾阳君、华阳君辅佐他们，终于会没有秦王，这也是淖齿、李兑一流的人物啊。我现在看到大王在朝廷上已经孤立无助了，而况我还担心后代统治秦国的，不会是大王的子孙了。"

秦王害怕了，于是就废黜太后，驱逐穰侯，罢免高陵君，放逐泾阳君、华阳君到关外。

昭王对范雎说："从前，齐桓公得到管仲，当时尊为仲父；现在我得到您，也要尊为父辈。"

蔡泽代范雎相秦
（秦策三）

本文记述蔡泽取代范雎相位的经过。战国策士凭三寸不烂之舌以取卿相，本不足为奇，范雎入秦取得相位是如此，蔡泽夺取范雎的相印也是如

45

此。但是蔡泽这篇说辞确实有其特色。第一，他以"成功者去"可以永保富贵声名，劝范雎急流勇退；第二，他选择"应侯内惭"的时刻讲这番话，才能打中要害；第三，他援古证今，由远及近，反复对比，层层剖析，不由范雎不服。

　　蔡泽见逐于赵，而入韩、魏，遇夺釜鬲于涂[1]。闻应侯任郑安平、王稽，皆负重罪，应侯内惭，乃西入秦[2]。将见昭王，使人宣言以感怒应侯，曰："燕客蔡泽，天下骏雄弘辩之士也。彼一见秦王，秦王必相之而夺君位。"

　　应侯闻之，使人召蔡泽。蔡泽入，则揖应侯，应侯固不快；及见之，又倨[3]。应侯因让之曰："子常宣言代我相秦，岂有此乎[4]？"对曰："然。"应侯曰："请闻其说。"蔡泽曰："吁！何君见之晚！夫四时之序，成功者去。夫人生手足坚强，耳目聪明，而心圣知，岂非士之所愿与[5]？"应侯曰："然。"蔡泽曰："质仁秉义、行道施德于天下，天下怀乐敬爱，愿以为君王，岂不辩智之期与？"应侯曰："然。"蔡泽复曰："富贵显荣，成理万物，万物各得其所；生命寿长，终其年而不夭伤；天下继其统，守其业，传之无穷；名实纯粹，泽流千世，称之而毋绝，与天下终，岂非道之符，而圣人所谓吉祥善事与？"应侯曰："然。"蔡泽曰："若秦之商君，楚之吴起，越之大夫种，其卒亦可愿矣[6]？"

　　应侯知蔡泽之欲困己以说，复曰[7]："何为不可！夫公孙鞅事孝公，极身毋二，尽公不还私，信赏罚以致治，竭智能，示情素，蒙怨咎，欺旧交，虏魏公子卬，卒为秦禽将，破敌军，攘地千里[8]。吴起事悼王，使私不害公，谗不蔽忠，言不取苟合，行不取苟容，行义不固毁誉，必有伯主强国，不辞祸凶[9]。大夫种事越王，主离困辱，悉忠而不解[10]，主虽亡绝，尽能而不离，多功而不矜，富贵不骄怠。若此三子者，义之至，忠之节也。故君子杀身以成名，义之所在，身虽死，无憾悔，何为不可哉！"

蔡泽曰："主圣臣贤，天下之福也；君明臣忠，国之福也；父慈子孝，夫信妇贞，家之福也。故比干忠不能存殷，子胥知不能存吴，申生孝而晋惑乱[11]。是有忠臣孝子，国家灭乱，何也？无明君贤父以听之。故天下以其君父为戮辱，怜其臣子[12]。夫待死而后可以立忠成名，是微子不足仁，孔子不足圣，管仲不足大也[13]。"于是应侯称善。

[1]蔡泽：燕人。初游说诸侯，不遇。入赵，又被逐。秦昭王五十二年（前255年）入秦，代范雎为相，号刚成君。釜（fǔ）：古代炊具，类似现代的蒸锅。鬲（lì）：古代炊具，类似鼎。 [2]应侯：范雎的封号。郑安平：魏人，曾救范雎同到秦国，范雎为秦相后任他为将攻赵，兵败降赵。王稽：秦臣，曾为秦使魏，把范雎从魏带回秦国，范雎任他为河东太守，因私通诸侯被杀。按秦法，用人不当，也要连坐同罪。 [3]"则揖应侯"句：蔡泽见应侯仅行长揖之礼而不下拜，所以应侯不快。则：才，仅仅。见：视。"揖"是远揖，"见"是近视。 [4]常：通"尝"。 [5]而心圣知：原作"圣知"，依金正炜说，据《史记》增"而心"二字。 [6]商君：见《商鞅治秦》注。吴起：卫人，初仕鲁，后仕魏为将，受谗奔楚，楚悼王用为令尹，实行变法，楚国大治。悼王死后，被宗室大臣杀害。大夫种：越国大夫文种，协助越王勾践灭吴，后被勾践赐死。这三人都在建立功业后被杀。愿：羡慕。矣：用法同"与"，鲍本作"与"，《史记》作"钦"。 [7]复：报，回复。 [8]情素：真诚，本心。素，真情。"欺旧交"句：商鞅为秦伐魏，利用与魏将公子卬（áng）有旧，遗书诈而虏之，大破魏军。 [9]"行义"三句：固，通"顾"。必，用法同"如"。有，用法同"为"。训

47

见《古书虚字集释》。《史记》作"行义不避难，然为霸主强国，不辞祸凶"。 [10]离：通"罹"。解（xiè）：懈怠。 [11]"故比干"数句：比干是殷纣王的叔父，谏纣不听，被剖心而死，殷不久亦亡。吴王夫差打败越国，越王勾践求和，伍子胥力主灭越以绝后患，夫差不从，反将子胥赐死，吴终于为越所灭。晋献公的宠妃骊姬，为了立自己的儿子奚齐为太子，诬陷太子申生企图毒死献公，申生自杀。献公死后，诸公子争位，晋大乱。 [12]戮：通"僇"，羞辱。 [13]"是微子"三句：微子，殷纣王的庶兄，谏纣不听，佯狂避世，孔子认为他是仁人。见《论语·微子》。管仲辅佐齐桓公建立霸业，孔子曾赞美他的功业。见《论语·宪问》。

　　蔡泽被赵国驱逐，进入韩国、魏国，在途中被人夺去炊具。听说应侯任用郑安平、王稽，都犯了大罪，应侯内心惭愧，便向西进入秦国。准备求见秦昭王，先让人放出话去激怒应侯，说："燕国的客人蔡泽，是天下见识高超、能言善辩的士人。他一见到秦王，秦王必然让他作相，夺去您的位置。"

　　应侯听了，派人召见蔡泽。蔡泽一进门，只对应侯拱手作揖，应侯本来就不高兴，等到看清他的神气，又那么傲慢，因而责问他说："您曾经扬言要代我作秦国的相，是不是有这回事？"回答说："是的。"应侯说："让我听听您的道理。"蔡泽说："嘻，您的见识怎么这样迟缓啊！春夏秋冬有次序，完成使命的就离开。人的一生手脚强健，耳目清明，思想敏锐，难道不是士人的愿望吗？"应侯说："是的。"蔡泽说："禀性仁爱主持正义，推行道义惠及天下人，天下人心悦诚服地爱戴，愿意他作君王，难道不是多才善辩的人的期望吗？"应侯说："是的。"蔡泽又说："安富尊荣，有成效地治理一切，使他们都得到合适的安排；寿命绵长，尽天年而不夭折；天下人继承他的传统，维护他的事业，永远流传下去；声

48

名和功业完美无缺，恩泽流传千载，称说他永无止息，同人类一样长久；难道不是道德的效验，又是圣人所说的吉祥善事吗？"应侯说："是的。"蔡泽说："像秦国的商君，楚国的吴起，越国的大夫文种，他们的结局也值得羡慕吗？"

应侯知道蔡泽打算用说辞窘住自己，回敬说："为什么不可以？公孙鞅侍奉孝公，竭尽全力没有二心，一切为公不顾私利，严明赏罚以达到国家大治；用尽才智能力，掏出真心实意，蒙受怨恨责难，用计欺骗旧友，俘虏魏国的公子卬，终于为秦国擒敌将，破敌军，夺取土地上千里。吴起侍奉楚悼王，做到私利不危害公益，谗言不壅蔽忠良；不采纳随声附和的言论，不采取敷衍应付的行动；奉行正义不顾别人的毁誉；为了国君称霸国家富强，不躲避灾祸。大夫文种侍奉越王，国君遭到困窘屈辱，竭尽忠心而不懈怠；国君处于危亡绝境，竭尽全力而不离开；功高而不自夸，富贵而不骄惰。像这三个人，是道义的顶峰，忠诚的准则了。所以君子牺牲生命来成就名声，只要合乎道义，即使为之殉身，毫不遗憾悔恨。为什么不可以呢？"蔡泽说："天子仁圣，臣子贤能，是天下的幸福；国君英明，臣子忠诚，是一国的幸福；父亲慈爱子女孝顺，丈夫忠实妻子贞节，是家庭的幸福。所以比干忠诚却不能保全殷朝，子胥能干却不能保全吴国，申生孝顺晋国却发生内乱。这是有了忠臣孝子，国家却灭亡纷乱，为什么呢？因为没有圣明的君主、贤能的父亲听从他们。所以天下都认为他们的君、父可耻，而怜惜他们的臣、子。如果说要死了以后才可以表现忠诚，成就名声，那么微子就算不得仁，孔子就算不得圣，管仲也算不得伟大了。"于是应侯称赞他说得好。

蔡泽得少间，因曰："商君、吴起、大夫种，其为人臣，尽忠致功，则可愿矣。闳夭事文王，周公辅成王也，岂不亦忠乎[1]？以君臣论之，

49

商君、吴起、大夫种，其可愿孰与闳夭、周公哉？"应侯曰："商君、吴起、大夫种不若也。"蔡泽曰："然则君之主，慈仁任忠，不欺旧故，孰与秦孝公、楚悼王、越王乎？"应侯曰："未知何如也。"蔡泽曰："主固亲忠臣，不过秦孝、越王、楚悼。君之为主正乱、批患、折难，广地、殖谷，富国、足家、强主，威盖海内，功章万里之外，不过商君、吴起、大夫种。而君之禄位贵盛，私家之富，过于三子，而身不退，窃为君危之。语曰：'日中则移，月满则亏。'物盛则衰，天之常数也；进退、盈缩变化，圣人之常道也。昔者，齐桓公九合诸侯，一匡天下，至葵丘之会，有骄矜之色，畔者九国[2]；吴王夫差无适于天下，轻诸侯，凌齐、晋，遂以杀身亡国[3]；夏育、太史启，叱呼骇三军，然而身死于庸夫[4]：此皆乘至盛不及道理也。夫商君为孝公平权衡、正度量、调轻重，决裂阡陌，教民耕战，是以兵动而地广，兵休而国富，故秦无敌于天下，立威诸侯。功已成矣，遂以车裂。楚地持戟百万，白起率数万之师，以与楚战，一战举鄢、郢，再战烧夷陵，南并蜀、汉，又越韩、魏攻强赵，北坑马服，诛屠四十余万之众，流血成川，沸声若雷，使秦业帝[5]。自是之后，赵、楚慑服，不敢攻秦者，白起之势也。身所服者七十余城，功已成矣，赐死于杜邮[6]。吴起为楚悼罢无能，废无用，损不急之官，塞私门之请，壹楚国之俗，南收杨越[7]，北并陈、蔡，破横散从，使驰说之士无所开其口。功已成矣，卒支解[8]。大夫种为越王垦草创邑，辟地殖谷，率四方之士，专上下之力，以禽劲吴，成霸功，勾践终倍而杀之[9]。此四子者，成功而不去，祸至于此。此所谓信而不能诎[10]，往而不能反者也。范蠡知之，超然避世，长为陶朱[11]。君独不观博者乎？或欲大投，或欲分功[12]。此皆君之所明知也。今君相秦，计不下席，谋不出廊庙，坐制诸侯，利施三川，以实宜阳，决羊肠之险，塞太行之口，又斩

50

范、中行之途，栈道千里通于蜀、汉，使天下皆畏秦[13]。秦之欲得矣，君之功极矣。此亦秦之分功之时也！如是不退，则商君、白公、吴起、大夫种是也。君何不以此时归相印？让贤者授之，必有伯夷之廉；长为应侯，世世称孤，而有乔、松之寿[14]。孰与以祸终哉！此则君何居焉？"应侯曰："善。"乃延入坐，为上客。

［1］闳（hóng）夭：周朝的开国功臣，曾佐武王伐纣。他和周公都是身名俱全的例子。　［2］"齐桓公"数句：齐桓公是春秋五霸之一，曾多次主持诸侯会盟，是为"九合诸侯"；定周襄王为太子之位，避免了周室之乱，是为"一匡天下"。周襄王元年（前651年），齐桓公在葵丘（在今河南兰考县东）主持诸侯会盟，因有骄矜之色，致使诸侯离心。"九合"和"九国"的"九"，都是虚数。　［3］"吴王夫差"数句：吴王夫差打败越王勾践后，企图称霸诸侯，曾几次伐齐，周敬王三十八年（前482年），又与晋争为盟主，勾践乘虚而入，夫差兵败自杀。适：通"敌"。　［4］夏育：周代卫国的勇士，为田搏所杀。太史启：不详。　［5］"楚地持戟百万"句：白起伐楚，举鄢、郢，烧夷陵，事在前279年、278年。破赵军于长平，杀赵军主将马服君赵括，坑杀降卒四十万人，在前260年。灭蜀、取汉中，均在秦惠王时，非白起之功。　［6］杜邮：在今陕西咸阳市东。前257年，白起被秦昭王赐死于杜邮。［7］杨越：一作扬越，又称南越，古代越族的一部分，分布于今广东、广西及江西省南部、湖南省南端地区。吴起南收杨越，取得今江西南部和湖南、广西间的苍梧。《后汉书·南蛮传》："吴起相悼王，南并蛮越，遂有洞庭、苍梧。"蒋超伯《南漘楛语》："按今南赣诸郡及楚粤毗连处，皆吴起相楚悼时所开。""收"原作"攻"，据王念孙说改。陈、蔡：春秋时两个小国，均在今河南省。楚灭陈在前478年，灭蔡在前447年，均在吴起相楚前数十年。　［8］支解：古代酷刑，分解尸体。支，肢体。　［9］率四方之士，专

51

上下之力：原无"之""专"二字，据鲍本及《史记》补。倍：原作"棓"，据王念孙说改。 ［10］信：通"伸"。诎：通"屈"。 ［11］范蠡：春秋楚人，与文种同事越王勾践，为勾践深谋二十余年，灭吴后，知勾践可与共患难，不可同安乐，潜行入齐，改名鸱夷子皮，居于陶，自号陶朱公，治产经商，终成巨富。 ［12］"或欲"句：原作"或欲分大投，或欲分功"，据姚注、鲍注删前"分"字。大投，下大赌注。分功，《史记》司马贞注以为"谓观其势弱，则投地而分功以远救也"。 ［13］施（yì）：延续，延伸。宜阳：原为韩地，公元前 308 年已为秦攻占。"决羊肠"三句：说的是范雎攻韩的功绩。可参阅《范雎说秦王远交近攻》中"举兵而攻荥阳，则成皋之路不通；北斩太行之道，则上党之兵不下；一举而攻荥阳，则其国断而为三"数句。决，断。羊肠之险，指羊肠坂，即太行山坂道，在今山西晋城市天井关以南。范、中行之道，指三晋境内的交通要道。范与中行原是晋国六卿中的两个大族，这里指代三晋。 ［14］乔、松：古代传说中的仙人王子乔和赤松子。

　　蔡泽抓到一点空子，趁势说："商君、吴起、大夫文种，他们作为人臣，竭尽忠心建立功劳，是值得羡慕的了。闳夭侍奉文王，周公辅佐成王，难道算不得忠诚吗？就君臣关系来说，商君、吴起、文种，他们同闳夭、周公谁更值得羡慕呢？"应侯说："商君、吴起、文种比不上啊。"蔡泽说："那么您的国君，慈爱仁厚、信任忠良、不负旧交，能胜过秦孝公、楚悼王、越王吗？"应侯说："不清楚究竟谁更好。"蔡泽说："您的国君坚信忠臣不移，不超过秦孝公、越王和楚悼王。您为国君拨乱反正，排除祸患，消灭灾难，扩大疆土，增殖五谷，富裕国家，充实采邑，增强君权，威望笼罩四海之内，功绩传扬万里之外，不超过商君、吴起、大夫文种。可是您的禄位之高，家产之富，超过他们三位，却不退居避位，我私下替您感到危险。常言道：'日到正中就倾斜，月到满盈就亏缺。'事物盛极就要衰落，是大自然的必然规律；进取和退避、有余和不足的转化，是圣人的永恒真理。从前，齐桓公多次召集诸侯会盟，一举安定王室，到了葵丘会盟，流露骄傲自满的神色，叛离齐国的有许多国家。吴王夫差在天下没有敌手，轻视诸侯，欺凌齐、晋，终于因此身死国亡。夏育、太史启，一声呼喊吓退军队，然而死在平庸的人手下。这些人都是在最兴盛时不懂得（物极必反的）道理啊。商君替秦孝公统一度量衡的标准，调整赋税的轻重，铲除井田田界，教导百姓耕田作战，因此军队出动能开疆拓土，军队复员能国家富足。所以秦国在天下没有敌手，在诸侯中树立威望。大功已经告成了，就受到车裂。楚国有战士百万，白起率领几万人的军队用它同楚国交战，第一仗攻下鄢、郢，第二仗焚烧夷陵，南面吞并巴、蜀、汉中，又越过韩、魏攻打强大的赵国，北面活埋马服君，屠杀四十余万赵军，流血成河、水声如同雷鸣，使秦国成就帝业。从此以后，赵国、楚国恐惧屈服，再不敢攻打秦国，都是白起的力量啊。亲自攻下的城邑七十多座，大功已经告成了，即赐死在杜邮。吴起为楚悼王罢免无能的官吏，废除无用的闲员，减少不急需的官职，杜绝权贵的请托说情，统一楚国的风俗，南面收服杨越，北面吞并陈、蔡，破除连横拆散合纵，使游说之士没有借口。大功已经告成了，终于遭到肢解。大夫文种替越王开发荒地创建城邑，拓展农田种植五谷，率领四方的人士，集中上下的力量，用来灭亡强大的吴国，完成霸王的功业，勾践终于背信弃义把他杀掉。这四个人，大功告成而不隐退，祸害才到了这种地步。这就是所说的能施展才华不能藏拙，一往直前不知回头的了。范蠡懂得这个道理，毫不留恋世俗繁华，长期当他的陶朱公。您难道没有看过赌博的人吗？有时要下大注，博得全胜，有时要分散赢得的利物。这都是您清楚了解的了。如今您担任秦相，定计不用离开坐席，设谋不用走出朝廷，坐着不动就能制服诸侯。利益延伸到三川，用来充实宜阳，截断羊肠的险道，堵塞太行的出口，又切断三晋的交通，（修筑）千里栈道直通巴、蜀、汉中，使天下都害怕秦国。秦国的欲望实现了，您的功劳也达到了顶点，这也就是秦国人分取利物的时候了。如果这时不隐退，那么商君、白公、吴起、大夫文种就是榜样了。您何不趁这时归还相印？转让给贤能的人接受它，必定享有伯夷那样廉洁的名声；永远做应侯，世世代代承袭封爵，就会享有王子乔、赤松子那样的长寿。哪里能同祸患的结局相比呢？对此您该怎么办呢？”应侯说：“好。”于是请蔡泽入坐，当作上宾。

后数日，入朝，言于秦昭王曰：“客新有从山东来者蔡泽，其人辩士。臣之见人众矣，莫有及者，臣不如也。”秦昭王召见，与语，大说之，拜为客卿[1]。应侯因谢病，请归相印。昭王强起应侯，应侯遂称笃，因免相。昭王新说蔡泽计画，遂拜为秦相，东收周室[2]。

蔡泽相秦数月，人或恶之，惧诛，乃谢病归相印，号为刚成君。居秦十余年，事昭王、孝文王、庄襄王，卒事始皇帝。为秦使于燕，三年而燕使太子丹入质于秦[3]。

[1]客卿：别国人在本国作官，其位为卿，而以客礼待之，称客卿。
[2]东收周室：秦昭王五十一年（前256年），秦灭西周，迁西周君于𢠸（dàn）狐（在今河南汝州市西北四十里）。同年，周赧王去世，从此挂名的周天子也没有了。 [3]“居秦十余年”数句：“居秦”的“居”，“事昭王”的“事”，原无，据鲍本补。吴汝纶认为“居秦”以下三十六字系《史记》文误入《战国策》者。

过了几天，范雎上朝，对秦昭王说：“有位新从山东来的客人蔡泽，

54

这是个能言善辩的士人。我见过的人很多，没有赶得上他的，我比不了啊。"秦昭王召见蔡泽，同他交谈，非常欣赏，拜他为客卿。应侯趁机自称有病，请求归还相印。昭王勉强他出来办事，应侯就托言病重，于是免去相位。昭王正赞赏蔡泽的计谋，便拜他为秦相，（按照他的计谋）向东吞并周王室。

蔡泽辅佐秦王几个月，有人说他的坏话，害怕被杀，便称病归还相印，号称刚成君。居留秦国十几年，历事昭王、孝文王、庄襄王，最后侍奉始皇帝。替秦国出使燕国，三年以后燕国派太子丹到秦国作人质。

吕不韦相秦
（秦策五）

吕不韦本是家累千金的商人，在赵国见到秦国质子异人，认为"奇货可居"，其赢"无数"，便转而从事政治投机。他的成功虽然具有偶然性，但也说明战国末期大商巨富的势力已经发展到可以交通王侯、左右政治的程度。本文对话简练生动，符合人物性格，特别是开头一段吕不韦父子的对话，三言两语便把这个投机家的内心世界揭露无遗。唯所记事实，疑窦颇多，钱穆有考辨，不可据为信史。

濮阳人吕不韦贾于邯郸，见秦质子异人[1]，归而谓父曰："耕田之利几倍？"曰："十倍。""珠玉之赢几倍？"曰："百倍。""立国家之主赢几倍？"曰："无数。"曰："今力田疾作，不得暖衣余食；今建国立君，泽可以遗世。愿往事之。"

秦子异人质于赵，处于聊城[2]。故往说之，曰："子傒有承国之业，又有母在中^[3]。今子无母于中，外托于不可知之国，一日倍约，身为粪土。今子听吾计事，求归，可以有秦国。吾为子使秦必来请子。"

[1] 濮阳：原卫邑，在今河南濮阳市西南。吕不韦：原为大商人，因助秦庄襄王继位，任秦相，封文信侯。秦王政继位，奉为"仲父"，主政。秦王政十二年（前235年）被流放四川，途中自杀。质子：古代派往别国作抵押的王子或世子。异人：秦昭王之孙，孝文王庶子。昭王时质于赵。孝文王死后即位，即庄襄王。按：本文或称"异人"，或称"子异人"；《史记·索隐》或称"子异"，或称"异人"。诸祖耿认为"以'子异人'为称，语甚不词。以异母兄曰'子傒'，后更名为'子楚'例之，当以'子异'为是"。 [2] 郻(jiǎo)城：《康熙字典》引《字汇补》："郻城，赵地名。" [3] 子傒(xī)：异人的异母兄，当时有立为太子的可能。中：内，指宫内。异人母夏姬不得宠，所以下文说他如同"无母于中"。

濮阳人吕不韦在邯郸经商，见到秦国的人质异人，回家对父亲说："种地的赢利有几倍？"父亲说："十倍。""经营珠宝玉器的赢利有几倍？"父亲说："百倍。""拥立国家的君主赢利有几倍？"父亲说："数不清。"吕不韦说："如今努力种田紧张操作，不能穿暖吃饱；如果拥立国君，利益可以留传给后代。我愿意去干这种事。"

秦国公子异人在赵国作人质，住在郻城，吕不韦特地去劝说他，说："子傒有继承王位的资格，又有母亲在宫里；现在您的母亲在宫里没有地位，在外面托身于吉凶难料的国家，一旦背弃盟约，自身将化为粪土。现在您听从我的计策行事，谋求回去，可以据有秦国。我替您设法使秦国一定来（要求赵国）请您回去。"

乃说秦王后弟阳泉君曰[1]："君之罪至死，君知之乎？君之门下无不居高尊位，太子门下无贵者[2]。君之府藏珍珠宝玉，君之骏马盈外厩，美女充后庭。王之春秋高，一日山陵崩，太子用事，君危于累卵，而不寿于朝生[3]。说有可以一切而使君富贵千万岁，其宁于太山四维，必无危亡之患矣[4]。"阳泉君避席，请闻其说。不韦曰："王年高矣，王后无子，子傒有承国之业，士仓又辅之。王一日山陵崩，子傒立，士仓用事，王后之门必生蓬蒿。子异人，贤才也，弃在于赵，无母于内，引领西望，而愿一得归。王后诚请而立之，是子异人无国而有国，王后无子而有子也。"阳泉君曰："然。"入说王后，王后乃请赵而归之。

赵未之遣，不韦说赵曰："子异人，秦之宠子也，无母于中，王后欲取而子之。使秦欲屠赵，不顾一子以留计，是抱空质也。若使子异人归而得立，赵厚送遣之，是不敢倍德畔施，是自为德讲。秦王老矣，一日晏驾，虽有子异人，不足以结秦。"赵乃遣之。

[1]秦王后：指秦孝文王后华阳夫人。 [2]太子：指子傒。 [3]王：高诱注指昭王，与上下文意不合，当指当时尚未继位的孝文王。孝文王五十三岁即位，在位不到一年即病死。年过半百，所以说"春秋高"。山陵崩：帝王死的委婉说法，下文"晏驾"义同。朝生：泛指朝生夕死如朝菌、木槿之类。
[4]说有可以一切：等于说"说有可以一切者"，有个可以万全的办法。说，说法，这里指计谋、办法。一切，犹言权宜。太山：泰山，古"太""泰"通用。四维：古人认为大地有四维（四根大绳）维系，才不塌陷。吴师道以为"以太山为四维"，即用太山作为维系大地的四根大绳。于：用法同"如"，训见《助字辨略》，上文"危于累卵"和"不寿于朝生"的"于"，同此。

（吕不韦）于是劝说秦王后华阳夫人的弟弟阳泉君，说："您的罪过到了杀头的程度，您知道吗？您的门下没有一个不身居高位，太子的门下却没有地位高贵的。您的仓库藏着珍珠宝玉，您的骏马挤满马棚，美女充满后宫。大王的年事已高，一旦去世，太子执政，您将危如累卵，朝不保夕。有个可以万全的办法能使您千年万载永保富贵，安如泰山，肯定没有危亡的忧虑。"阳泉君离开坐席，请求听到他的说法。吕不韦说："大王年纪老了，王后没有儿子，子傒有继承王位的资格，士仓又辅佐他。大王一旦去世，子傒即位，士仓掌权，王后的门前一定长满蓬蒿。异人是贤能的人才，被遗弃在赵国，母亲在宫里没有地位，伸着脖子望着西边，盼着有一天能够回国。王后果真请求大王立他为太子，这样，异人没有王位却有了王位，王后没有儿子却有了儿子了。"阳泉君说："对。"进宫劝说王后，王后就请求赵国送回异人。

赵国没有立即遣送异人。吕不韦劝赵王说："异人是秦王的爱子，母亲在宫里没有地位，王后打算把他取回作为自己的儿子。如果秦国企图灭亡赵国，不会顾惜一个儿子而推迟计划，这样做不过是挟持一个不起作用的人质。如果异人回国能立为太子，赵国优厚地遣送他，那就一定不敢忘恩负义，并会主动表示感激而同赵国和好。秦王老了，一旦去世，即使留着异人，也不足以结好秦国。"赵国于是遣送异人。

异人至，不韦使楚服而见。王后悦其状，高其知，曰："吾楚人也。"而自子之，乃变其名曰楚。王使子诵，子曰："少弃捐在外，尝无师傅所教学，不习于诵。"王罢之，乃留止。间曰："陛下尝轫车于赵矣[1]，赵之豪杰得知名者不少。今大王反国，皆西面而望，大王无一介之使以存之，臣恐其皆有怨心。使边境早闭晚开。"王以为然，奇其计。王后劝立之。王乃召相，令之曰："寡人子莫若楚，立以为太子！"

子楚立，以不韦为相，号曰文信侯，食蓝田十二县[2]。王后为华阳太后，诸侯皆致养邑[3]。

[1]轫车：停车，指居留。据高诱注，孝文王曾质于赵，这是对此事的委婉说法。 [2]蓝田：秦邑，在今陕西蓝田县西。 [3]养邑：即食邑，古代卿大夫的封邑，以其赋税作为供养之资。原作"秦邑"，王念孙认为当作"奉邑"，金正炜认为"秦"系"养"字之误，今据金说改。

异人回到秦国，吕不韦让他穿着楚国服装拜见王后。王后喜欢他的装束，赞赏他的智慧，说："我就是楚国人。"便把他认作自己的儿子，给他改名叫"楚"。秦王让他读书，他说："我从小被抛弃在外，从来没有师傅教我学习，不熟悉读书。"秦王不再让他读书，把他留在宫里。他乘机对秦王说："陛下曾经在赵国停留过，赵国的豪杰同您结识的不少。现在大王回国，都在向西遥望，大王没有派一个使臣去看望他们，我担心他们都有怨恨之心。要让边境的关门早闭晚开，（以防不测）。"秦王认为有道理，赞赏他的计谋。王后劝秦王立他为太子，秦王就召见丞相，下令说："我的儿子没有比得上子楚的，立他作太子！"

子楚即位，任命吕不韦为相，号称文信侯，以蓝田十二县作为食邑。王后尊为华阳太后，诸侯都向她赠送赡养的城邑。

甘罗十二出使
（秦策五）

甘罗十二岁拜相（据《史记·樗里子甘茂列传》，十二岁为上卿，黄式三《周季编略》认为"为上卿疑亦后日事"），虽不免夸张，但是他聪明过人，政治上早熟，恐怕是事实。司马迁评论说："甘罗年少，然出一奇计，声称后世。虽非笃行之君子，然亦战国之策士也。"本文记述他十二岁时说服张唐相燕，并且出使赵国，使秦不费一兵一卒取得河间五城、上谷数县。寥寥二三事，便刻画出一个"神童"形象。

文信侯欲攻赵以广河间[1]，使刚成君蔡泽事燕，三年而燕太子质于秦。文信侯因请张唐相燕。张唐辞曰："燕者必径于赵，赵人得唐者，受百里之地[2]。"文信侯去而不快。少庶子甘罗曰："君侯何不快甚也[3]？"文信侯曰："吾令刚成君蔡泽事燕，三年而燕太子已入质矣。今吾自请张唐相燕，而不肯行。"甘罗曰："臣行之。"文信侯叱曰[4]："去！我自行之而不肯，汝安能行之也？"甘罗曰："夫项橐生七岁而为孔子师[5]，今臣生十二岁于兹矣！君其试臣，奚以遽言叱也？"

[1] 文信侯：指吕不韦。河间：指太行山以东直到永定河、黄河之间一带地方，原分属燕、赵、齐三国。当时秦已取得赵的榆次、新城、狼孟的三十七县，准备东进扩大到河间一带。使蔡泽事燕，目的就是拉拢燕国共同对付赵国。燕太子：指太子丹，燕王喜之子，秦王政即位后质于秦。 [2] 张唐：秦将，秦昭王时曾率兵伐赵，赵国很恨他，曾下令：捉到张唐的，封地百里。"张唐相燕"下原有"欲与燕共伐赵，以广河间之地"十二字，据鲍本及黄丕烈说删。 [3] 君侯：对文信侯的敬称。秦汉时称封列侯者为君侯。 [4] 叱曰去：原作"叱去曰"，据曾本、《史记》及金正炜说改。 [5] 项橐（tuó）：传说七岁为孔子师。《史记》《淮南子》《新序》诸书也有类似记载。

文信侯想攻打赵国以便扩大河间的领地，派刚成君蔡泽到燕国为臣，三年后燕国太子到秦国作人质。文信侯于是请张唐到燕国作相。张唐推辞说："去燕国一定要经过赵国，赵国人抓住我的，受封一百里土地。"文信侯让他走后很不高兴。少庶子甘罗问："君侯为什么这样不高兴？"文信侯说："我派刚成君蔡泽到燕国为臣，三年后燕国太子便已经到秦国作人质了。今天我亲自请张唐到燕国作相，他却不肯去。"甘罗说："我能让他去。"文信侯呵斥说："走开！我亲自让他去都不肯，你怎么能让他去呢？"甘罗说："项橐七岁就做孔子的老师，如今我已经十二岁了！您不妨让我试试，何必立即出口呵斥呢？"

甘罗见张唐曰："卿之功，孰与武安君[1]？"唐曰："武安君战胜攻取，不知其数；攻城堕邑，不知其数[2]。臣之功不如武安君也。"甘罗曰："卿明知功之不如武安君欤？"曰："知之。""应侯之用秦也，孰与文信侯专？"曰："应侯不如文信侯专。"曰："卿明知为不如文信侯专欤？"曰："知之。"甘罗曰："应侯欲伐赵，武安君难之，去咸阳七里，绞而杀之[3]。今文信侯自请卿相燕，而卿不肯行，臣不知卿所死之处矣。"唐曰："请因孺子而行[4]！"令库具车，厩具马，府具币，行有日矣。甘罗谓文信侯曰："借臣车五乘，请为张唐先报赵。"

[1]武安君：指秦将白起。详见《蔡泽代范雎相秦》一文及注。
[2]堕（huī）：毁坏，这个意义后来写作"隳"。 [3]"应侯欲伐赵"句：秦昭王四十九年（前258年），秦攻邯郸失利，应侯范雎亲自请白起出征，白起认为不可能取胜，称病不行。于是免白起为士卒，迁阴密。行至杜邮，被昭王赐死。"去咸阳七里"，即指杜邮。 [4]孺子：童子，这里是对甘罗的称呼。

甘罗去见张唐，说："您的功劳，同武安君比怎样？"张唐说："武安君打过的胜仗，不知道有多少；攻下的城邑，不知道有多少。我的功劳不如武安君。"甘罗说："您清楚地知道功劳不如武安君吗？"张唐说："知道。"（甘罗又问）："应侯在秦国掌权的时候，同文信侯比权力谁大？"张唐说："应侯不如文信侯权力大。"（甘罗说）："您清楚地知道不如文信侯权力大吗？"张唐说："知道。"甘罗说："应侯想攻打赵国，武安君不同意这个行动，在离咸阳七里的地方，就把他绞杀了。现在文信侯亲自请您到燕国作相，您却不肯去，我不知道您将死在什么地方了！"张唐说："愿意依照你的话去燕国。"吩咐车库准备车，马棚准备马，财库准备礼物，出发的日子也定了。甘罗对文信侯说："借给我五辆车子，让我替张唐先去告知赵国。"

见赵王，赵王郊迎[1]。谓赵王曰："闻燕太子丹之入秦欤？"曰："闻之。""闻张唐之相燕欤？"曰："闻之。""燕太子入秦者，燕不欺秦也；张唐相燕者，秦不欺燕也。秦、燕不相欺，则伐赵，危矣！燕、秦所以不相欺者，无异故，欲攻赵而广河间也。今王赍臣五城以广河间[2]，请归燕太子，与强赵攻弱燕。"赵王立割五城以广河间。归燕太子[3]。赵攻燕，得上谷三十六县，与秦什一[4]。

[1]赵王：指赵悼襄王，名偃，赵孝成王之子，前244年至前238年在位。
[2]赍（jī）：以物赠人。 [3]归燕太子：秦归燕太子，表示断绝秦、燕的友好关系。据《史记》及《燕策三》，太子丹是自秦逃归的，而且据《史记·六国年表》，太子丹逃归在秦王政十五年（前232年），时吕不韦已死三年。 [4]上谷：燕郡，在今河北省张家口市以东，赤城县以西，北京

市昌平区以北一带。梁玉绳《史记志疑》认为"赵攻燕得上谷三十六县"与史实不符。

甘罗拜见赵王,赵王到城外迎接。对赵王说:"听到燕太子丹到秦国了吗?"赵王说:"听说了。""听到张唐要到燕国作相了吗?"赵王说:"听说了。""燕太子到秦国,说明燕国不欺骗秦国;张唐到燕国作相,说明秦国不欺骗燕国。秦、燕两国互不欺骗,就要攻打赵国,那就危险了!燕、秦两国所以互不欺骗,没有别的缘故,就是想攻打赵国来扩大河间领地呀。现在大王交给我五座城来扩大(秦国在)河间的领地,我当启请送回燕太子,同强大的赵国一起攻打弱小的燕国。"赵王立即割让五座城来扩大(秦国在)河间的领地,(秦国)送回燕太子。赵国攻打燕国,取得上谷一带三十六个县,送给秦国十分之一。

姚贾论用人之道
(秦策五)

"四国为一,将以攻秦",秦国危急,姚贾出使四国,"绝其谋,止其兵"。秦王为此封赏他,韩非却攻击他是监门之子,曾盗于梁,逐于赵。姚贾的答辩,提出了一个重要的观点,即明主用人,应当考虑他有无真才实学,能否为国立功,而不必计较他出身是否微贱,历史有无污点。

四国为一,将以攻秦[1]。秦王召群臣宾客六十人而问焉,曰:"四国为一,将以图秦,寡人屈于内,而百姓靡于外,为之奈何[2]?"群臣莫对。姚贾对曰:"贾愿出使四国,必绝其谋而安其兵。"乃资车百乘，金千斤，衣以其衣冠，带以其剑[3]。姚贾辞行，绝其谋，止其兵，与之为交，以报秦。秦王大悦，贾封千户，以为上卿。

韩非短之曰[4]："贾以珍珠重宝，南使荆、吴，北使燕、代之间三年[5]，四国之交未必合也，而珍珠重宝尽于内。是贾以王之权、国之宝，外自交于诸侯。愿王察之。且梁监门子，尝盗于梁，臣于赵而逐[6]。取世监门子，梁之大盗，赵之逐臣，与同知社稷之计，非所以厉群臣也。"

[1]四国：高诱注为"燕赵吴楚"，鲍彪注为"荆齐燕代"，据下文则为荆吴燕代。按：时吴亡已久，肯定有误。齐王建期间，齐事秦谨，双方数十年无战事，作齐亦非。《史记·赵世家》记载，前241年，赵将庞煖率赵、楚、魏、韩、燕五国兵攻秦，《秦始皇本纪》载，这一年韩、魏、赵、卫、楚共击秦（时卫已为魏所灭，不可能参战）。据此可知，秦王政时，山东赵、魏、楚、韩、燕等国确曾一度合纵，这里的"四国"当是其中之四。 [2]屈(jué)：竭，尽，这里指财力匮乏。 [3]"衣以其衣"二句："带"原作"舞"，据姚宏注及黄丕烈说改。其：指秦王政。 [4]短：说坏话。原作"知"，据姚宏注及金正炜说改。 [5]"南使荆吴"二句：荆吴燕代，疑并非确指姚贾出使的四个国家，而是泛指其出使的地域之广，所以复用"之间"二字。"三年"，则极言其历时之久。荆，即楚。代，古国名，在今河北省蔚县一代，前476年为赵所灭，赵武灵王时设郡，其地包括今山西省东北部和河北省、内蒙古自治区的一部分。 [6]臣于赵而逐：《赵策四·赵使姚贾约韩魏》记载，举茅劝赵王勿逐姚贾，韩非所说可能即指此事。

四国联合，准备攻打秦国。秦王召集大臣们和宾客六十人向他们问计，说："四国联合，准备对付秦国。我朝廷财力枯竭，国内百姓大量死伤，怎么办呢？”大臣们没有人回答。姚贾回答说："我愿意出使四国，一定打消他们的计划，阻止他们的军队。"秦王于是提供车子百辆，黄金千斤，让姚贾穿戴秦王的衣帽，佩带秦王的宝剑。姚贾告辞出发，打消了四国的计划，阻止了四国的军队，同他们缔交，然后回复秦王。秦王非常高兴，封姚贾食邑千户，任命他为上卿。

韩非指责姚贾说："姚贾拿着珍珠重宝，南面出使到楚、吴，北面出使到燕、代地区，长达三年之久，四国的邦交不一定可靠，可是朝廷的珍珠重宝全都散尽。这是姚贾用大王的权力、秦国的珍宝，在外面私自跟诸侯结交。希望大王调查了解这件事。再说姚贾是大梁看门人的儿子，曾经在大梁偷过东西，到赵国作官又被驱逐。录用世代是看门人的儿子、魏国的盗贼、赵国驱逐的臣子，同他商讨国家大计，不是激励群臣的办法啊。"

王召姚贾而问曰："吾闻子以寡人财交于诸侯，有诸？"对曰："有。"王曰："有何面目复见寡人？"对曰："曾参孝其亲，天下愿以为子；子胥忠于君，天下愿以为臣；贞女工巧，天下愿以为妃[1]。今贾忠王，而王不知也，贾不归四国，尚焉之？使贾不忠于君，四国之王尚焉用贾之身？桀听谗而诛其良将，纣闻谗而杀其忠臣，至身死国亡[2]。今王听谗，则无忠臣矣。"

王曰："子监门子，梁之大盗，赵之逐臣。"姚贾曰："太公望，齐之逐夫，朝歌之废屠，子良之逐臣，棘津之不雠庸，文王用之而王[3]。管仲，齐鄙之贾人也，南阳之弊幽，鲁之免囚，桓公用之而伯[4]。百里奚，虞之乞人，传卖以五羊之皮，穆公相之而朝西戎[5]。文公用中山盗，而胜于城濮[6]。此四士者，皆有垢丑，大诽天下，明主用之，知其可与立功也。使若卞随、务光、申屠狄，人主岂得其用哉[7]！故明主不取其污，不听其非，察其为己用。故可以存社稷者，虽有外谤者，不听；虽有高世之名，无咫尺之功者，不赏。是以群臣莫敢以虚愿望于上。”

秦王曰："然。"乃复使姚贾而诛韩非[8]。

[1] 妃：配偶。《尔雅·释诂》："妃，匹也。" [2] 良将：指关龙逢。传说夏桀无道，关龙逢极谏，被桀囚杀。忠臣：指比干，殷纣的叔父。传说殷纣作炮烙之刑，比干强谏，纣剖其心。 [3] "太公望"句：太公望，即吕尚，见《范雎说秦王远交近攻》注。《韩诗外传》："太公少为人婿，老而见去，屠牛朝歌，赁于棘津。"《抱朴子·逸民》："且吕尚之未遇文王也，亦曾隐于穷贱，凡人易之，老妇逐之，卖佣不售，屠钓无获。"朝（zhāo）歌，殷纣的别都，在今河南淇县。棘津，在今山东日照市。雠（chóu），售。庸，雇佣。"不雠庸"，原作"雠不庸"，据孙诒让说改。 [4] "管仲"句：管仲家贫，尝与鲍叔一起在齐国边邑南阳经商，后事公子纠，因与公子小白争夺王位失败，被鲁国囚禁。"齐鄙"原作"其鄙人"，据金正炜说改。
[5] "百里奚"句：百里奚，春秋虞国人，曾在齐乞食，后为虞大夫。晋灭虞时被俘，后逃亡至楚，为楚人所执，秦穆公以五张羊皮赎回，称为五羖大夫。传：《释名·释书契》："传，转也。" [6] "文公"句：文公，即晋文公，曾在城濮（卫地，在今山东范县南七十里）大胜楚军。中山盗，不详。
[7] 卞随、务光：夏桀时的隐士，传说汤灭夏，以天下让之，二人辞不受，投水而死。申屠狄：又作申徒狄，传说不忍见纣之无道，抱石自沉于洞水。
[8] 乃复使：原作"乃可复使"，据姚注、鲍注及吴师道说删"可"字。

秦王召见姚贾询问说："我听说你用我的财宝结交诸侯，有这种事吗？"回答说："有。"秦王说："有什么脸面再来见我？"回答说："曾参孝顺父母，所有人都愿意把他作为儿子；伍子胥效忠国君，所有人都愿意把他作为臣子；贞洁的女子擅长女红，所有人都愿意把她作为妻子。现在我效忠大王，大王却不了解，我不把财宝送给那四个国家，还送到哪里去？如果我对君王不忠诚，四国的国君还怎么能信任我个人？夏桀听信谗言杀了他的良将，殷纣听信谗言杀了他的忠臣，以致自己丧命，国家灭亡。如今大王听信谗言，那么就不会有忠臣了。"

秦王说："你是监门小吏的儿子，大梁的盗贼，赵国驱逐的臣子。"姚贾说："太公望是齐国被妻子赶走的丈夫，朝歌无能的屠户，被子良驱逐的臣子，棘津没人雇用的佣工，周文王任用他能建立王业；管仲是齐国边邑的商贩，南阳地方穷困不遇的平民，鲁国赦免的囚犯，齐桓公任用他就建立霸业；百里奚是虞国的乞丐，用五张羊皮自卖为奴，秦穆公任用他为相能使西戎降服；晋文公任用中山国的盗贼，就在城濮之战中获胜。这四个人中，都有不光彩的经历，为天下人轻视，英明的君主任用他们，知道他们能够辅助自己建功立业啊。假使都像卞随、务光、申屠狄等人那样，国君难道能够得到他们任用吗？所以英明的君主用人不挑剔他们的污点，不计较他们的过失，只考察他们能否为自己任用。所以能够安定国家的君主，即使外面有诽谤的议论，不听信；即使有高出世人的名声却没有丝毫功劳的人，不赏赐。这样臣子们就不敢用无用的名声希求国君了。"

秦王说："有道理。"于是仍让姚贾出使并责罚韩非。

齐策

三字谏

　　靖郭君在封地薛邑筑城，目的是巩固自己的地位，但这样做必然引起齐王猜忌，造成相反的后果。在靖郭君闭门拒谏的困难情况下，齐客运用欲擒故纵的方法和生动通俗的比喻，巧妙而深刻地说明了"皮之不存，毛将安附"的道理，终于说服了靖郭君。

　　靖郭君将城薛，客多以谏[1]。靖郭君谓谒者[2]："无为客通！"齐人有请者，曰："臣请三言而已矣。益一言，臣请烹[3]！"靖郭君因见之。客趋而进，曰："海大鱼。"因反走。君曰："客有于此[4]。"客曰："鄙臣不敢以死为戏。"君曰："亡，更言之！"对曰："君不闻海大鱼乎[5]？网不能止，钩不能牵，荡而失水，则蝼蚁得意焉。今夫齐，亦君之水也；君长有齐阴，奚以薛为[6]？失齐，虽隆薛之城到于天，犹之无益也[7]。"君曰："善。"乃辍城薛。

　　[1]靖郭君：齐国公族田婴的封号，曾任齐相。薛：田婴的封邑，在今山东枣庄市薛城区。　[2]谒者：负责通报、接待宾客的近侍。　[3]烹：古代用鼎镬煮人的酷刑。　[4]客有于此：高诱注"止无走也"，鲍彪注"言此言外应复有"。《韩非子》作"请闻其说"，《淮南子》作"止之，曰愿闻其说"。译文从《淮南子》。　[5]海大鱼：原作"大鱼"，据王念孙说增"海"字。　[6]阴：通荫，庇护。　[7]失齐：原作"夫齐"，据黄丕烈、王念孙说改。

靖郭君准备在薛邑筑城,门客劝阻的很多。靖郭君对传达的人说:"不准替来客通报!"有个齐国人求见,说:"我只要求说三个字,多一个字,愿受烹刑。"靖郭君因此接见他。客人快步走上前去,说:"海大鱼。"转身就跑。靖郭君让他停下来,说希望把话说完。客人说:"敝人不敢拿死当儿戏。"靖郭君说:"不要紧,再说下去!"回答说:"您没听说过海里的大鱼吗? 鱼网拦不住,鱼钩钓不住,(一旦)放任自己离开了水,那么蝼蛄和蚂蚁就可以饱餐它了。现在这齐国,也是您的水啊。您长期获得齐国的庇护,何必看重薛邑? 如果丧失齐国,即使把薛城筑到天一般高,还是没有用啊。"靖郭君说:"好。"于是停止在薛邑筑城。

靖郭君知人
(齐策一)

如何识别人才,从来就是十分困难的事。靖郭君力排众议,礼齐貌辨为上宾,原因为何,故事中没有交代。后来齐貌辨果然舍生忘死,为恢复齐王对靖郭君的信任出了力。很可能当时的游说之士大多是客卿,他们凭说辞获得信用,必须要求君王排除亲信臣僚的反对,所以被记录下来。

靖郭君善齐貌辨,齐貌辨之为人也多疵,门人弗悦[1]。士尉以证靖郭君,靖郭君不听,士尉辞而去。孟尝君又窃以谏,靖郭君大怒,曰:"刬而类,破吾家,苟可慊齐貌辨者,吾无辞为之[2]!"于是舍之上宾,令长子御,旦暮进食。

数年,威王薨,宣王立[3]。靖郭君之交大不善于宣王,辞而之薛,

70

与齐貌辨俱留。无几何，齐貌辨辞而行，请见宣王。靖郭君曰："王之不悦婴甚，公往，必得死焉。"齐貌辨曰："固不求生也，请必行。"靖郭君不能止。

[1]齐貌辨：齐人，貌辨是他的姓名，一作昆辨，所以后文自称"辨"。疵：病，过失。吴师道注："此人盖有奇节而不修细行者。" [2]划而类：铲灭你们这帮人。这是骂人的话（用陈奇猷说，见《吕氏春秋校释》）。划（chǎn），铲除，消灭。慊（qiè）：满足。 [3]威王：名婴齐，齐桓公田午之子，前356年至前320年在位。宣王：名辟强，威王子，前319年至前301年在位。

靖郭君赏识齐貌辨。齐貌辨为人毛病很多，靖郭君的门客都不喜欢他。士尉因此劝谏靖郭君，靖郭君不接受，士尉告辞回去。孟尝君又私下劝谏，靖郭君非常生气，说："即使消灭你们兄弟，败坏我的家，只要能使齐貌辨满意，我都不拒绝去做！"于是安置他住在上等馆舍，让长子侍奉他，早晚按时送饭。

几年以后，齐威王去世，宣王即位。靖郭君很不受宣王的赏识，便辞职回薛邑，同齐貌辨一起留在那里。没有多久，齐貌辨辞别出发，要求拜见宣王。靖郭君说："宣王非常不喜欢我，您去，一定会死在那里。"齐貌辨说："本来就没打算活着，我一定要去。"靖郭君没有办法阻止。

齐貌辨行至齐，宣王闻之，藏怒以待之。齐貌辨见宣王，王曰："子，靖郭君之所听爱夫！"齐貌辨曰："爱则有之，听则无有。王之方为太子之时，辨谓靖郭君曰：'太子相不仁，过颐豕视，若是者倍反[1]。不若废太子，更立卫姬婴儿郊师。'靖郭君泣而曰：'不可，吾不忍也。'

71

若听辨而为之，必无今日之患也。此为一。至于薛，昭阳请以数倍之地易薛[2]，辨又曰：'必听之。'靖郭君曰：'受薛于先王，虽恶于后王，吾独谓先王何乎？且先王之庙在薛，吾岂可以先王之庙与楚乎？'又不肯听辨。此其二。"宣王大息[3]，动于颜色，曰："靖郭君之于寡人一至此乎！寡人少，殊不知此。客肯与寡人来靖郭君乎？"齐貌辨对曰："敬诺。"

[1] 过颐豕视：意思是长相很怪。过颐，下巴歪斜不正；豕视，目邪下视（用谭戒甫说）。倍反：背叛，指背叛人的恩德。倍，通"背"，原作"信"，据黄丕烈、王引之说改。 [2] 昭阳：楚将，楚怀王时任柱国。 [3] 大（tài）息：长叹。

齐貌辨来到齐国国都，宣王听到这个消息，满怀怒气等待他。齐貌辨拜见宣王，宣王说："你是靖郭君听信而宠爱的人吧！"齐貌辨说："宠爱倒是有的，听信却没有这回事。大王刚刚做太子的时候，我对靖郭君说：'太子的相貌不善，歪嘴斜眼，像这种长相一定会忘恩负义。不如废掉太子，改立卫姬的孩子郊师。'靖郭君流着泪说：'不行，我不忍心啊！'如果听我的话去做，一定不会有今天的祸患。这是一。到了薛邑，昭阳请求用几倍的土地换取薛邑，我又说：'一定答应他。'靖郭君说：'我从先王手里接受薛邑，尽管被今王厌恶，（如果把它换掉），我又怎么对先王交代呢？再说先王的宗庙在薛邑，我怎么可以把先王的宗庙交给楚国呢？'又不肯听我。这是二。"宣王长叹一声，露出激动的神色，说："靖郭君对待我竟到了这种地步啊！我年纪小，实在不知道这些事。您肯替我把靖郭君请来吗？"齐貌辨回答说："遵命。"

靖郭君衣威王之衣冠，带其剑[1]。宣王自迎靖郭君于郊，望之

72

而泣。靖郭君至，因请相之。靖郭君辞，不得已而受。七日，谢病强辞。靖郭君辞不得，三日而听。

当是时，靖郭君可谓能自知人矣[2]！能自知人，故人非之不为沮[3]。此齐貌辨之所以外生乐患趣难者也[4]。

[1]威王之衣冠：指威王所赐之衣冠。马叙伦云："不言威王所赐，而径言威王所服，亦古书辞例之一例。""带"，原作"舞"，依姚宏注，据刘本改。《吕氏春秋·知士》作"衣威王之服，冠其冠，带其剑"。 [2]自：陈奇猷云："自，谓有主见，不因他人之言而动摇也。"[3]沮（jǔ）：止。[4]趣（qū）：趋，奔赴。"外生乐患趣难"，《吕氏春秋·知士》作"外生乐趋患难"。

靖郭君穿戴着威王赐给的衣帽，佩带着威王赐给的宝剑。宣王亲自到城外迎接靖郭君，远远望着他流泪。靖郭君到了以后，便请他任齐相。靖郭君推辞，不得已才接受。七天后，称病坚决辞谢。靖郭君实在辞不掉，过了三天才从命。

在那个时候，靖郭君可以说是独具慧眼了解人才了。能做到这一点，所以不因为别人反对而动摇。这正是齐貌辨之所以置生死于度外，乐于奔赴患难的原因。

邹忌讽齐王纳谏
（齐策一）

这是一则颇为流传的故事。邹忌通过日常生活中的体验，说明身为国君，倘不能广开言路，便会受到蒙蔽，以小喻大，入情入理，终于被威王采纳。邹忌的善于讽谏，固然值得称道，而威王一旦醒悟，便能悬赏求谏，更为难能可贵。

邹忌修八尺有余，而形貌昳丽[1]。朝服衣冠，窥镜，谓其妻曰："我孰与城北徐公美？"其妻曰："君美甚，徐公何能及君也[2]！"城北徐公，齐国之美丽者也。忌不自信，而复问其妾曰："吾孰与徐公美？"妾曰："徐公何能及君也！"旦日，客从外来，与坐谈，问之客曰："吾与徐公孰美？"客曰："徐公不若君之美也。"明日，徐公来，孰视之，自以为不如。窥镜而自视，又弗如远甚。暮寝而思之，曰："吾妻之美我者，私我也；妾之美我者，畏我也；客之美我者，欲有求于我也。"

[1]邹忌：齐人，齐威王时任齐相，封于下邳，号成侯。"而形貌"：原作"身体"，鲍本作"而形貌"。上言体修，此言形貌，于义为胜，因据鲍本改。昳（yì）丽：光艳美丽。　[2]君：原作"公"，妇人于婿无称公之礼，且与上下文不一致，据鲍本改。

邹忌身高八尺多，并且体态容貌英俊美好。早晨穿戴好衣帽，照着镜子，对他妻子说："我跟城北的徐公谁漂亮？"他妻子说："您漂亮极了，徐公哪里能比得上您呢！"城北徐公，是齐国著名的美男子。邹忌不相信自己，又问他的妾说："我跟徐公谁漂亮？"妾说："徐公哪里能比得上您呢！"第二天，有位客人来访，邹忌同他坐着聊天，问客人说："我跟徐公谁漂亮？"客人说："徐公不如您漂亮。"又过了一天，徐公来了。邹忌仔细端详他，自己认为比不上；照着镜子自己观察，更是远远不如。晚上睡下后琢磨这件事，心想："我妻子说我漂亮，因为偏爱我；妾说我漂亮，因为害怕我；客人说我漂亮，因为有事情想求我。"

于是入朝见威王，曰："臣诚知不如徐公美。臣之妻私臣，臣之妾畏臣，臣之客欲有求于臣，皆以美于徐公。今齐地方千里，百二十城，宫妇左右莫不私王，朝廷之臣莫不畏王，四境之内莫不有求于王。由此观之，主之蔽甚矣！"王曰："善。"乃下令："群臣吏民能面刺寡人之过者，受上赏；上书谏寡人者，受中赏；能谤议于市朝，闻寡人之耳者，受下赏。"

令初下，群臣进谏，门庭若市；数月之后，时时而间进[1]；期年之后，虽欲言，无可进者。燕、赵、韩、魏闻之，皆朝于齐。此所谓战胜于朝廷[2]。

[1]时时：有时。间（jiàn）：偶尔，间或。 [2]战胜于朝廷：意思是只要把国内的事情办好，身在朝廷，就可以战胜别的国家。

于是，邹忌上朝去见齐威王，说："我确实知道不如徐公漂亮，我的妻子偏爱我，我的妾害怕我，我的客人有事情想求我，都说我比徐公漂亮。如今齐国的领土纵横千里，城邑一百二十座，宫里的嫔妃近臣没有一个不偏爱大王，朝廷上的臣子没有一个不害怕大王，国内的人没有一个不企求大王。由此看来，大王受蒙蔽实在太深了。"威王说："对。"于是发下命令："大臣、官吏和百姓能当面指摘我的错误的，得上等奖赏；上书规劝我的，得中等奖赏；在公共场所批评议论，让我听到的，得下等奖赏。"

命令刚刚下达，臣子们都来进谏，朝廷上热闹得像市集；几个月以后，不时断断续续地有人进谏；一年以后，即使想进谏，也没有可说的了。燕、赵、韩、魏等国听到这种情况，都到齐国来朝见。这就是所说的在朝廷上战胜（敌国）。

画蛇添足
（齐策二）

昭阳乘胜移兵攻齐，来势汹汹，陈轸一席话便说得他心灰意冷，解军而去。原因是陈轸抓住了当时普遍存在的"功高不赏"的现象，用"画蛇添足"的寓言又增强了说服力。后来"画蛇添足"成了对自作聪明、弄巧成拙的人的嘲讽。

昭阳为楚伐魏[1]，覆军杀将，得八城，移兵而攻齐。陈轸为齐王使[2]，见昭阳，再拜贺战胜，起而问："楚之法，覆军杀将，其官爵何也？"昭阳曰："官为上柱国，爵为上执珪[3]。"陈轸曰："异贵于此者何也？"曰："唯令尹耳[4]。"陈轸曰："令尹贵矣，王非置两令尹也！臣窃为公譬可也。有楚祠者，赐其舍人卮酒[5]。舍人相谓曰：'数人饮之不足，一人饮之有余。请画地为蛇，先成者饮酒。'一人蛇先成，引酒且饮之，乃左手持卮，右手画蛇，曰：'吾能为之足。'未成，一人之蛇成，夺其卮，曰：'蛇固无足，子安能为之足？'遂饮其酒。为蛇足者终亡其酒。今君相楚而攻魏，破军杀将，得八城，又移兵欲攻齐[6]，齐畏公甚。公以是为名居足矣[7]，官之上非可重也。战无不胜而不知止者，身且死，爵且后归，犹为蛇足也。"

昭阳以为然，解军而去。

[1] 昭阳:楚国公族,楚怀王将,时任令尹、柱国。伐魏事在楚怀王六年、

齐威王三十四年（前323年）。 ［2］陈轸：见《张仪诳楚绝齐》注。齐王：
当指齐威王。 ［3］上柱国：楚国武官的最高官职。上执珪：楚国最高的爵位。
珪是古代君王封赏用的一种玉，以珪赐给功臣，使之执珪朝见，因称执珪。
［4］令尹：楚国最高行政长官，相当于其他诸侯国的相。 ［5］祠：祭祀。
舍人：战国时王公贵族亲近左右的通称。卮（zhī）：古代一种盛酒的器皿。
［6］又移兵：原作"不弱兵"，据刘师培说改。 ［7］居：鲍本改"亦"。吴
师道认为"居"是衍文。

　　昭阳为楚国攻打魏国，消灭魏军，杀死魏将，夺取八座城邑，又调
动军队攻打齐国。陈轸作为齐王的使者，会见昭阳，拜了两拜，祝贺打
了胜仗，站起来问："楚国的法令，消灭敌军杀死敌将，得到的官爵是什
么？"昭阳说："官封上柱国，爵授上执珪。"陈轸说："更比这种官爵尊
贵的是什么？"昭阳说："只有令尹了。"陈轸说："令尹太尊贵了，楚王
是不会设置两个令尹的！我大胆给您打个比方。楚国有个举行祭礼的人，
赐给他的舍人们一壶酒。舍人互相商量说：'几个人喝它不够，一个人喝
它有富裕。可以在地上画一条蛇，先画成的喝酒。'一个人的蛇先画好，
拿过酒正要喝它，却左手拿着壶，右手继续画蛇，说：'我能给它添上脚。'
还没画完，另一个人的蛇画成，夺过他的壶，说：'蛇本来没有脚，你怎
么能给它添上脚呢？'便把那酒喝了。给蛇画脚的人结果没有喝到酒。
如今您作楚国令尹攻打魏国，打败魏军杀死魏将，夺得八座城邑，又要
调动军队攻打齐国，齐国非常怕您，您凭它取得威名也足够了，官爵上
面是不会再增加官爵的了。所向无敌却不知休止的人，本人将会死亡，
官爵也将归还国君，正像画蛇添足一样啊。"
　　昭阳认为有道理，遣散军队回去。

77

苏秦止孟尝君入秦

（齐策三）

《史记·孟尝君列传》记载："秦昭王闻其（孟尝君）贤，乃先使泾阳君为质于齐，以求见孟尝君。"但是孟尝君的地位不同于一般策士，远离故土，只身入秦，吉凶未卜。苏秦运用"土偶人讥桃梗"的寓言，形象贴切地说明入秦的危险，不由孟尝君不信服。可惜事隔一年，孟尝君还是去了秦国，结果没当上几天宰相，就被秦昭王囚禁起来，险些丧命。

孟尝君将入秦[1]，止者数千而弗听。苏秦欲止之，孟尝君曰："人事者，吾已尽知之矣；吾所未闻者，独鬼事耳。"苏秦曰："臣之来也，固不敢言人事也，固且以鬼事见君[2]。"

孟尝君见之。谓孟尝君曰："今者臣来，过于淄上，有土偶人与桃梗相与语[3]。桃梗谓土偶人曰：'子，西岸之土也，挺子以为人，至岁八月，降雨下，淄水至，则汝残矣[4]。'土偶曰：'不然。吾西岸之土也，吾残则复西岸耳[5]。今子，东国之桃梗也，刻削子以为人，降雨下，淄水至，流子而去，则子漂漂者将何如耳！'今秦四塞之国，譬若虎口，而君入之，则臣不知君所出矣！"孟尝君乃止。

[1]孟尝君：名文，靖郭君田婴之子，袭父封于薛，号孟尝君，齐闵王时为齐相。　[2]固且：犹"乃将"，训见刘淇《助字辨略》。　[3]淄：水名，在今山东境内，桃梗：用桃木雕成的木偶，《史记》及《说苑》均作"木偶人"。　[4]挺（shān）：以水和土。原作"挺"，据黄丕烈说改。八月：指周历八月相当于夏历六月。降（hóng）：通"洪""淊"，大（用

金正炜说）。 ［5］吾残：二字原作“土”，据姚宏注和王念孙说改。则：用法同“犹”“尚”，训见《古书虚字集释》。

　　孟尝君准备到秦国去，劝阻的人成千，他都不听从。苏秦想劝阻他，孟尝君说："人间的事，我已经全都知道了；我不知道的，仅仅是鬼神的事罢了。"苏秦说："我这次来，本来不敢谈论人间的事，是要用鬼神的事求见您。"

　　孟尝君接见苏秦。对孟尝君说："今天我来的时候，路过淄水，有个泥人同木偶一块谈话。木偶对泥人说：'您本是西岸的泥土，把你抟捏成人形，到了八月间，大雨一下，淄水冲来，那时你就毁了。'泥人说：'不对。我是西岸的泥土，我毁了却仍旧在西岸罢了！至于您，本是东方的桃梗，把你雕刻成人形，大雨一下，淄水冲来，把你漂走，那么你漂漂荡荡地将要到哪里去呢？'秦国是个四面险要的国家，如同虎口，可是您却要进入秦国，那我就不知道您如何出来了。"孟尝君才作罢。

淳于髡谏齐王伐魏
（齐策三）

　　战国时代，两国交兵，第三者坐收渔利的事，屡见不鲜。淳于髡用"韩子卢逐东郭逡"的故事，生动形象地说明了这个道理。同苏代的"鹬蚌相争，渔翁得利"，陈轸的"两虎相争，必有一伤"，大同小异，都是《战国策》中精粹警策的寓言。

　　齐欲伐魏。淳于髡谓齐王曰[1]："韩子卢者，天下之疾犬也；东郭逡者，海内之狡兔也[2]。韩子卢逐东郭逡，环山者三，腾山者五，兔极于前，犬废于后，犬兔俱罢，各死其处[3]。田父见之，无劳倦之苦，而擅其功。今齐、魏久相持，以顿其兵、弊其众，臣恐强秦大楚承其后，有田父之功。"齐王惧，谢将休士也。

[1]淳于髡（kūn）：齐人，稷下学者，以滑稽多辩著称。威王时任大夫、诸侯主客，多次出使诸侯，未尝屈辱。　[2]韩子卢：犬名。《博物志》："韩国有黑犬名卢。"东郭逡（jùn）：兔名。《新序·杂事》："昔者齐有良兔，曰东郭逡，盖一旦而走五百里。"狡：《集韵》："疾也。"[3]极：力竭，疲乏。废：因困倦而倒下。罢（pí）：通"疲"。

齐国想攻打魏国。淳于髡对齐王说："韩子卢是天下跑得最快的猎犬，东郭逡是海内跑得最快的兔子。韩子卢追赶东郭逡，绕山追了三圈，翻山追了五趟。跑在前面的兔子精疲力竭，追在后面的猎犬疲惫不堪，犬和兔都累垮了，各自死在躺下的地方。老农见了，没有费一点力气，便成了他的收获。如今齐国、魏国长期相持不下，以致削弱双方的军队，疲劳双方的百姓，我担心强大的秦国和楚国等待在他们的后面，像老农那样坐享其成。"齐王害怕，便罢免将领，遣散士卒。

冯谖客孟尝君
（齐策四）

战国时期孟尝君、信陵君、平原君、春申君都大量养士，其中以孟尝君最知名。当时的士，凭着他们的智慧和才能，为亲信他的主子出谋划策，一般并无明确的观念,所谓"国士待我,国士报之"。冯谖为孟尝君收买人心,经营三窟,巩固了孟尝君在齐国的地位,就是一个典型的事例。本文所记未必都符合史实,孟尝君"为相数十年"尤不足信,但无损它为《战国策》中出色的篇章之一。

　　齐人有冯谖者,贫乏不能自存,使人属孟尝君,愿寄食门下[1]。孟尝君曰:"客何好?"曰:"客无好也。"曰:"客何能?"曰:"客无能也。"孟尝君笑而受之,曰:"诺。"

　　左右以君贱之也,食以草具[2]。居有顷,倚柱弹其剑,歌曰:"长铗归来乎,食无鱼[3]!"左右以告。孟尝君曰:"食之,比门下之客[4]。"居有顷,复弹其铗,歌曰:"长铗归来乎,出无车!"左右皆笑之,以告。孟尝君曰:"为之驾,比门下之车客。"于是乘其车,揭其剑,过其友曰:"孟尝君客我。"后有顷,复弹其剑铗,歌曰:"长铗归来乎,无以为家!"左右皆恶之,以为贪而不知足。孟尝君问:"冯公有亲乎?"对曰:"有老母。"孟尝君使人给其食用,无使乏。于是冯谖不复歌。

　　[1]谖(xuān):《史记》作"驩"。　[2]草具:粗劣的食物。草,粗糙。具,指饭食。　[3]铗(jiá):剑把,这里指剑。来:语气词,表示祈使的语气。　[4]"比门下之客"句:一本"客"上有"鱼"字。孟尝君门下食客的待遇分三等:上客食肉,出入乘车;中客食鱼;下客食菜。此言孟尝君命令左右把冯谖当作中客款待。

　　齐国有个叫冯谖的人,穷得不能养活自己,请人向孟尝君说情,希望到门下做个食客。孟尝君说:"客人爱好什么?"回答说:"客人没有什么爱好。"又问:"客人擅长什么?"回答说:"客人没有什么擅长。"孟尝君笑着接受了这个请求，说："好吧。"

手下的人以为孟尝君轻视他，便给他粗劣的饭菜。过了不久，冯谖靠着柱子弹他的剑，唱道："长剑回去吧，吃饭没有鱼！"手下的人把这件事报告孟尝君。孟尝君说："给他鱼吃，按照门下的客人看待。"过了不久，又弹他的剑，唱道："长剑回去吧，出门没有车！"手下的人都讥笑他，又把这件事报告了。孟尝君说："给他准备车马，按照门下坐车的客人看待。"冯谖于是坐着他的车，携着他的剑，拜访他的朋友，说："孟尝君尊我为宾客。"此后不久，又弹起他的剑，唱道："长剑回去吧，没办法养家活口！"手下的人都讨厌他，认为他贪得无厌，不知满足。孟尝君询问："冯先生有亲属吗？"回答说："有个老母亲。"孟尝便派人供给他生活费用，不让他有困难。由此冯谖不再唱歌。

后孟尝君出记，问门下诸客："谁习计会，能为文收责于薛者乎[1]？"冯谖署曰："能。"孟尝君怪之，曰："此谁也？"左右曰："乃歌夫'长铗归来'者也。"孟尝君笑曰："客果有能也，吾负之，未尝见也。"请而见之，谢曰："文倦于事，愦于忧，而性懦愚，沉于国家之事，开罪于先生。先生不羞，乃有意欲为收责于薛乎？"冯谖曰："愿之。"于是约车治装，载券契而行[2]，辞曰："责毕收，以何市而反？"孟尝君曰："视吾家所寡有者。"

驱而之薛，使吏召诸民当偿者，悉来合券。券遍合，起，矫命以责赐诸民，因烧其券，民称万岁。长驱到齐，晨而求见。孟尝君怪其疾也，衣冠而见之，曰："责毕收乎？来何疾也！"曰："收毕矣。""以何市而反？"冯谖曰："君云'视吾家所寡有者'，臣窃计，君宫中积珍宝，狗马实外厩，美女充下陈，君家所寡有者以义耳[3]。窃以为君市义。"孟尝君曰："市义奈何？"曰："今君有区区之薛，不拊爱子其民，因而贾利之[4]。臣窃矫君命，以责赐诸民，因烧其券，民称万岁。乃臣所以为君市义也。"孟尝君不说，曰："诺，先生休矣！"

后期年，齐王谓孟尝君曰："寡人不敢以先王之臣为臣[5]。"孟尝君就国于薛[6]，未至百里，民扶老携幼，迎君道中。孟尝君顾谓冯谖曰："先生所为文市义者，乃今日见之。"

[1]记：文告之类，犹今之通知。计会（kuài）：会计。零星算之为计，总合算之为会（焦循《孟子正义》）。文：孟尝君名田文。责（zhài）：债款，债务。 [2]券契：契约、合同，用竹木之类制成，中间刻齿断开，双方各执一半，以便合齿作为验证。所以下文说"合券"。 [3]下陈：堂下。《尔雅·释宫》："堂涂谓之陈。"古代贵族常在堂下陈放礼品，站列婢妾。以：金正炜认为当作"乃"，篆文"以""乃"二字形似而讹。 [4]拊（fǔ）：安抚，抚慰。这个意义后来多写作"抚"。"拊爱"与"子其民"互为补充。 [5]"寡人不敢"句：据《史记·孟尝君列传》："齐王惑于秦、楚之毁，以为孟尝君名高其主而擅齐国之权，遂废孟尝君。""寡人不敢以先王之臣为臣"，便是废孟尝君的委婉说法。齐王，指齐闵王。先王，指齐宣王。 [6]就国：前往自己的封邑。国，指大夫的封邑。

后来孟尝君出了一个通知，询问门下的食客："有谁精通会计，能替我到薛邑去收债的吗？"冯谖签署说："能。"孟尝君感到奇怪，说："这个人是谁？"手下的人说："就是唱那'长剑回去吧'的人。"孟尝君笑着说："客人果然有能耐啊，我对不起他，还不曾见过面呢。"于是就请冯谖相见，道歉说："我因事务烦扰辛劳，忧虑得心烦意乱，生性又懦弱无能，陷在国家大事之中，得罪了先生。先生并不介意，仍愿意为我到薛邑去收债吗？"冯谖说："愿意效劳。"于是准备车马，整理行装，装载着券契就动身。

辞别时说："债收齐了，用它买些什么回来？"孟尝君说："看有什么我家里缺少的买些吧。"

赶着车马到薛邑，让地方官吏专集应该还债的百姓，都来验对券契。券契全都验对以后，冯谖站起身来，假托孟尝君的命令把债款赐给百姓，随即烧掉券契，百姓高呼万岁。冯谖赶着车马直奔齐国都城，一清早就求见孟尝君。孟尝君惊讶他回来得这样快，便穿戴整齐接见他，说："债款全收齐了吗？怎么回来得这么快呀？"冯谖说："收完了。""用它买了什么回来？"冯谖说："您说'看有什么我家缺少的'，我心里想，您府里堆积珍宝，圈里充满狗马，堂下站满美女，您家里缺少的只是义罢了。我用它替您买了义。"孟尝君说："义怎么买呢？"冯谖说："现在您据有小小的薛邑，不把那里的百姓像子女一样抚爱，反而向他们放债谋利。我擅自假托您的命令，把债款赐给百姓，随即烧掉券契，百姓欢呼万岁。这就是我替您买回的义了。"孟尝君很不高兴，说："好吧，先生歇着去吧！"

过了一年，齐王对孟尝君说："我不敢把先王的臣子当作自己的臣子。"孟尝君回到封地薛邑。还未到薛邑一百里，百姓便扶老携幼，在路上迎接孟尝君。孟尝君回头对冯谖说："先生以前替我买的义，却在今天看到了！"

冯谖曰："狡兔有三窟，仅得免其死耳。今君有一窟，未得高枕而卧也。请为君复凿二窟。"孟尝君予车五十乘，金五百斤，西游于梁。谓惠王曰[1]："齐放其大臣于诸侯，诸侯先迎之者，富而兵强。"于是梁王虚上位，以故相为上将军，遣使者，黄金千斤，车百乘，往聘孟尝君。冯谖先驱诫孟尝君曰："千金，重币也；百乘，显使也。齐其闻之矣。"梁使三反，孟尝君固辞不往也。齐王闻之，君臣恐惧，遣太傅赍黄金千斤，文车二驷，服剑一，封书，谢孟尝君，曰[2]："寡人不祥，被于宗庙之祟，沉于谄谀之言，开罪于君，寡人不足为也[3]，愿君顾先王之宗庙，姑反国统万人乎！"

冯谖诫孟尝君曰："愿请先王之祭器，立宗庙于薛[4]。"庙成，还报孟尝君曰："三窟已就，君姑高枕为乐矣。"

孟尝君为相数十年，无纤介之祸者，冯谖之计也[5]。

[1]惠王：据钱穆考证，孟尝君被废在齐闵王元年（前300年），是年当魏襄王（惠王之子）十九年。 [2]文车：绘着文彩的马车。 [3]为（wéi）：动词，帮助。《论语·述而》："夫子为卫君乎？" [4]"愿请先王之祭器"句：按照当时的宗法制度，宗庙是非常神圣的，薛邑建立了先王的宗庙，就成了齐国的重镇。 [5]为相数十年：这是夸大之辞，于史不符。纤介：细小。介，通"芥"，小草。

冯谖说："聪明的兔子有三个洞窟，才能避免它的一死。如今您只有一个洞窟，还不能垫高枕头睡大觉啊。希望能为您再凿两个洞窟。"孟尝君给他五十辆车子，五百斤黄金，到西方的魏国游说。他对魏惠王说："齐国把它的元老重臣放逐到国外，诸侯国先接待他的，能国富兵强。"因此魏惠王把相位空出来，任命原来的相做上将军，派遣使者带着一千斤黄金，一百辆车子，去聘请孟尝君。冯谖抢先驱车回去告诫孟尝君说："一千斤黄金，是厚重的聘礼；一百辆车子，是显赫的使臣。齐国该听到这个消息了吧！"魏国的使者往返三次，孟尝君坚决推辞不去魏国。齐王听到这件事，君臣都很恐慌。派遣太傅送去黄金千斤，彩车两辆，佩剑一把，并用书信向孟尝君道歉，说："我没有福气，遭受祖宗降下的大祸，被阿谀奉承的臣子所迷惑，以致得罪了您。我是不值得帮助的，希望您顾念先王的宗庙，姑且回国治理百姓吧！"

冯谖告诫孟尝君说："希望求取先王传下来的祭器，在薛邑建立宗庙。"宗庙落成，冯谖回来报告孟尝君说："三个洞窟都已经凿成，您可以高枕无忧了。"

孟尝君任齐相几十年，没有一点点灾祸，是冯谖的计谋啊。

颜斶论贵士
（齐策四）

战国时代，士人虽然在政治上发挥着越来越大的作用，得士失士常常关系到国家盛衰存亡，但在观念上仍不易被人们所认识和接受。因此齐宣王和他的左右一致认为王者贵、士人贱，是毫不足怪的；而颜斶敢于蔑视权势，公然宣称"士贵耳，王者不贵"，则反映了士人阶层的崛起。本文表现的正是这种士贵于王、得士则兴的思想。

齐宣王见颜斶[1]，曰："斶前！"斶亦曰："王前！"宣王不悦，左右曰："王，人君也；斶，人臣也。王曰'斶前'，亦曰'王前'，可乎？"斶对曰："夫斶前为慕势，王前为趋士。与使斶为趋势，不如使王为趋士。"王忿然作色，曰："王者贵乎？士贵乎？"对曰："士贵耳，王者不贵！"王曰："有说乎？"斶曰："有。昔者秦攻齐，令曰：'有敢去柳下季垄五十步而樵采者，死不赦[2]！'令曰：'有能得齐王头者，封万户侯，赐金千镒。'由是观之，生王之头，曾不若死士之垄也。"宣王默然不悦。

[1]齐宣王：见《靖郭君知人》注。颜斶（chù）：齐国隐士。 [2]柳

下季：春秋鲁国贤士，姓展名禽，字季，食采邑于柳下，谥惠，又称柳下惠。
垄，指坟墓。

　　齐宣王召见颜斶，说：“颜斶上前来！”颜斶也说：“大王上前来！”宣王很不高兴。左右的近臣说：“大王是国君，你是臣子。大王说‘颜斶上前来’，你也说‘大王上前来’，行吗？”颜斶回答说：“我上前叫做仰慕权势，大王上前叫做接近士人。与其让我趋附权势，不如让大王接近士人。”宣王气得变了脸色，说：“国君高贵呢？还是士人高贵呢？”回答说：“士人高贵，国君不高贵！”宣王说：“有根据吗？”颜斶说：“有。从前秦国攻打齐国，下令说：‘有敢在距离柳下季坟墓五十步范围内打柴的，处死刑决不饶恕！’又命令说：‘有能取得齐王头颅的，封为万户侯，赏金一千镒。’由此看来，活着的国君头颅，还抵不上死去的士人坟墓哩。”宣王默不作声，很不高兴。

　　左右皆曰：“斶来！斶来！大王据万乘之地，而建千石钟，万石簨[1]。天下之士，仁义皆来役处；辩知并进，莫不来语；东西南北，莫敢不服；求万物无不备具，而百姓无不亲附[2]。今夫士之高者，乃称匹夫，徒步而处农亩；下则鄙野，监门闾里[3]。士之贱也，亦甚矣！”
　　斶对曰：“不然。斶闻古大禹之时，诸侯万国。何则？德厚之道，得贵士之力也。故舜起农亩，出于鄙野，而为天子。及汤之时，诸侯三千。当今之世，南面称寡者乃二十四。由此观之，非得失之策与[4]？稍稍诛灭，灭亡无族之时，欲为监门闾里，安可得而有乎哉？是故《易传》不云乎：‘居上位未得其实，以喜其为名者，必以骄奢为行。据慢骄奢，则凶从之[5]。’是故无其实而喜其名者削，无德而望其福者约，无功而受其禄者辱，祸必握[6]！故曰‘矜功不立，虚辱不至'。此皆幸乐其名华，而无其实德者也。是以尧有九佐，舜有七友，禹有五丞，汤有三辅。自古及今，而能虚成名于天下者，无有。是以君王无羞亟问，不愧下学；是故成其道德而扬功名于后世者，尧、舜、禹、汤、周文王是也。故曰：'无形者，形之君也；无端者，事之本也。'夫上见其原，下通其流，至圣明学，何不吉之有哉[7]！老子曰：'虽贵，必以贱为本；虽高，必以下为基。是以侯王称孤、寡、不穀，是其贱之本与非[8]？'夫孤寡者，人之困贱下位也，而侯王以自谓，岂非下人而尊贵士与？夫尧传舜，舜传禹，周成王任周公旦，而世世称曰明主[9]。是以明乎士之贵也。"

[1]"据万乘之地"句：周代制度，地方千里，出兵车万乘，地方百里，出兵车千乘。齐是方千里的大国，所以据有兵车万乘。"万"原作"千"，据金正炜说改。石（dàn）：古代重量单位，一百二十斤为一石。钟：古代的一种乐器。簴（jù）：悬挂钟磬的木架。"建千石钟、万石簴"，说明齐王重视礼乐教化。　［2］"求万物"句：原作"求万物不备具，而百无不亲附"，依黄丕烈说据鲍本补"无""姓"二字。　［3］鄙野：穷乡僻壤。鄙，远邑。野，郊外。闾里：古以二十五家为一闾或一里。闾里皆有巷，巷口有门，设一卒以守门。　［4］得失之策：得策与失策。得策指贵士，失策指贱士。［5］倨：通"倨"，傲慢。　［6］祸必握：得祸必重。握，通"渥"，厚。（用孙诒让、杨树达说）。　［7］至圣明学：原作"至圣人明学"，据鲍彪注删"人"字。　［8］"老子曰"数句：语出《老子·三十七章》，引文与今本《老子》略异。非，用法同"否"，重问之词。之：用法同"为"，作为。训见《古书虚字集释》。　［9］周成王：武王之子。周公旦：周公，名旦，武王之弟。成王年幼，由周公摄政。

左右的近臣都说:"颜斶上前来!颜斶上前来!大王拥有可以出万辆兵车的土地,建造有千石大钟、万石大簴。天下的士人,道德高尚的都来效力任职;才智出众的都来出谋献策;东西南北四邻,没有谁敢不服从。世上所有无不齐备,黎民百姓无不依附。如今士人中高尚的,才称为平民,出入步行从事农耕;低下的则在穷乡僻壤,看守里巷大门。士人地位的低贱,真是到了极点了。"

颜斶回答说:"不对。我听说古代大禹的时候,诸侯国有一万个。为什么呢?道德深厚的原因,得力于尊重士人呵。所以虞舜从农耕兴起,挺出于穷乡僻壤,却成为天子。到商汤的时候,诸侯国还有三千。当今的时代,面南而坐自称君主的人只有二十四个。由此看来,这难道不是得士或失士的明验吗?到了逐渐被消灭,国破家亡的时候,即使想在里巷看守大门,又哪里办得到呢?所以《易传》上不是说嘛,'处在高位不具备实质内容,却喜欢标榜虚名的人,行为一定骄傲奢侈。傲慢骄奢,灾祸就会随之而来。'因此没有实质却喜欢虚名的削弱,没有德行却企求显贵的困窘,没有功劳却享受禄位的耻辱,灾祸必定深重。所以说:'夸大的功业不能建立,空想的愿望不能实现。'这些都是追求好听的名声,而没有实际德行的人。因此尧有九个辅佐,舜有七个朋友,禹有五个助手,汤有三个辅弼。从古至今,能够凭空成名于天下的人,是没有的。可见国君不以屡次请教别人为耻,不以向臣下学习为愧;因此能成就他的道德、传扬功业名声到后世的,尧、舜、禹、汤和周文王就是了。所以说:'没有形迹的是有形迹的主宰,没有端绪是事物的根本。'上能察见事物的本源,下能通晓事物的流变,道德崇高通达彻悟,哪里还有不如意的呢?老子说:'即使尊贵,一定要有卑贱作根本;即使崇高,一定要有低下做基础。因此诸侯国君自称孤、寡、不毂,这就是把卑贱作为根本吧?'所谓孤、寡,都是贫困、卑贱、居于下位的人,可是诸侯国君用来称呼

89

自己，难道不是自居人下而尊重士人吗？尧禅位给舜，舜禅位给禹，周成王任用周公旦，因而世世代代称颂为明主，这就足以证明士人的尊贵啊。"

宣王曰："嗟呼！君子焉可侮哉！寡人自取病耳。及今闻君子之言，乃今闻细人之行[1]。愿请受为弟子，且愿先生与寡人游，食必太牢，出必乘车，妻子衣服丽都[2]。"

颜斶辞去，曰："夫玉生于山，制则破焉，非弗宝贵矣，然大璞不完[3]。士生于鄙野，推选则禄焉，非不得尊遂也，然而神形不全[4]。斶愿得归，晚食以当肉，安步以当车，无罪以当贵，清静贞正以自虞[5]。制言者，王也[6]；尽忠直言者，斶也。言要道已备矣，愿得赐归，安行而反臣之邑屋。"则再拜而辞去也。

斶知足矣，归真反璞，则终身不辱也[7]。

[1]细人：小人。细人之行，指不知尊重士人的行径。 [2]"且愿先生"句："愿"原作"颜"，据金正炜说改。太牢：指牛、羊、豕三牲。 [3]大璞：原作"夫璞"，据鲍本改。大璞即太璞。 [4]尊遂：尊贵显达。遂，达。[5]贞正：纯正。虞，通"娱"。 [6]制：裁断。《说文》："制，裁也。"[7]归真反璞：恢复本来面目。真，真实。璞，质朴，淳朴。原作"归反扑"，据鲍本改。按："斶知足"三句，当是作者对颜斶的评论。

宣王说："君子怎么可以侮辱呢？我自讨没趣了。如今听到君子的言论，才懂得什么是小人的行径。希望先生收我为弟子，并且希望先生同我交往，吃饭一定有肉，出门一定乘车，妻子儿女穿着一定华贵。"

颜斶辞谢，说："玉石生在山里，一经加工就被破坏了，不是说它不贵重了，但是璞玉有了缺损。士人生长在穷乡僻壤，一经推选就取得禄位，不是不能尊荣得意，但是身心便受到损害。我希望能够回去，饿了吃饭作为吃肉，缓步行走作为乘车，没有罪行作为显贵，心情安静作为愉快。判断言论是非的是大王，忠诚直言的是我。要说的话已经说清楚了，希望能允许我回去，缓步行走返回我的家乡。"接着拜了两拜便告辞走了。

颜斶可算是知足的人了，恢复本来面目，便一辈子不会受侮辱了。

赵威后问齐使
（齐策四）

本文记叙赵威后同齐国使者的谈话，前三问（问岁、问民、问王）表现了民为本、君为末的政治见解；后四问（问钟离子、问叶阳子、问婴儿子、问於陵子仲），体现了"养民""息民"的主张和赵威后的用人之道。每问不同，但都紧紧围绕着以民为主这一基本思想；着墨不多，却刻画出一个颇有政治远见的女政治家的形象。

齐王使使者问赵威后[1]。书未发，威后问使者曰："岁亦无恙耶[2]？民亦无恙耶？王亦无恙耶？"使者不说，曰："臣奉使使威后，今不问王，而先问岁与民，岂先贱而后尊贵者乎？"威后曰："不然。苟无岁，何以有民？苟无民，何以有君？故有舍本而问末者耶[3]？"

乃进而问之曰："齐有处士曰钟离子，无恙耶[4]？是其为人也，有粮者亦食，无粮者亦食；有衣者亦衣，无衣者亦衣。是助王养其民者也，何以至今不业也？叶阳子无恙乎？是其为人也，哀鳏寡，恤孤独，振困穷，补不足[5]。是助王息其民者也，何以至今不业也？北宫之女婴儿子无恙耶？彻其环瑱，至老不嫁，以养父母[6]。是皆

91

率民而出于孝情者也，胡为至今不朝也^[7]？此二士弗业，一女不朝，何以王齐国、子万民乎？於陵子仲尚存乎^[8]？是其为人也，上不臣于王，下不治其家，中不索交诸侯^[9]。此率民而出于无用者，何为至今不杀乎？"

[1] 齐王：指齐襄王，齐闵王之子，前283年至前265年在位（据顾观光说）。赵威后：赵惠文王后，赵孝成王母。前266年惠文王卒，孝成王立，威后用事。问：聘问。诸侯间互派使者聘问，是当时的外交礼节。
[2] 亦：表示一种委婉的语气。无恙：等于说"平安无事"，古人互相问候的常语。恙（yàng），灾祸，忧患。　[3] 故：通"胡"。"故有"原作"故有问"，据姚宏注及金正炜说删"问"字。　[4] 处士：有道德才能而隐居不肯出仕的人。　[5] 鳏寡、孤独：《孟子·梁惠王下》："老而无妻曰鳏，老而无夫曰寡，老而无子曰独，幼而无父曰孤。"[6] 彻：通"撤"，撤掉。环瑱：泛指妇女的首饰。瑱（tiàn），古人冠冕上垂在两侧以塞耳的玉。
[7] 皆：疑为衍文。朝：朝见君王。古代有封号的妇女，即命妇，才能朝见君王。"不朝"就是说没有赐给婴儿子封号。　[8] 於（wū）陵子仲：齐国隐士，名子仲，因住在於陵（齐邑，在今山东邹平市东南），故称於陵子仲。吴师道认为即《孟子·滕文公下》中所说的陈仲子。　[9] 诸侯：这里指齐国的大臣。战国时诸侯僭越称王，封自己的大臣为侯，称大臣的封地为国。

齐王派遣使者问候赵威后。给威后的信还没有启封，威后问使者说："年成很好吧？百姓很好吧？大王很好吧？"使者很不高兴，说："我奉命出使问候威后，现在您不问大王，却先问年成和百姓，难道是卑贱的重要而尊贵的不重要了吗？"威后说："不是这样。如果没有年成，怎么能有百姓？如果没有百姓，怎么能有国君？哪里有不问根本而问末节的呢？"

于是进一步问使者说："齐国有个处士叫钟离子的，他很好吧？他的为人，有粮食的给他们饭吃，没有粮食的也给他们饭吃；有衣服的给他们衣穿，没有衣服的也给他们衣穿。这是个帮助国君抚养他的百姓的人啊，为什么至今还不给他职位呢？叶阳子很好吧？他的为人，怜悯鳏寡，抚恤孤独，赈济困苦贫穷的人，补助衣食不足的人。这是个帮助国君养育他的百姓的人啊，为什么至今还不给他职位呢？北宫氏的女儿婴儿子很好吧？她摘下自己的首饰，到老不出嫁，以便奉养父母。这是个引导百姓走上孝道的人啊，为什么至今不让她受封呢？这两个贤士没有职位，一个孝女不能受封，靠什么做齐国的国君、做百姓的父母呢？於陵子仲还活着吗？他的为人，上不向国君称臣，下不治理自己的家，中不求结交大臣。这是个引导百姓走向无所作为的人，为什么至今还不杀掉呢？"

跖犬吠尧
（齐策六）

"士为知己者死"是《战国策》中反复宣扬的一种道德标准，本文通过貂勃的言行表现的也正是这一点。貂勃以讲田单的坏话作为进身之阶，及至田单荐之于王，果然在关键时刻保护了田单。文章写得起伏跌宕，曲折有致，刻画人物也很有特色。通过见田单和见齐王，写出了貂勃的为人和辩才；通过对待貂勃之恶和九人之伤的态度，表现了田单的忠诚、大度和军功政绩。"跖犬吠尧"的妙喻也作为典故一直流传至今。

貂勃常恶田单[1]，曰："安平君，小人也！"安平君闻之，故为酒而召貂勃，曰："单何以得罪于先生，故常见誉于朝[2]？"貂勃曰：

"跖之狗吠尧，非贵跖而贱尧也，狗固吠非其主也[3]。且今使公孙子贤而徐子不肖。然而使公孙子与徐子斗，徐子之狗犹攫公孙子之腓而噬之也[4]。若乃得去不肖者，而为贤者狗，岂特攫其腓而噬之耳哉！"安平君曰："敬闻命。"明日，任之于王[5]。

[1] 恶：诋毁。《汉书·樊哙传》："人有恶哙党于吕氏。"师古注："恶谓毁谮，言其罪恶也。"田单：见《田单攻狄》注。 [2] 见誉：这是反语。[3] 跖（zhí）：相传为春秋时的大盗。 [4] 攫（jué）：用爪抓。腓（féi）：小腿肚。 [5] 任：保。《管子·任法》："世无请谒任举之人。"注"任，保也。"王：指齐襄王。

贸勃常常诋毁田单，说："安平君是个小人！"安平君听了，特地备酒召见貂勃，说："我哪里得罪了先生，为何经常在朝廷上夸奖我？"貂勃说："盗跖的狗对尧吠叫，不是尊敬跖鄙视尧，狗本来就对不是它主人的人吠叫。现在假使姓公孙的人贤良，姓徐的人不贤，可是如果姓公孙的同姓徐的打架，姓徐的狗还是要抓住姓公孙的腿肚子来咬他的。假如能够离开不贤的人，而成为贤人的狗，那岂止是抓住对方的腿肚子咬他为止呢？"安平君说："领教了。"第二天，向齐王保举貂勃。

王有所幸臣九人之属，欲伤安平君，相与语于王曰："燕之伐齐之时，楚王使将军将万人而佐齐[1]，今国已定，而社稷已安矣，何不使使者谢于楚王？"王曰："左右孰可？"九人之属曰："貂勃可[2]。"貂勃使楚，楚王受而觞之，数日不反。九人之属相与语于王曰："夫一人身而牵留万乘者，岂不以据势也哉[3]？且安平君之与王也，君臣无礼而上下无别。且其志欲为不善，内收百姓，循抚其心，振穷

94

补不足，布德于民[4]；外怀戎翟、天下之贤士，阴结诸侯之雄俊豪英，其志欲有为也[5]。愿王之察之。"异日而王曰："召相单来！"田单免冠徒跣肉袒而进，退而请死罪[6]。五日，而王曰："子无罪于寡人，子为子之臣礼，吾为吾之王礼而已矣。"

[1]"楚王"句：燕战败齐，齐闵王出奔莒，楚顷襄王派淖（zhuō）齿将兵救齐，闵王任淖齿为齐相，淖齿却联燕杀死闵王，齐因此仇楚。下文"谢于楚王"，于史不合。 [2]"貂勃"句：九人荐貂勃使楚，意在孤立田单。 [3]"夫一人"句："一人"指貂勃。"万乘"，指楚。"据势"，指据田单之势。 [4]收：原作"牧"，依王念孙说，据鲍本改。 [5]戎翟（dí）：泛指中原以外地区的民族国家。翟，又作"狄"。 [6]跣（xiǎn）：赤脚。肉袒：脱去上衣，裸露上体，表示惶恐、请罪。请死罪：请问自己死罪的原因。齐王因事出无因，一时语塞，隔了五天才答复。请，问。

齐王有宠幸的臣子九人，想陷害安平君，一起对齐王说："燕国攻打齐国的时候，楚王曾派将军领兵万人帮助齐国。现在国家已经安定，社稷已经保全，为什么不派遣使者感谢楚王呢？"齐王说："朝廷的大臣谁合适？"这帮人说："貂勃合适。"貂勃出使楚国，楚王接受使节并设酒宴款待他，一连几天不遣归。这帮人又一起对齐王说："一个普通人能受到大国君主的挽留，难道不是因为倚仗某种势力吗？再说，安平君同大王之间，没有君臣的礼节、尊卑的区别。加以他蓄意想篡位，在国内拢络百姓，安抚人心，救贫济困，施恩于民，在国外招徕远方民族和天下贤士，暗中结交各国的英雄豪杰，他的心思是想有所作为啊！希望大王注意他。"几天后，齐王说："叫相国田单来！"田单不戴帽子，光着脚，裸露上身前来，退下后请问自己死罪的原因。过了五天，齐王说："你对我没有罪过，你尽你做臣子的礼节，我尽我做国君的礼节就是了。"

　　貂勃从楚来，王觞诸前[1]。酒酣，王曰："召相田单而来！"貂勃避席稽首曰："王恶得此亡国之言乎？王上者孰与周文王？"王曰："吾不若也。"貂勃曰："然，臣固知王不若也。下者孰与齐桓公？"王曰："吾不若也。"貂勃曰："然，臣固知王不若也。然则周文王得吕尚以为太公，齐桓公得管夷吾以为仲父，今王得安平君而独曰'单'。且自天地之辟，民人之治，为人臣之功者，谁有厚于安平君者哉[2]？而王曰'单'，恶得此亡国之言乎[3]！且王不能守先王之社稷，燕人兴师而袭齐，王走而之城阳之山中[4]。安平君以惴惴之即墨，三里之城，五里之郭，敝卒七千，禽其司马，而反千里之齐，安平君之功也[5]。当是时也，阖城阳而王，天下莫之能止[6]。然而计之于道，归之于义，以为不可，故为栈道木阁，而迎王与后于城阳山中，王乃得反，子临百姓[7]。今国已定，民已安矣，王乃曰'单'，且婴儿之计不为此[8]。王其亟杀此九子者以谢安平君，不然，国危矣[9]！"王乃杀九子而逐其家，益封安平君以夜邑万户[10]。

　　[1]觞：原作"赐"，据吴师道、金正炜说改。　[2]治：通"始"。[3]单：原作"单，单"，据王念孙说删一"单"字。　[4]"且王"三句："袭齐"下原有"墟"字，据金正炜说删。城阳，齐邑，即莒（今山东莒县）。按："不能守先王之社稷"，"走而之城阳"的当是齐闵王，不是其子法章（齐襄王）。　[5]司马：指燕军主将骑劫。　[6]"天下"句："天下"二字上原有"城阳"二字，据吴师道、金正炜说删。　[7]后：指君王后。齐闵王被杀后，其子法章变姓名在莒太史敫家为佣，与太史敫之女结婚，及立，以太史女为后，号"君王后"。　[8]且：用法同"乃"，就是。　[9]其：原作"不"，

96

据金正炜说改。　［10］夜邑：即掖邑，在今山东莱州市。

　　貂勃从楚国回来，齐王在殿前宴请他。酒兴正浓，齐王说："叫相国田单来！"貂勃离开坐席叩头说："大王怎么能说这种亡国的话呢？大王高一些说比周文王怎么样？"齐王说："我比不上。"貂勃说："是的，我本来就知道比不上。差一些说比齐桓公怎么样？"齐王说："我比不上。"貂勃说："是的，我本来就知道大王比不上。可是周文王得到吕尚尊为太公，齐桓公得到管夷吾尊为仲父，现在大王得到安平君却别出心裁地叫'田单'。而况自从开天辟地，有了人类，作为臣子建立功业的，有谁能超过安平君呢？大王却叫他'田单'。怎么能说这种亡国的话呢？再说大王不能保守先王的社稷，燕国发兵袭击齐国，大王逃到城阳的山里，安平君凭着岌岌可危的即墨，方圆三里的内城，方圆五里的外城，七千名疲弱的兵士，俘获了燕军的主将，光复了方圆千里的齐国，都是安平君的功劳啊。在那个时候，据有城阳自立为王，天下没有人能阻止。然而考虑了道理，依附于仁义，认为不能这样做，所以才修筑栈道木阁，到城阳的山里迎接大王和王后，大王才能够回国，君临百姓。现在国家已经安定，百姓已经安宁，大王却叫他'田单'，就是小孩子的见识也不会这样。希望大王赶紧杀掉这九个人来向安平君谢罪，不然，国家就危险了。"齐王于是杀掉这九个人，并且驱逐他们的家属，加封安平君掖邑一万户土地。

田单攻狄
（齐策六）

　　将领能否与部下同甘共苦、身先士卒，常常直接关系到战争的胜败。

本文通过田单由胜而败又由败而胜的经过，和鲁仲连对此所作的分析，深刻阐明了这个道理。

田单将攻狄，往见鲁仲子[1]。仲子曰："将军攻狄，不能下也。"田单曰："臣以五里之城，七里之郭，破亡余卒，破万乘之燕，复齐墟。攻狄而不下，何也！"上车弗谢而去。

遂攻狄，三月而不克之也。齐婴儿谣曰："大冠若箕，脩剑柱颐，攻狄不下，垒于枯丘[2]。"田单乃惧，问鲁仲子曰："先生谓单不能下狄，请闻其说。"鲁仲子曰："将军之在即墨，坐而织蒉，立则丈插，为士卒倡[3]：'亡可往矣，宗庙亡矣！云白尚矣！归于何党矣[4]！'当此之时，将军有死之心，而士卒无生之气，闻若言，莫不挥泣奋臂而欲战，此所以破燕也。当今将军东有夜邑之奉，西有菑上之虞，黄金横带，而驰乎淄、渑之间，有生之乐，无死之心，所以不胜者也[5]。"田单曰："单有心，先生志之矣[6]！"

明日，乃厉气循城，立于矢石之所及，援枹鼓之[7]。狄人乃下。

[1] 田单：齐人，初为临淄市椽，燕将乐毅攻齐，下七十余城，他坚守即墨（在今山东平度市东南），先用反间计使燕撤换乐毅，又用火牛阵大破燕军，收复全部失地，因功封安平君（安平在今山东临淄东北）。狄：在今山东高青县东南（据张琦说）。鲁仲子：即鲁仲连，齐国高士。详见《鲁仲连义不帝秦》。 [2] "大冠"二句：形容田单功高爵显，穿戴华贵。颐，下巴。"攻狄不下"二句：原作"攻狄不能下垒枯丘"，王念孙以为"此当从《说苑》作'攻狄不下，垒于枯丘'，于文为顺，于义为长"。今据王说改。垒，筑营垒。 [3] 而：用法同"则"，与"立则丈插"的"则"互文。蒉（kuì）：草袋，盛土后可作防御工事。丈：通"仗"，拿着。插：通"锸"，铁锹。倡：

通"唱"。　〔4〕"亡可往矣"四句：原作"曰可往矣，宗庙亡矣，云曰尚矣，归于何党矣"，据黄丕烈、金正炜说改。第一个"亡"字，通"无"。云白，"魂魄"的省文。尚（chǎng），通"惝"，怅惘，失意。《说苑》作"魂魄丧矣"。党，乡，所。　〔5〕夜邑：田单的封地。菑（zī）：通"淄"，水名，即今山东的淄河。渑（shéng）：水名，在今山东淄博市一带。　〔6〕志：知道。〔7〕循：通"巡"。及：原作"乃"，据姚宏注及金正炜说改。枹（fú）：鼓槌。

田单准备攻打狄邑，去见鲁仲子。鲁仲子说："将军攻打狄邑，是不可能取胜的。"田单说："我凭着方圆五里内城、方圆七里外城的即墨，和战败的残兵，打破万辆兵车的燕国，收复了齐国的故地。攻打狄邑却不能取胜，这为什么！"登上车不辞而别。

随即攻打狄邑，三个月却没有攻下来。齐国的童谣说："大帽像簸箕，长剑拄下巴；攻狄不能胜，枯丘把营扎。"田单这才害怕，问鲁仲子说："先生说我不能攻下狄邑，希望知道它的道理。"鲁仲子说："将军在即墨的时候，坐下就织草袋，站起就抄铁锹，对士卒慷慨悲歌：'无路可走啦！宗庙毁灭啦！（祖宗的）魂魄怅惘啦！回到哪里去啊！'在那个时候，将军抱着必死的决心，士卒没有偷生的念头。听了这样的话，没有人不挥泪奋臂要求决战。这就是打败燕国的原因。现在将军东边有掖邑的俸禄，西边有淄上的欢娱，黄金的大带束在腰间，游戏在淄水、渑水之间，只有偷生的乐趣，没有拼死的决心。这就是不能取胜的原因。"田单说："我的心思，先生已经看透了。"第二天，便激励斗志巡视敌城，站在敌方矢、石的射程之内，拿起鼓槌擂鼓指挥，狄邑才被攻下。

楚策

狐假虎威

（楚策一）

《战国策·楚策》中多次记载"江乙恶昭奚恤"，本文江乙回答楚宣王解释北方各国害怕昭奚恤的原因，一定程度上亦有贬低其人的意味。他使用"狐假虎威"的寓言，耐人寻味，至今仍然被人们用来讽刺那些假借他人权势，招摇撞骗、作威作福的人。

荆宣王问群臣曰："吾闻北方之畏昭奚恤也，果诚何如[1]？"群臣莫对。江乙对曰[2]："虎求百兽而食之，得狐。狐曰：'子无敢食我也！天帝使我长百兽，今子食我，是逆天帝命也。子以我为不信，吾为子先行，子随我后，观百兽之见我而敢不走乎？'虎以为然，故遂与之行。兽见之皆走。虎不知兽畏己而走也，以为畏狐也。今王之地方五千里，带甲百万，而专属之昭奚恤[3]，故北方之畏奚恤也，其实畏王之甲兵也——犹百兽之畏虎也。"

[1]荆宣王：即楚宣王熊良夫，楚肃王熊臧之弟，前369年至前340年在位。昭奚恤：楚国贵族，当时的名将。 [2]江乙：魏国人，曾为魏使楚，后仕楚。"乙"原作"一"，鲍本作"乙"。姚本其他章多作"乙"，作"一"者仅一见。今据鲍本及他章改。 [3]属（zhǔ）：委托，交付。

楚宣王向大臣们说："我听说北方各国都害怕昭奚恤，果真是这样吗？"大臣们没有人回答。江乙回答说："老虎寻找兽类充饥，捉到一只

101

狐狸。狐狸说："你是不敢吃我的！老天爷派我做兽类的首领，现在你吃了我，就是违背老天爷了。如果你认为我的话不可靠，我在你前面走，你跟在我后面，看看兽类见了我有敢不逃跑的吗？'老虎认为有道理，就跟它一起走，群兽见到它们全都逃跑。老虎不知道群兽是害怕自己才逃跑的，还以为是害怕狐狸呢。现在大王的土地纵横五千里，战士上百万，并把权力全部托付给昭奚恤，因此北方各国害怕昭奚恤，实际是害怕大王的军队——就像兽类的害怕老虎一样啊。"

莫敖子华论贤臣
（楚策一）

古代君王设立爵禄，目的本在鼓励对国家有贡献的贤人。后来享有高爵厚禄的人却未必关心国家，楚威王因此产生了怀疑。莫敖子华限于自己的地位回复得很委婉，但仍说出高爵厚禄者未必不关心国家，无官无禄的也一样能关心国家这一客观事实。并且用"灵王好细腰，宫中多饿死"的故事，说明只要国君好贤用贤，就有贤臣，因势利导地对楚王作了讽谏。

威王问于莫敖子华曰[1]："自从先君文王[2]，以至不穀之身，亦有不为爵劝，不为禄勉，以忧社稷者乎？"莫敖子华对曰："如章，不足知之矣[3]。"王曰："不于大夫，无所闻之[4]。"莫敖子华对曰："君王将何问者也？彼有廉其爵，贫其身，以忧社稷者；有崇其爵，丰其禄，以忧社稷者；有断脰决腹[5]，一瞑而万世不视，不知所益，以忧社稷者；有劳其身，愁其志，以忧社稷者；亦有不为爵劝，不为禄勉，以忧社稷者。"王曰："大夫此言，将何谓也？"

［1］威王:楚宣王之子熊商，前339年至前329年在位。莫敖，楚官名。春秋早期，莫敖掌管全国军政大权，以后地位逐渐下降，到战国中期已成为备国君征询的闲职了。子华:名章，后文"大夫"即指子华。 ［2］文王:楚武王之子熊赀，前689年至前677年在位。他开始建都于郢，从此楚国逐渐强大。 ［3］章:子华自称。原作"华"，据姚宏注及黄丕烈、金正炜说改。［4］不于大夫:等于说"不闻于大夫"，动词:"闻"蒙后省略。 ［5］脰(dòu):颈、项。

楚威王问莫敖子华说:"自从先君文王，直到我自己，有不受爵位的鼓励，不受俸禄的引诱，而为国担忧的人吗？"莫敖子华说:"像我这样的人，不配回答这个问题。"威王说:"不从大夫口里听到，就没有办法听到了。"莫敖子华回答说:"君王打算问的是什么样的人呢？他们有不计官位，生活贫困，而为国担忧的；有高官显爵，享受厚禄，而为国担忧的；有断头剖腹，舍生忘死，不考虑个人利益，而为国担忧的；有劳累身体，危苦心志，而为国担忧的；也有不受官位鼓励，不受俸禄引诱，而为国担忧的。"威王说:"大夫这番话，是要说明什么呢？"

莫敖子华对曰:"昔令尹子文，缁帛之衣以朝，鹿裘以处；未明而立于朝，日晦而归食，朝不谋夕，无一日之积[1]。故彼廉其爵，贫其身，以忧社稷者，令尹子文是也。"

"昔者叶公子高，身获于表薄，而财于柱国，定白公之祸，宁楚国之事[2]；恢先君以揜方城之外，四封不侵，名不挫于诸侯[3]。当此之时也，天下莫敢以兵南乡。叶公子高，食田六百畛[4]。故彼崇其爵，丰其禄，以忧社稷者，叶公子高是也。"

"昔者吴与楚战于柏举，两御之间夫卒交，莫敖大心抚其御之手，顾而大息曰[5]：'嗟乎子乎，楚国亡之日至矣[6]！吾将深入吴军，若扑一人，若击一人，以与大心者也，社稷其为庶几乎[7]？'故断脰决腹，一瞑而万世不视，不知所益，以忧社稷者，莫敖大心是也。"

[1]令尹子文：姓斗（dòu），名榖於菟（kòu wū tú），字子文，斗伯比之子，楚成王时为令尹。《论语·公冶长》说他"三仕为令尹，无喜色；三已之，无愠色"。《国语·楚语中》说他"三舍令尹，无一日之积，恤民之故也……成王每出子文之禄，必逃，王止而后复"。缁帛：黑色的绸子。缁帛之衣是古代卿大夫上朝时穿的衣服。鹿裘：粗陋的裘衣。《晏子春秋·外篇》："晏子相景公，布衣鹿裘以朝。"一日：原作"一月"，据鲍本及金正炜说改。《国语·楚语下》作"一日"。 [2]叶（shè）公子高：即沈诸梁，字子高，沈尹戌之子，曾任叶令（叶在今河南叶县），故称叶公子高。"身获于表薄，而财于柱国"二句不好解。"表薄"疑为"表著"之误。表著，朝会时朝臣伫立之处。"身获"句或即身居高位之意。财于柱国，金正炜认为"或即富可敌国之意"。《渚宫旧事》记此事，无此十字。"定白公"句：白公，名胜，楚昭王异母兄，楚惠王伯父，因封于白邑（在今河南息县东），称白公胜。楚惠王十年（前479年），杀死令尹子西、司马子期，赶走惠王，自立为王，后被叶公子高打败。 [3]先君：指楚惠王。撚（yǎn）：覆盖。方城：山名，在今河南方城、叶县一带，是楚国的屏障。 [4]食田：古代大夫的领地。畛（zhěn）：本指田间分界的小路。《周礼·地官·遂人》："十夫有沟，沟上有畛。"六百畛，极言食田之多。 [5]"昔吴与楚"句：楚昭王十年（前506年）吴楚战于柏举（今湖北麻城市东北），楚军大败，吴军攻入郢都，楚昭王奔随，后因得到秦国的援助，才转危为安。莫敖大心：吴师道认为即左司马沈尹戌，叶公子高之父，他在柏举之战中负伤而死。 [6]日：

原作"月",据姚宏注及鲍本改。 ［7］"若扑"句:这句话不好解,疑有脱误。捽（zuó）:揪住。

莫敖子华说:"从前令尹子文,上朝穿黑绸衣服,在家穿粗陋皮衣;天没亮就站在朝廷上（等候朝见）,天黑了才回家吃饭;早晨不考虑晚上,没有一天的存粮。所以那种不计官位,生活贫困,而为国担忧的人,令尹子文就是啊!"

"从前叶公子高,身居最高的官位,财富可以敌国,平定白公胜的祸乱,安定楚国的政局;扩大先君的疆土到方城以北,四境不受侵犯,名声不受诸侯的屈辱。在这段时期,天下没有人敢向南用兵。叶公子高享有封地六百畛。所以那种高官显爵,享受厚禄,而为国担忧的人,叶公子高就是啊!"

"从前吴国同楚国在柏举作战,双方战车之间士卒短兵相接,莫敖大心按着他驾车人的手,看着他长叹一声说:'唉,您努力吧!楚国灭亡的日子到了!我要冲入吴军阵中,你打死一个人,你抓住一个人,就是和我同仇敌忾了,国家因此或许还有希望吧!'所以断头剖腹,舍生忘死,不考虑个人利益,而为国担忧的人,莫敖大心就是啊!"

"昔吴与楚战于柏举,三战入郢。君王身出,大夫悉属,百姓离散[1]。梦冒勃苏曰[2]:'吾披坚执锐,赴强敌而死,此犹一卒也,不若奔诸侯。'于是赢粮潜行,上峥山,逾深溪,蹠穿膝暴,七日而薄秦王之朝[3]。鹤立不转,昼吟宵哭,七日不得告[4]。水浆无入口,痟而殚闷,旄不知人[5]。秦王闻而走之,冠带不相及,左奉其首,右濡其口,勃苏乃苏。秦王身问之:'子孰谁也？'梦冒勃苏对曰:'臣非异,楚使新造蓥梦冒勃苏[6]。吴与楚人战于柏举,三战入郢,寡君身出,大夫悉属，百姓离散。使下臣来告亡，且求救。'秦王顾令不起[7]。'寡人闻之，万乘之君得罪一士，社稷其危，今此之谓也。'遂出革车千乘，卒万人，属之子满与子虎，下塞以东，与吴人战于浊水而大败之，亦闻于遂浦[8]。故劳其身，愁其思，以忧社稷者，棼冒勃苏是也。"

[1]君王：指楚昭王，郢都失陷后昭王奔随（今湖北随县）。原作"寡君"，据王念孙说改。大夫悉属：据《左传·定公五年》，当时跟随昭王奔随的大夫有斗辛、王孙由于、申包胥等多人。 [2]棼（fén）冒勃苏：即申包胥，楚大夫。"勃苏"与"包胥"音近，因封于申，故又称申包胥。 [3]赢：背，担。《方言》："担，齐、楚、陈、宋曰攍，通作赢。"薄：迫近，抵达。秦王：秦哀公，前536年至前501年在位。 [4]鹤立：像鹤一样引领举足而立。原作"雀立"，据王引之说改。 [5]瘨（diān）：晕倒，跌倒。殚闷：昏晕气绝。痳（mào）：通"眊"，昏迷。 [6]新造螯：鲍彪注"楚官"。董说《七国考》亦以为楚官名。据湖北随县考古发掘报告，"新造"确系楚官爵名。一说，螯当作盭（lì），古"戾"字，罪。新造螯犹自称新获罪之臣，勃苏因昼吟宵哭于秦庭，所以这样自称。 [7]秦王顾令不起：谓秦王坚令之而不起也（用金正炜说）。顾，通"固"，坚决。《左传·定公四年》"九顿首而坐"，亦言其求救心切。 [8]浊水：今湖北襄阳境内的白河。遂浦：今江西遂川县。"亦闻于遂浦"，等于说亦闻战于遂浦。此句疑为旁注误入正文。

"以前，吴国同楚国在柏举交战，打了三仗吴军攻入郢都。国君逃出都城，大夫全都跟随，百姓四散逃亡。棼冒勃苏说：'我披坚甲执武器，奔向强敌而战死，这就如同一个普通士兵，不如奔赴诸侯国（求救）。'于是背上粮食偷偷出走，登上高山，越过深谷，脚掌磨破，膝盖露出，七天后才抵达秦王的朝廷，站着一动不动，日夜叹息啼哭，一连七天不得进见。一点东西不吃，晕倒昏迷，不省人事。秦王听了便向他奔去，连衣帽也顾不得穿戴整齐。左手捧着他的头，右手向他嘴里喂水，勃苏才苏醒过来。秦王亲自问他：'你是谁？'棼冒勃苏回答说：'我不是别人，是楚国使者新造蓺棼冒勃苏。吴国同楚国在柏举交战，打了三仗吴军攻入郢都，敝国国君逃出都城，大夫全都跟随，百姓四散逃亡。派我来报告亡国的消息，并且请求救兵。'秦王一再让他起来他也不起。（秦王说：）'我听说，拥有一万辆兵车的国君得罪一个士人，国家就要危险，说的就是这种情况吧！'就出动战车一千辆，士卒一万人，委派子满和子虎统领，出函谷关向东进发，同吴军在浊水交战，大败吴军——又听说是在遂浦。所以说有劳累身体，危苦心志，而为国担忧的人，棼冒勃苏就是啊！"

"吴与楚战于柏举，三战入郢。君王身出，大夫悉属，百姓离散。蒙穀结斗于宫唐之上，舍斗奔郢[1]，曰：'若有孤，楚国社稷其庶几乎[2]？'遂入大宫，负离次之典以浮于江，逃于云梦之中[3]。昭王反郢，五官失法，百姓昏乱，蒙穀献典，五官得法，而百姓大治。比蒙穀之功，多与存国相若[4]。封之执圭，田六百畛。蒙穀怒曰：'穀非人臣，社稷之臣。苟社稷血食，余岂患无君乎[5]？遂自弃于历山之中，至今无胄[6]。故不为爵劝，不为禄勉，以忧社稷者，蒙穀是也。"

[1]蒙穀：楚将。结斗：聚斗，交战。"结"原作"给"，据鲍本改。[2]孤：孤子，指昭王之子。当时昭王出奔，生死不明，所以蒙穀把希望寄托在嗣君身上。 [3]离次之典：郭希汾注："国法之散失其次者。""离"原作"鸡"，据姚宏、鲍彪注改。 [4]比：原作"此"，据王念孙说改。多：副词，适，正好。 [5]血食：指祭祀。古代祭祀要杀牲取血，故称血食。社稷神血食不绝，就意味着国家长存。余岂患：原作"徐岂悉"，据姚宏注

及吴师道说改。 ［6］历山：传说是舜耕田的地方。"历"原作"磨"。《后汉书·李通传》注引作"历山"。吴师道、黄丕烈都认为当作"历"（说见《秦策四·顷襄王二十年》注）。按：磨，当作"暦"，暦（lì）通"厤""歷"。今据改。无胄：无后。金正炜引《国语·晋语》注："无后，其子孙无在显位者。"胄，原作"冒"，据王引之说改。

"吴国同楚国在柏举交战，打了三仗吴军攻入郢都。国君逃出都城，大夫全都跟随，百姓四散逃亡。蒙穀在宫唐同敌人交战，放弃战斗跑回郢都，说：'如果有嗣君在，楚国的社稷或许还有希望吧！'于是进入宫廷，背着散乱的法典漂泊在大江之上，逃到云梦泽。（后来）昭王返回郢都，朝廷失去法典，百官无所适从。蒙穀献上法典，朝廷有法可循，百官有了秩序。考校蒙穀的功劳，正同保全国家相当。封他为执圭，赐田六百畛。蒙穀生气地说：'我不是一般的臣子，是关系社稷安危的臣子。如果社稷享祀不绝，我哪里发愁没有国君呢？'于是隐居在历山之中，至今他的子孙没有为官的。所以不受爵位的鼓励，不受俸禄的引诱，而为国担忧的人，蒙穀就是啊！"

王乃大息曰："此古之人也，今之人焉能有之耶？"莫敖子华对曰："昔者先君灵王好小要，楚士约食，冯而能立，式而能起[1]。食之可欲，忍而不入；死之可恶，然而不避。章闻之：'其君好发者，其臣抉拾[2]。'君王直不好，若君王诚好贤，此五臣者，皆可得而致之。"

［1］灵王：楚康王弟熊围，前540年至前529年在位。要（yāo）：腰。灵王好细腰事，杂见《墨子·兼爱中》《荀子·君道》《尹文子·大道》《淮南子·主术》《晏子春秋·外篇》《尸子·外道》诸书。所记约食者皆为"士""臣""朝中""国中""民"，唯《管子·七臣七主》作"美人"，于

义为胜。冯（píng）：依靠。式：扶着车前横木致敬，这里是凭依的意思。

[2]抉拾：古代射箭用具。抉，即板指，用棘或骨制成，戴在右手拇指上，用来钩弦。拾，用革制成，著于右臂，用以护臂。这里用如动词，著抉拾，指习射。

　　楚王于是长叹一声，说："这是古时候的人啊，现在的人哪里能有这样的呢！"莫敖子华回答说："从前先君灵王喜欢细腰，楚国的士人都减少饭量，倚着东西才能站立，扶着东西才能起来。吃是谁都喜爱的，可以忍着不吃；死是谁都厌恶的，却能不逃避。我听说：'国君喜欢射箭的，臣子就都习射。'大王只是不好贤罢了，如果大王真的好贤，这五种贤臣，都是能够招致得到的。"

慎子计全东地
（楚策二）

　　战国时期，所谓"天下失义，诸侯力正（征）"（《墨子·明鬼》），各国都不择手段地扩大自己的实力。因此尔虞我诈、背信弃义习见不鲜。在这个时代，策士的纵横捭阖，对斗争的成败确实起着关键的作用。本文赞誉慎子"士卒不用，东地复全"，即反映了这一点。据《史记》记载，楚怀王死于秦，太子质于齐，郢中无主，齐闵王确曾企图乘人之危，勒索淮北之地，但终于并未实行。因此史家以为是后人拟托之作。

　　楚襄王为太子之时，质于齐[1]。怀王薨，太子辞于齐王而归[2]。齐王隘之："予我东地五百里，乃归子[3]。子不予我，不得归。"太子曰："臣有傅，请追而问傅[4]。"傅慎子曰："献之地，所以为身也。爱地不送父死，不义。臣故曰献之便。"太子入，致命齐王曰："敬献地五百里。"齐王归楚太子。

[1] 楚襄王：即顷襄王，名横，怀王子，前298年至前263年在位。[2] 怀王：名槐，威王子，前328年至前299年在位，受骗入秦，不得归，客死于秦。《战国策》三次提到怀王死后太子乃返国，《史记·楚世家》记载，怀王被秦扣留后，楚臣为绝秦望，对齐诈称怀王已死，求归太子，顷襄王三年怀王始卒，与《策》文所记不同。 [3] 齐王：指齐闵王。隘（è）：阻止。东地：指楚国东部与齐国接壤的土地，即淮北之地。《史记·楚世家》："齐闵王谓其相曰：'不若留太子，以求楚之淮北。'" [4] 追：事后补行。事先没有同师傅商量，所以说"追而问傅"。

楚襄王当太子的时候，在齐国做人质。楚怀王死，太子向齐王告辞回国。齐王阻止他说："给我楚国东部土地五百里，才放你回去。你不给我，不能回去。"太子说："我有师傅，请求再询问一下师傅。"太子的师傅慎子说："献给齐国土地，是为了保全自己啊。吝惜土地不能为亡故的父亲送丧，不合道义。所以我说献地为是。"太子进宫，回复齐王说："谨奉献土地五百里。"齐王放楚太子回国。

太子归，即位为王。齐使车五十乘，来取东地于楚。楚王告慎子曰："齐使来求东地，为之奈何？"慎子曰："王明日朝群臣，皆令献其计。"

上柱国子良入见。王曰："寡人之得来反，主坟墓、复群臣、归社稷也，以东地五百里许齐。齐今使来求地，为之奈何[1]？"子良曰："王不可不与也。王身出玉声，许万乘之强齐，而不与，则不信，后

110

不可以约结诸侯[2]。请与而复攻之。与之信，攻之武[3]。故臣曰与之。"

子良出，昭常入见。王曰："齐使来求东地五百里，为之奈何？"昭常曰："不可与也。万乘者，以地大为万乘。今去东地五百里，是去战国之半也，有万乘之号而无千乘之用也，不可[4]。故臣曰勿与。常请守之。"

昭常出，景鲤入见。王曰："齐使来求东地五百里，为之奈何？"景鲤曰："不可与也。虽然，楚不能独守[5]。臣请西索救于秦。"

景鲤出，慎子入。王以三大夫计告慎子，曰："子良见寡人曰：'不可不与也，与而复攻之。'常见寡人曰：'不可与也，常请守之。'鲤见寡人曰：'不可与也；虽然，楚不能独守也，臣请索救于秦。'寡人谁用于三子之计？"慎子对曰："王皆用之。"王怫然作色曰："何谓也？"慎子曰："臣请效其说，而王且见其诚然也。王发上柱国子良车五十乘，而北献地五百里于齐。发子良之明日，遣昭常为大司马，令往守东地[6]。遣昭常之明日，遣景鲤车五十乘，西索救于秦。"王曰："善。"乃遣子良北献地于齐。遣子良之明日，立昭常为大司马，使守东地。又遣景鲤西索救于秦。

[1]来反：原作"求反"，据王念孙说改。主：主持、掌管。原作"王"，据鲍本改。今：原作"令"，据王念孙、金正炜说改。 [2]万乘之强齐：原作"强万乘之齐"，据金正炜说改。而：用法同"如"。 [3]武：古代战争道德之一，善战、善胜、善于对待战争和善于制止战争都叫"武"。[4]"万乘"四句：周代制度，地方千里，出兵车万乘。拥有兵车的多少，取决于土地的大小。战国：金正炜认为"战"字是衍文。于鬯认为"战国"是"东国"之讹，楚淮北地千里，去东地五百里，正好是"去东国之半"。译文从于说。 [5]"楚不能独守"句：以下据曾巩本删去"王身出玉

声，许万乘之强齐也而不与，负不义于天下，楚亦不能独守"二十七字。

[6]大司马：又称左司马，春秋时楚武官中的最高官职，战国时改称柱国。史书中"司马""柱国"二职常混称。

太子回国，即位为楚王。齐国使者带着五十辆车，来向楚国索取东部土地。楚王对慎子说："齐国使者来求取东部土地，该怎么办？"慎子说："大王明天召见群臣，让他们都来出主意。"

上柱国子良进宫朝见。楚王说："我能够返回楚国，主持祭扫先王坟墓，任命群臣，恢复国家，曾允许把东部土地五百里给齐国。现在齐国使者来求取土地，该怎么办？"子良说："大王不能不给。大王亲口发出玉言，答应拥有万辆兵车的强齐，如果不给，就失去信用，往后没办法同诸侯定约结交。请求给了以后再攻取它。给它说明遵守信用，攻取它说明兵力强盛。所以我说给它。"

子良出去，昭常进宫朝见。楚王说："齐国使者求取东部土地五百里，该怎么办？"昭常说："不能给。万辆兵车的大国，因为土地广大才拥有万辆兵车。如今割去东部土地五百里，等于去掉东部国土的一半，虽有万辆兵车的名声，却没有千辆兵车的实际了。不能这样做。所以我说不能给。请让我守卫它。"

昭常出去，景鲤进宫朝见。楚王说："齐国使者来求取东部土地五百里，该怎么办？"景鲤说："不能给。可是，楚国无力独自防守。请让我到西面向秦国求救。"

景鲤出去，慎子进宫。楚王把三位大夫的话告诉慎子，说："子良见了我说：'不能不给，给了再攻取它。'昭常见了我说：'不能给，让我去守卫它。'景鲤见了我说：'不能给，可是楚国无力独自防守，让我到秦国求救。'我该采用三个人中谁的主意呢？"慎子回答说："大王全都采用它们。"楚王变了脸色生气地说:"这是什么意思?"慎子说:"请允许我加以说明,大王就会看到事情确实应该如此了。大王先命上柱国子良带上五十辆车出发,北上向齐国献地五百里;子良出发的第二天,派遣昭常为大司马,让他去守卫东部土地;派遣昭常的第二天,派遣景鲤带上五十辆车子,西去向秦国求救。"楚王说:"好。"于是派子良北上向齐国献地;派遣子良的第二天,任命昭常为大司马,让他守卫东部土地;又派遣景鲤去向秦国求救。

子良至齐,齐使人以甲受东地。昭常应齐使曰:"我典主东地,且与死生,悉五尺至六十三十余万,弊甲钝兵,愿承下尘[1]。"齐王谓子良曰:"大夫来献地,今常守之,何如?"子良曰:"臣身受命弊邑之王,是常矫也。王攻之!"齐王大兴兵,攻东地,伐昭常。未涉疆,秦以五十万临齐右壤,曰:"夫隘楚太子弗出,不仁;又欲夺之东地五百里,不义。其缩甲则可,不然,则愿待战!"齐王恐焉。乃请子良南道楚,西使秦,解齐患。士卒不用,东地复全。

[1] 五尺至六十:指老幼。五尺指十四岁以下的幼童。古代制度,六尺以上的成人才能从征。六十指六十岁以上的老人,亦不在征召之列。承下尘:承接战尘,这是交战的委婉说法。

子良到达齐国,齐国派人率领军队接管楚国东部土地。昭常答复齐国使者说:"我掌管东部土地,要和土地共存亡。有五尺的童子到六十岁的老人三十多万,残破的铠甲,陈旧的武器,愿意勉强奉陪周旋。"齐王对子良说:"大夫到来献地,可是昭常防守它,怎么办?"子良说:"我亲自接受敝国国君的命令,这是昭常自作主张。大王攻打他!"齐王调遣大军，攻打楚国东部土地，讨伐昭常。还没有进入楚国国界，秦国发兵五十万来到齐国西部边境，宣称："阻止楚国太子不让他回去，是不仁；又想夺取楚国东部土地五百里，是不义。如果退兵便罢，不然的话，就准备交战！"齐王害怕了，便请子良南下说服楚国，向西出使秦国，以解除齐国的祸患。楚国没有动用士卒，东部土地得到保全。

米珠薪桂
（楚策三）

《战国策》中关于苏秦的记载，很多都是传说，正如《史记·苏秦列传》所说，"异时事有类之者，皆附之苏秦"。据考证，苏秦的活动主要在燕、齐，无说楚王事。本文虽非信史，但较真实地反映了当时社会普遍存在的积弊。

苏秦之楚，三月乃得见乎王[1]。谈卒，辞而行。楚王曰："寡人闻先生，若闻古人。今先生乃不远千里而临寡人，曾不肯留，愿闻其说。"对曰："楚国之食贵于玉，薪贵于桂，谒者难得见如鬼，王难得见如天帝。今令臣食玉炊桂，因鬼见帝，其可得乎[2]？"王曰："先生就舍，寡人闻命矣！"

[1]月：原作"日"，据王念孙说改。　[2]其可得乎：原无此四字，王念孙认为："'因鬼见帝'，语意未了，其下必有脱文。《类聚》《御览》《文选》注引此并有'其可得乎'四字，当是也。"今据王说补。

苏秦到楚国，三个月才见到楚王。谈话结束，便告辞要走。楚王说："我听到先生的大名，就像听到古代的贤人一样。如今先生千里之外来到我这里，却又不肯留下来，希望听到其中的缘故。"苏秦回答说："楚国的粮食比珠玉还贵，柴火比桂木还贵，接待的人像鬼魂一样不易见到，大王像天帝一样不易见到。现在让我吃珠玉，烧桂木，通过鬼魂来见天帝，那怎么可以呢！"楚王说："先生到宾馆住下，我领受教诲了。"

郑袖谗魏美人
（楚策四）

在专制制度下，除了极少数志士仁人能不合流俗外，一般人的行动则往往为环境所支配。因此有"女无美恶，入宫见妒；士无贤不肖，入朝见嫉"（邹阳《狱中上梁王书》）的说法。本文即反映了宫廷妇女因争宠而使出的阴狠毒辣的手段，读来令人不寒而栗。

魏王遗楚王美人，楚王说之[1]。夫人郑袖知王之说新人也，甚爱新人[2]。衣服玩好，择其所喜而为之；宫室卧具，择其所善而为之。爱之甚于王。王曰："妇人所以事夫者，色也；而妒者，其情也。今郑袖知寡人之说新人也，其爱之甚于寡人。此孝子之所以事亲，忠臣之所以事君也。"

郑袖知王以己为不妒也，因谓新人曰："王爱子美矣。虽然，恶子之鼻。子为见王，则必掩子鼻[3]。"新人见王，因掩其鼻。王谓郑袖曰："夫新人见寡人，则掩其鼻，何也？"郑袖曰："妾知也。"王曰："虽恶，必言之！"郑袖曰："其似恶闻君王之臭也[4]。"王曰："悍哉！"令劓之，无使逆命[5]。

115

[1]楚王:指楚怀王,见《慎子计全东地》注。遗(wèi):赠送。[2]郑袖:楚怀王宠妃。 [3]为:用法同"如"。 [4]臭(xiù):气味。[5]劓(yì):古代一种酷刑,割掉鼻子。

魏王送给楚王美女,楚王很喜爱她。夫人郑袖知道楚王喜爱新人,也特别喜欢新人。衣服和玩物,挑她喜欢的去置办;房子和被褥,挑她满意的去准备。喜爱她超过楚王。楚王说:"妇女用来侍奉丈夫的,是姿色;而嫉妒,是她们的常情。现在郑袖知道我喜爱新人,却爱她超过了我。这是孝子用来侍奉父母、忠臣用来侍奉国君的行为啊!"

郑袖知道楚王认为自己并不嫉妒,趁机对新人说:"大王爱上你的美貌了。虽说这样,还讨厌你的鼻子。你如果见到大王,一定要捂住你的鼻子。"新人见到楚王,就捂住自己的鼻子。楚王对郑袖说:"那新人见了我,就捂着她的鼻子,为什么?"郑袖说:"我是知道的。"楚王说:"即使话很难听,一定要说出来!"郑袖说:"她像是讨厌大王身上的气味吧!"楚王说:"歹毒啊!"下令割掉她的鼻子,不准违抗命令。

庄辛论幸臣
(楚策四)

春秋、战国时期,大量国家从历史上消失。其灭亡原因固然多种多样,而国君宠信佞臣,奢靡佚乐,置国事于脑后,是一个关键的因素。原来强大的楚国,也因此而削弱。本文由小到大,由物到人,由远到近,步步紧逼,并以"见兔顾犬""亡羊补牢"两个比喻强调及时改过,具有很强的感染力和说服力。且铺陈排比,别开生面,具有辞赋的特点,被前人誉为"策赋",是《策》文中思想性和艺术性都比较突出的篇章。

庄辛谓楚襄王曰:"君王左州侯,右夏侯,辇从鄢陵君与寿陵君,专淫逸侈靡,不顾国政,郢都必危矣[1]!"襄王曰:"先生老悖乎,将以为楚国妖祥乎[2]?"庄辛曰:"臣诚见其必然者也,非敢以为国妖祥也。君王卒幸四子者不衰,楚国必亡矣!臣请辟于赵,淹留以观之[3]。"

庄辛去之赵,留五月[4],秦果举鄢、郢、巫、上蔡、陈之地,襄王流揜于城阳[5]。于是使人发驺征庄辛于赵[6]。庄辛曰:"诺。"

[1]郢(yǐng)都:楚国国都,在今湖北江陵县西北。 [2]悖(bèi):惑乱,胡涂。为:制造。妖祥:不祥的预兆。 [3]辟:躲避。淹留:滞留,停留。 [4]留五月:金正炜认为:"五月疑当作五年。辛去楚当在顷襄王十八年,迄于秦人取巫,适为五年也。"于鬯《战国策年表》系庄辛之赵于顷襄王十六年,至楚于顷襄王十九年,亦不止五月。 [5]鄢(yān):在今湖北宜昌市夷陵区南。巫:今重庆巫山县。上蔡:今河南上蔡县。陈:今河南淮阳县。据《史记·六国年表》,秦取鄢在楚襄王二十年,取郢、烧夷陵在二十一年,取巫在二十二年,襄王逃于陈,这段期间没有取上蔡和陈的记载。金正炜认为"上蔡"或"上庸"之讹(楚献上庸于秦,在襄王十九年),"陈"字疑涉下文而衍。揜(yǎn):通"掩",困迫,停留。城阳:也作"成阳",在今河南信阳市东北。 [6]驺(zōu):掌管驾车的官员。发驺,这里指派遣车马。

庄辛对楚襄王说:"君王左边是州侯,右边是夏侯,车后跟着鄢陵君

117

和寿陵君，一味放荡奢侈，不过问国家大事，郢都一定要危险了。"襄王说："先生是老糊涂了呢，还是给楚国制造不祥的预兆呢？"庄辛说："我确实看到事情是一定如此的，不是胆敢以此给国家制造不祥的预兆。君王始终宠幸这四个人而不改变，楚国一定要灭亡。我请求避居赵国，停留下来观望事态的发展。"

庄辛离开楚国到赵国，住了五个月，秦国果然攻下鄢、郢、巫、上蔡、陈等地方。襄王流亡滞留在城阳。这才派人驰车到赵国召回庄辛。庄辛说："好吧。"

庄辛至。襄王曰："寡人不能用先生之言，今事至于此，为之奈何？"庄辛对曰："臣闻鄙语曰：'见兔而顾犬，未为晚也；亡羊而补牢，未为迟也。'臣闻昔汤武以百里昌，桀纣以天下亡。今楚国虽小，绝长续短，犹以数千里，岂特百里哉[1]？

"王独不见夫蜻蛉乎？六足四翼，飞翔乎天地之间，俯啄蚊虻而食之，仰承甘露而饮之，自以为无患，与人无争也。不知夫五尺童子，方将调饴胶丝[2]，加己乎四仞之上，而下为蝼蚁食也。

"蜻蛉其小者也，黄雀因是以[3]。俯噣白粒[4]，仰栖茂树，鼓翅奋翼，自以为无患，与人无争也。不知夫公子王孙，左挟弹，右摄丸，将加己乎十仞之上，以其颈为招[5]。昼游乎茂树，夕调乎酸碱。倏乎之间，坠于公子之手[6]。

"夫雀其小者也，黄鹄因是以[7]。游于江海，淹乎大沼，俯噣鳝鲤[8]，仰啮菱衡，奋其六翮，而凌清风，飘摇乎高翔，自以为无患，与人无争也[9]。不知夫射者，方将脩其碆卢，治其矰缴，将加己乎百仞之上[10]。被礛磻，引微缴，折清风而抎矣[11]。故昼游乎江河，夕调乎鼎鼐。

118

[1]以：有。训见《古书虚字集释》。 [2]五尺童子：指尚未成年的儿童。古尺短，五尺约近于现时的三尺。饧：俗称糖稀。原作"鉝"，据鲍本及吴师道说改。 [3]因是以：等于说"犹此矣"。因，用法同"犹"（训见《经传释词》）。是，此。以，通"已"，用法同"矣"。 [4]噣：通"啄"。 [5]仞：长度单位。关于仞的长度说法不一，有七尺、八尺等说。颈：原作"頚"，与"颈"形近而误，据王念说改。招：的，射击的目标。 [6]"倏忽之间"二句：王念孙认为这十个字是后人妄加的。金正炜认为"十字当在'昼游'句上，误淌于下，不必为衍文。"金说近是，译文从金说。 [7]黄鹄：即天鹅。
[8]鳀（yǎn）：即鲇（nián）鱼，身滑无鳞，其涎黏滑，故名。原作"鳝"，鲍本作"鳝"，据王念孙说改。衡：就是荇（xìng），水草名。 [9]翮（hé）：本是羽毛中的硬管，后来词义扩大指羽毛。六翮，指鸟的翅膀，因为鸟翅一般有六根大羽毛。 [10]脩：整治。磻（bō）：系着丝绳用来射鸟的石箭头。《史记·楚世家》集解："以石傅弋缴曰磻"。卢：涂黑漆的弓。《说苑》此句作"选其弓弩"。矰缴：系有丝绳用来射鸟的短箭。矰（zēng），短箭。缴（zhuó），系在箭上的丝绳。原作"缯缴"，据鲍本改。 [11]被：通"披"。劀（jiān）：锐利。礛：同"磻"。折：本义是折断，引申为死亡。《礼记·祭法》："万物死皆曰折。一说，折，逆。抎：通"陨"，坠落。

　　庄辛到了。襄王说："我没有能采纳先生的意见，现在事情到了这个地步，该怎么办呢？"庄辛回答说："我听俗话说：'见到兔子再撒猎狗，还不算晚；丢了羊再修补羊圈，还不算迟。'我听说从前商汤王、周武王凭借方圆百里的土地而昌盛，夏桀王、殷纣王拥有整个天下而灭亡。如今楚国虽然不大，截长补短算起来，还有方圆几千里，岂止百里呢？

　　"大王难道没有见过那蜻蜓吗？六只脚四片翅膀，飞翔在天地之间，

119

低头捕捉蚊虻为食，抬头接着甘露饮用，自己认为没有灾难，同人没有争竞。却不知道那三尺多高的孩子，正在调合糖稀粘在丝网上，在四仞的高空中加害自己，掉下来被蝼蛄、蚂蚁吃掉啊。

"蜻蜓还是小事呢，黄雀也是这样。地下啄食米粒，高处栖息树丛，展翅飞翔，自以为没有灾祸，同人没有争竞。没想到那公子王孙，左手握着弹弓，右手拈着弹丸，将要在十仞的高空中加害自己，把它的脖子当作靶子。顷刻之间，便落到公子的手里。白天在树林里游憩，晚上被放上佐料烹调了。

"黄雀还是小事呢，天鹅也是这样。在江海里遨游，在湖泊里栖息，低头啄食鲇鱼鲤鱼，抬头咬嚼菱角荇菜，鼓动它的翅膀，驾着清风，飘飘然高高飞翔，自以为没有灾祸，同人没有争竞。没想到那射猎的人，正在整治他的弓弩，收拾他系着丝绳的短箭，准备在百仞的高空中加害自己。为弓箭射中，拖着轻细的丝绳，在清风之中坠落下来。所以白天在江河里遨游，晚上在鼎鼐里被烹调。

"夫黄鹄其小者也，蔡圣侯之事因是以[1]。南游乎高陂，北陵乎巫山，饮茹溪流，食湘波之鱼，左抱幼妾，右拥嬖女，与之驰骋乎高蔡之中，而不以国家为事[2]。不知夫子发方受命乎宣王，系己以朱丝而见之也[3]。

"蔡圣侯之事其小者也，君王之事因是以。左州侯，右夏侯，辇从鄢陵君与寿陵君，饭封禄之粟，而载方府之金，与之驰骋乎云梦之中，而不以天下国家为事[4]。不知夫穰侯方受命乎秦王，填黾塞之内，而投己乎黾塞之外[5]。"

襄王闻之，颜色变作，身体战栗。于是乃以执圭而授之为阳陵君，与淮北之地也[6]。

［1］蔡圣侯：注家说法不一。按，前447年，楚惠王灭蔡，蔡迁其国于高蔡，蔡圣侯当是迁国后的国君。 ［2］高陂（bēi）：与"巫山"对举，疑是地名。巫山：山名，在今重庆市巫山县境。茹溪：水名，在今重庆市巫山县北。湘：即湘水，在今湖南境内。高蔡：地名，在今湖南常德市。［3］子发：楚大夫。《淮南子·道应》："子发攻蔡，逾之。宣王郊迎。"注："子发，楚宣王之将。"又《荀子·强国》："子发将西伐蔡，克蔡，虏蔡侯。"［4］方府：国库。《易·既济》注："方，国也。"《礼记·曲礼》注："府，谓宝藏财贿之处也。"云梦：即云梦泽，在今湖北省南部，古代是一片沼泽地带，今多已淤平。 ［5］黾（méng）塞：即今河南信阳西南的平靖关，是楚国的险塞，春秋战国时的兵争要地。《史记·魏世家》："伐楚，道涉谷，行三千里，而攻冥陀之塞，所行甚远，所攻甚难，秦又不为也。""冥陀之塞"即黾塞。 ［6］与：通"举"，攻下。吴师道认为："与淮北云云，句上有脱文。"刘向《新序》记此事云：襄王"乃封庄辛为城陵君而用计焉，与举淮北之地十二诸侯"。

"天鹅还是小事呢，蔡圣侯的事也是这样。他南游高陂，北登巫山，喝茹溪的水，吃湘水的鱼，左手抱着年轻的姬妾，右手搂着宠幸的美女，跟她们遨游在高蔡的原野上，而不把国家当作一回事。却不知道那子发正接受楚宣王的命令，用红绳捆着自己去见楚宣王。

"蔡圣侯还是小事呢，大王的事也是这样啊。您左边是州侯，右边是夏侯，车后跟着鄢陵君和寿陵君，吃着封邑进奉的粮食，载着国库里的黄金，跟他们遨游在云梦大泽中，而不把天下国家当作一回事。却不知道那穰侯正接受秦昭王的命令，填平黾塞的险阻，而把自己驱逐出黾塞。"

楚襄王听了这番话，脸色大变，浑身战栗。于是把执圭的爵位授与庄辛并封他为阳陵君。收复了淮北的失地。

不死之药
（楚策四）

神仙本属虚妄，可是正如俗语所说"做了皇帝想成仙"，历代统治者企求长生不死的比比皆是，而"服食求神仙，常为药所误"的也屡见不鲜。这说明统治者的贪欲没有止境，所以直到近代仍有人爱听"万寿无疆"之类的谀词，就毫不足怪了。因此本文足以振聋发聩，启迪愚蒙。

有献不死之药于荆王者，谒者操以入。中射之士问曰[1]："可食乎？"曰："可。"因夺而食之。王怒，使人杀中射之士。中射之士使人说王曰："臣问谒者，谒者曰可食，臣故食之。是臣无罪，而罪在谒者也。且客献不死之药，臣食之而王杀臣，是死药也。王杀无罪之臣，而明人之欺王。"王乃不杀。

[1] 中射之士：即中射士，宫中的禁卫。

有个人向楚王献长生不死药。接待的人拿着药进宫。有个中射士问道："可以吃吗？"回答说："可以。"中射士就把药夺过来吃了。楚王非常生气，让人杀掉中射士。中射士托人对楚王说："我问接待的人，他说可以吃，我才把药吃了。这说明我没有罪，有罪的是接待的人。再说客人献长生不死药，我吃了大王却把我杀死，这就是死药了。大王杀死没有罪的我，

122

就说明客人欺骗了大王。"楚王这才没有杀他。

惊弓之鸟
（楚策四）

重大的挫折在人们的心灵中往往留下伤痕，只有强者能重新振作起来。故事中的临武君，其人其事已不可考，魏加讲这番话的动机也不得而知，立论更嫌偏颇。但是"惊弓之鸟"这则寓言却生动深刻，富于哲理，一直流传至今。

天下合从，赵使魏加见楚春申君，曰[1]："君有将乎？"曰："有矣。仆欲将临武君。"魏加曰："臣之少时好射，臣愿以射譬之，可乎？"春申君曰："可。"加曰："异日者，更羸与魏王处京台之下，仰见飞鸟。更羸谓魏王曰：'臣为王引弓虚发而下鸟[2]。'魏王曰：'然则射可至此乎？'更羸曰：'可。'有间，雁从东方来，更羸以虚发而下之。魏王曰：'然则射可至此乎！'更羸曰：'此孽也[3]。'王曰：'先生何以知之？'对曰：'其飞徐而鸣悲。飞徐者，故疮痛也。鸣悲者，久失群也。故疮未息，而惊心未去也。闻弦音，引而高飞，故疮陨也[4]。'今临武君，尝为秦孽，不可为拒秦之将也。"

[1] 天下合从：《史记·春申君列传》："春申君相二十二年，诸侯患秦攻伐无已时，乃相与合从，西伐秦，而楚王为从长，春申君用事。至函谷关，秦出兵攻（诸侯），诸侯兵皆败走。"天下合纵，即指此事。春申君：黄歇，楚考烈王时为相，封春申君，战国四公子之一，以养士著称。 [2] 虚发：

空发，即只拉弓弦而不搭箭。　[3]蘗：通"櫱"，被砍去或倒下的树木再生的枝芽。这里"取废而复生之义，以譬伤弓之鸟"（用吴师道说）。　[4]"闻弦音"三句：文字疑有舛误。黄丕烈认为当作"闻弦音，高飞，故疮裂而陨也"。《荀子·议兵》杨倞注引此文作"闻弦音烈而高飞，故陨也"。

　　六国联合抗秦，赵国派遣魏加会见楚国春申君，说："您有主将了吗？"春申君说："有了。我打算让临武君做主将。"魏加说："我年轻的时候喜欢射箭，我愿意用射箭打个比方，可以吗？"春申君说："可以。"魏加说："从前，更羸同魏王一起站在高台下面，抬头看见飞鸟，更羸对魏王说：'我为大王开弓拉一下弦就可以使鸟掉下来。'魏王说：'难道射箭的技术可以达到这种地步吗？'更羸说：'可以。'过了一会儿，有一只雁从东方飞来，更羸只拉了一下弓弦就掉下来了。魏王说：'难道射箭的技术真的可以达到这种地步！'更羸说：'这是只惊弓之鸟啊。'魏王说：'先生怎么知道的呢？'回答说：'它飞得缓慢，叫得凄惨。飞得缓慢，是旧伤疼痛；叫得凄惨，是长期离群。旧伤没有痊愈，惊恐的心理没有消除，听到弓弦声便急于高飞，旧伤迸裂掉了下来。'临武君曾经被秦国击败，不适宜担任抗秦的主将。"

骥服盐车
（楚策四）

　　人才只有在有力者识拔之后，才能有所表现，这是一个十分复杂并且难以解决的问题。所以从古到今的诗文中，慨叹怀才不遇的占了很大比重，唐代的韩愈因《战国策》的这篇文章，归纳为"世有伯乐，然后有千里马"。汗明其人是否真是个人才，不得而知，但是他使用的"骥服盐车"这个典

124

故却长期流传，一直被人引用。恐怕只有合理的竞争机制，才能逐渐解决这个难题。

汗明见春申君，候问三月，而后得见[1]。谈卒，春申君大说之。汗明欲复谈，春申君曰："仆已知先生，先生息矣[2]。"汗明懅焉曰："明愿有问君而恐固[3]。不审君之圣孰与尧也？"春申君曰："先生过矣，臣何足以当尧？"汗明曰："然则君料臣孰与舜？"春申君曰："先生即舜也。"汗明曰："不然。臣请为君终言之。君之贤实不如尧，臣之能不及舜。夫以贤舜事圣尧，三年而后乃相知也。今君一时而知臣，是君圣于尧而臣贤于舜也。"春申君曰："善。"召门吏："为汗先生著客籍，五日一见[4]。"

[1]问：这里是命令的意思。《左传·庄公八年》："公问不至。"杜预注："问，命也。" [2]息："息"上原有"大"字，王念孙认为"大"是衍文，金正炜认为"大"系"休"字之误。今据王说删"大"字。 [3]固：鄙陋。 [4]著：录。客籍：登记宾客的簿子。

汗明进见春申君，等候命令三个月，然后才得以见到。谈话结束，春申君十分赏识他。汗明想要再谈下去，春申君说："我已经了解先生了，先生休息吧。"汗明难过地说："我想向您提个问题，又怕太浅陋了。不知道您同尧比怎么样？"春申君说："先生错了，我哪里能同尧相提并论？"汗明说："那么您估量我比舜怎么样？"春申君说："先生就是舜啊。"汗明说："不能这样说。请让我为您把话说完吧。您的德才确实不如尧，我的能力也不如舜。以贤能的舜来侍奉圣明的尧，三年之后才能互相了解。现在您一下子就了解我，这说明您比尧更圣明，我比舜更贤能啊。"春申君说："讲得好。"召来管门人："替汗先生登入宾客的名册，五天进见一次。"

汗明曰："君亦闻骥乎？夫骥之齿至矣，服盐车而上太行。蹄申膝折，尾湛胕溃，漉汁洒地，白汗交流，中阪迁延，负辕不能上[1]。伯乐遭之，下车攀而哭之，解纻衣以幂之[2]。骥于是俯而喷，仰而鸣，声达于天，若出金石者，何也[3]？彼见伯乐之知己也。今仆之不肖，阨于州部，堀穴穷巷，沉洿鄙俗之日久矣[4]。君独无意渷拔仆也，使得为君高鸣屈于梁乎[5]？"

[1]湛：通"沉"。胕（fū）：通"肤"。白汗：即汗水。汗中含有盐分，干了以后往往留下一层白碱。《淮南子·精神》："盐汗交流。"注："白汗咸如盐，故曰盐汗。"阪（bǎn）：高坡。中阪，半山坡。迁延：不进貌。 [2]伯乐：姓孙名阳，春秋秦穆公时人，以善相马著称。事见《庄子·马蹄》《列子·说符》。纻（zhù）：用苎麻织成的粗布。幂（mì）：复盖。 [3]金石：指钟磬之类的乐器。"石"下原有"声"字，据吴师道说删。 [4]阨（è）：困。州部：指地方、乡里。沉洿：这里是沉沦、埋没的意思。洿，通"污"。 [5]渷拔（jiān fú）：翦拂，洗涤拂拭。拔，通"袚"。《文选·广绝交论》："翦拂使其长鸣。"注："渷拔、翦拂，音义同也"（参用黄丕烈、金正炜说）。梁：房梁，引申为物体中间隆起的部分。《论语·乡党》："山梁雌雉，时哉时哉。"这里即指山梁。骥屈于太行，汗明以此自喻。

汗明说："您听说过千里马的故事吗？有一匹千里马到了役龄，驾着盐车上太行山。蹬着蹄子，弯着膝盖，尾巴低垂，皮毛透湿，口中的唾沫滴落地上，白色的汗水浑身流淌，到半山坡不能进退，驾着车辕再也

126

爬不上去。伯乐遇到它，走下车拉着它痛哭，脱下麻布衣给它披上。千里马这时低下头喷气，抬起头长鸣，鸣声响彻天空，好像钟磬发出的声音。为什么呢？因为它看到伯乐了解自己啊。如今像我这样无能，地方官不推荐，住在偏僻小巷的窟穴里，沉埋在鄙风陋俗中已经很久了。您难道无意替我洗涤拂拭，让我能够对您高声长鸣在山梁上的委屈吗？"

春申君灭族
（楚策四）

在古代，宫廷内部的权力斗争，尖锐激烈，层出不穷，常常闹出"臣弑君，子弑父"的活剧。这是极权制度的必然，其间很难用道德标准衡量，基本上无是非可言。春申君出于保全自己，听信了李园之策；又以一念不忍，毁灭了全家。文章结尾加了一段嫪毐、吕不韦的事，看似赘笔，实则耐人寻味：他们采取几乎相同的手段，又在几乎相同的时间，遭到几乎相同的下场，可谓无独有偶，何其相似乃尔！

楚考烈王无子，春申君患之，求妇人宜子者进之，甚众，卒无子[1]。赵人李园持其女弟，欲进之楚王，闻其不宜子，恐又无宠。李园求事春申君为舍人，已而谒归，故失期[2]。还谒，春申君问状。对曰："齐王遣使求臣女弟，与其使者饮，故失期。"春申君曰："聘入乎？"对曰："未也。"春申君曰："可得见乎？"曰："可。"于是园乃进其女弟，即幸于春申君。知其有身，园乃与女弟谋。

园女弟承间说春申君曰[3]："楚王之贵幸君，虽兄弟不如。今君相楚王二十余年，而王无子，即百岁后将更立兄弟。即楚王更立，彼亦各贵其故所亲，君又安得长有宠乎？非徒然也，君用事久，多失礼于王兄弟，兄弟诚立，祸且及身，奈何以保相印、江东之封乎[4]？今妾自知有身矣，而人莫知。妾之幸君未久，诚以君之重而进妾于楚王，王必幸妾。妾赖天而有男，则是君之子为王也，楚国封尽可得，孰与其临不测之罪乎？"春申君大然之，乃出女弟，谨舍而言之楚王。楚王召入，幸之。遂生子男，立为太子，以李园女弟立为王后[5]。楚王贵李园，李园用事。

[1]楚考烈王：熊完，顷襄王之子，前262年至前238年在位。无子：当指考烈王早年无子。据《史记·楚世家》，考烈王死后，子幽王悍立，幽王卒，同母弟犹代立，是为哀王。两个多月后，犹的庶兄负刍之徒袭杀哀王，立负刍。宜子：宜男，会生男孩。古人迷信，认为妇女能不能生男孩，可以从相貌上看出来。 [2]舍人：王公贵官的侍从宾客、亲近左右，通称舍人。谒归：请假回家。谒，请求。 [3]承：通"乘"。 [4]江东：指长江下游以南地区，这里有春申君的封邑十二县。 [5]太子：名悍，即后来的楚幽王。

楚考烈王没有儿子，春申君为此感到忧虑，物色适于生育的女子进献楚王。进献了许多女子，始终没有儿子。赵国人李园带着他的妹妹，想要把她献给楚王，听说她不适于生育，担心因此不会得宠。李园请求侍奉春申君做一名舍人。不久请假回家，故意超过期限。回来以后进见，春申君问他为什么误期。回答说："齐王派使者聘娶我的妹妹，我同那位使者一起喝酒，所以误了归期。"春申君说："聘礼收下了吗？"回答说："还没有。"春申君说："可以见一见吗？"李园说："可以。"于是李园便把他的妹妹送来，立即受到春申君的宠爱。知道她怀了孕，李园便同他妹妹定下计谋。

128

李园的妹妹乘机劝春申君说:"楚王这样尊重宠信您,即使是亲兄弟也比不上。现在您辅佐楚王二十多年,可是楚王没有儿子,一旦去世就要改立他的兄弟为王。只要改立新君,他们也是各自重用他们原来亲近的人,您又怎么能够长期得到宠信呢?不仅如此,您执政时间长了,对楚王的兄弟多有失礼的地方,楚王的兄弟果真即位,灾祸就要临头,又怎么能够保住相印和江东的封地呢?现在我知道自己怀孕了,可是别人不知道。我得到您宠幸的时间还不长,如果凭着您的地位把我进献给楚王,楚王一定宠幸我。我托老天的福生个男孩,那就是您的儿子做楚王了,楚国的疆土可以全部得到。这怎么能同面临难以预料的灾祸相比呢?"春申君十分赞赏她的话,便把李园的妹妹迁出,严密安置并把有这个人告知楚王。楚王召她进宫,获得宠爱,不久就生了个男孩,立为太子,把李园的妹妹立为王后。楚王重用李园,李园掌握了国政。

李园既入其女弟为王后,子为太子,恐春申君语泄而益骄[1],阴养死士,欲杀春申君以灭口,而国人颇有知之者。

春申君相楚二十五年,考烈王病[2]。朱英谓春申君曰:"世有无妄之福,又有无妄之祸。今君处无妄之世,以事无妄之主,安不有无妄之人乎[3]?"春申君曰:"何谓无妄之福?"曰:"君相楚二十余年矣,虽名为相国,实楚王也。五子皆相诸侯。今王疾甚,旦暮且崩,太子衰弱,疾而不起,而君相少主,因而代立当国,如伊尹、周公,王长而反政;不即遂南面称孤,因而有楚国[4]。此所谓无妄之福也。"春申君曰:"何谓无妄之祸?"曰:"李园不治国,王之舅也[5];不为兵将,而阴养死士之日久矣。楚王崩,李园必先入,据本议制断君命,秉权而杀君以灭口。此所谓无妄之祸也。"春申君曰:"何谓无妄之人?"曰:"君先仕臣为郎中,君王崩,李园先入,臣请为君劓其胸杀之[6]。

此所谓无妄之人也。"春申君曰："先生置之，勿复言已。李园，软弱人也，仆又善之，又何至此？"朱英恐，乃亡去。

[1]而益骄：三字放在这里不好解。考烈王在世时，春申君语泄，李园亦有死罪，不可能"益骄"。疑当在"李园用事"或"子为太子"句下，误淆次于后。　[2]相楚二十五年：相楚的第二十五年。考烈王元年春申君相楚，"相楚二十五年"即考烈王二十五年（前238年）。　[3]无妄：意料不到。妄，通"望"。《史记·春申君列传》正义：无望，谓不望而忽至也。[4]伊尹：商汤臣。汤死后，其孙太甲破坏汤的法制，伊尹把他放逐到桐宫，三年后迎之复位。伊尹、周公二人皆以贤相辅少主。不即：否则。不：通"否"。即，用法同"则"。　[5]王之舅：《史记·春申君列传》作"君之仇"，《索隐》引《战国策》作"君之舅"。　[6]郎中：官名，掌管宫内侍卫、车骑、门户。剚（chōng）：刺。

李园已经让他妹妹当了王后，她的儿子做了太子，生怕春申君说话中泄露，并且更加骄横，暗地收养敢死的武士，想杀掉春申君灭口，可是楚国很有知道这件事的人。

春申君任楚相的第二十五年，考烈王害病。门客朱英对春申君说："世上有意想不到的福分，又有意想不到的灾祸。现在您处在意想不到的时代，侍奉意想不到的国君，怎么能没有意想不到的人呢？"春申君说："什么叫意想不到的福分？"朱英说："您任楚相二十多年了，虽然名义是相国，实际就是楚王。您的五个儿子都辅佐诸侯。现在楚王病得很厉害，早晚就要去世，太子年幼体弱，楚王死后，您辅佐幼主，就此即位执掌朝政，像伊尹、周公那样，幼主长大再交还政权；否则就南面称王，趁势据有楚国。这就是所说的意想不到的福分。"春申君说："什么叫意想不到的

130

灾祸？"朱英说："李园不治理国事，是太子的舅舅；不当将领，却暗中收养敢死的武士已经很长时间了。楚王去世，李园一定抢先进入王宫，按照预定的计谋假托楚王的命令，掌握权力并把您杀掉灭口。这就是所说的意想不到的灾祸。"春申君说："什么叫意想不到的人？"朱英说："您事先任命我做郎中，如果楚王去世，李园抢先进入王宫，我愿意替您刺穿他的胸膛把他杀死。这就是所说的意想不到的人。"春申君说："先生打消这个念头，不要再说了。李园是个软弱的人，我又待他很好，他又何至于这样呢？"朱英害怕（将来受到牵连），就逃走了。

后十七日，楚考烈王崩。李园果先入，置死士，止于棘门之内[1]。春申君后入，止棘门。园死士夹刺春申君，斩其头，投之棘门外。于是使吏尽灭春申君之家。而李园女弟初幸春申君有身而入之王所生子者遂立，为楚幽王也。

是岁，秦始皇立九年矣。嫪毐亦为乱于秦，觉，夷三族，而吕不韦废[2]。

[1] 棘门：古代帝王外出，在止宿处插戟为门，称棘门。棘，通"戟"。这里指宫门。　[2] 嫪毐（lào ǎi）：秦相吕不韦舍人，与秦太后私通，进而操纵朝政，秦王政九年，在雍邑发动叛乱，事败被杀。吕不韦也因设计向太后进送嫪毐而被废。事见《史记·吕不韦列传》。三族：指父族、母族和妻族。

过了十七天，楚考烈王去世。李园果然抢先进宫，安排敢死的武士，埋伏在宫门以内。春申君后到，在宫门受阻，李园的敢死武士两面夹击春申君，斩下他的头，丢到宫门外面。李园于是派官吏杀尽春申君的家族。

131

李园的妹妹原先受春申君宠幸怀孕后进献楚王生下的孩子，被立为国君，就是楚幽王。

　　这一年，秦始皇即位已经九年。嫪毐也在秦国作乱，被发觉，杀尽三族，吕不韦也因此被罢黜。

赵策

赵韩魏三家灭知伯

（赵策一）

春秋末期，晋国公室衰微，知氏、范氏、中行氏、韩氏、赵氏、魏氏六家控制了晋国大权，形成"六卿专政"的局面。此后六家又互相兼并，范、中行氏先亡，前453年赵、韩、魏三家又灭知氏，形成三足鼎立之势，晋国国君完全沦为傀儡。到前403年，赵、韩、魏三家正式取得诸侯的称号，史称"三家分晋"。本文记述的就是知伯刚愎自用，贪得无厌，勾结韩、魏伐赵，反被三家所灭这一段历史。

知伯帅赵、韩、魏而伐范、中行氏，灭之[1]。休数年，使人请地于韩[2]。韩康子欲勿与[3]。段规谏曰："不可。夫知伯之为人也，好利而骜愎[4]。来请地，不与，必加兵于韩矣。君其与之！与之，彼狃，又将地于他国，他国不听，必乡之以兵[5]；然则韩可免于患难，而待事之变。"康子曰："善。"使使者致万家之邑一于知伯。知伯说，又使人请地于魏。魏桓子欲勿与[6]，赵葭谏曰："彼请地于韩，韩与之；请地于魏，魏弗与，则是魏内自强，而外怒知伯也。然则其错兵于魏必矣[7]！不如与之。"桓子曰："诺。"因使人致万家之邑一于知伯。知伯说，又使人之赵，请蔺、皋狼之地[8]。赵襄子弗与[9]。知伯因阴结韩、魏，将以伐赵。

［1］知（zhì）伯：名瑶，晋卿荀（知）首之后，当时势力最大，独揽晋国国政。范氏：指范吉射（yì），晋卿士会之后。中行（háng）氏：指中行寅，

134

晋卿荀林父之后。据《左传·哀公五年》，范、中行氏败于赵简子，逃至齐，并非知伯率赵、韩、魏所灭，时在周敬王三十年（前490年）。而后来尽分范、中行氏土地的是知、赵、韩、魏四家。 [2]休数年：四家分范、中行氏地在周定王十一年（前458年），知伯围晋阳在周定王十四年，所以说"休数年"。 [3]韩康子：名虎，晋大夫韩厥（献子）之后。 [4]鸷愎：凶狠固执。"愎"原作"复"，据姚宏注及吴师道说改。 [5]狃（niǔ）：骄。《说文》："狃，犬性骄也。"《魏策一·知伯索地于魏桓子》："君予之地，知伯必骄；骄而轻敌，邻国惧而相亲。"可为参证。他国：指赵氏和魏氏。按，当赵、韩、魏尚未成为诸侯，只能称"家"，不能称"国"。其主不能称"君"，也不能自称"寡人"。乡（xiàng）：通"向"，指向，奔向。 [6]魏桓子：名驹，晋大夫魏武子之后。原作"魏宣子"，据鲍本及《魏策一》《史记·魏世家》改。 [7]错兵：置兵，加兵。错，通"措"。 [8]蔺、皋狼：地名，均在今山西离石县西。"蔺"，原作"蔡"，据鲍本及吴师道、金正炜说改。[9]赵襄子：名无恤，晋大夫赵衰之后，赵简子之子。

知伯率领赵、韩、魏三家攻打范氏、中行氏，把他们灭掉。停了几年，知伯派人向韩氏要求割地。韩康子打算不给，段规劝道："不能拒绝。知伯的为人，好利而又刚愎。他来要求割地，不给，一定对韩氏用兵。您还是给他吧！给了他，他贪得无厌，又会向别的国家要求割地。别的国家不听从，一定会用兵力指向他们。这样韩氏可以免除灾难，等待事态的变化。"韩康子说："好。"派遣使者把一座万户的城邑送给知伯。知伯很高兴，又派人向魏氏要求割地。魏桓子打算不给，赵葭劝道："他向韩氏要求割地，韩氏给了他；向魏氏要求割地，魏氏不给，那就是对内自己逞强，对外激怒知伯。这样他必然对魏氏用兵了。不如给他。"魏桓子说："好吧。"于是派人把一座万户的城邑送给知伯。知伯很高兴，又派人到赵氏，要求蔺和皋狼的土地。赵襄子不给。知伯于是暗中联络韩、魏两家，准备攻打赵氏。

　　赵襄子召张孟谈而告之曰："夫知伯之为人，阳亲而阴疏，三使韩、魏，而寡人弗与焉，其移兵寡人必矣。今吾安居而可？"张孟谈曰："夫董安于，简主之才臣也，世治晋阳[1]。而尹泽循之，其余政教犹存，君其定居晋阳！"君曰："诺。"乃使延陵生将车骑先之晋阳，君因从之[2]。至，行城郭，案府库，视仓廪，召张孟谈曰："吾城郭之完，府库足用，仓廪实矣，无矢奈何[3]？"张孟谈曰："臣闻董子之治晋阳也，公宫之垣，皆以荻蒿楛楚墙之，其高至丈余，君发而用之[4]。"于是发而试之，其坚则箘簬之劲不能过也[5]。君曰："矢足矣，吾铜少若何[6]？"张孟谈曰："臣闻董子之治晋阳也，公宫之室，皆以炼铜为柱质[7]，请发而用之，则有余铜矣。"君曰："善。"

　　[1]董安于：又作董阏于，赵氏家臣。原作"董阏安于"，据王念孙说改。简主：即赵简子，名鞅。晋阳：晋邑，在今山西太原市南。　[2]延陵生：赵臣，原作"延陵王"，依吴师道说据《韩非子》改。　[3]"城郭之完"三句：金正炜认为"之""用"二字皆衍文。　[4]荻蒿楛楚：原作"狄蒿苦楚"，依王引之说据《韩非子》改。荻（qiú），一种蒿类植物，茎高丈余。楛（hù），一种灌木，似荆而赤，可作箭杆。楚，即荆。　[5]箘簬（jùn lù）：竹名，可作箭杆。　[6]矢足矣：原无"矢"字，据鲍本补。[7]质：通"礩"，础，即柱下石礅。

　　赵襄子召见张孟谈并告诉他说："知伯的为人，表面亲热，内心疏远，多次派人联络韩、魏，可是我却不在其内，他调兵攻打我是无疑的了。

136

现在我到哪里停留为好？"张孟谈说："董安于是简主属下有才能的臣子，一生治理晋阳。尹泽又沿袭他的办法，他留下的政迹教化依然存在，您还是确定停留晋阳吧！"赵襄子说："好吧！"于是派延陵生率领军队先去晋阳，自己跟着出发。到了晋阳，巡视城郭，检查财库，视察粮仓，召见张孟谈，说："我们城郭坚固，财库充足，粮仓充实，就是没有箭怎么办？"张孟谈说："我听说董安于治理晋阳的时候，官府的围墙，都是用蒿杆、荆条筑成的，这些材料高达一丈多，您把它取来使用吧。"于是拆墙试验，就连上好的竹子也没有它坚硬。赵襄子说："箭杆足够了，咱们缺少铜怎么办？"张孟谈说："我听说董安于治理晋阳的时候，官府的屋子，都是用精铜做柱基，请把它取来使用，铜就有富裕了。"赵襄子说："好。"

号令以定，备守以具。三国之兵乘晋阳城，遂战[1]。三月不能拔，因舒军而围之，决晋水而灌之[2]。围晋阳三月[3]，城中巢居而处，悬釜而炊，财食将尽，士卒病羸。襄子谓张孟谈曰："粮食匮，财力尽，士大夫病，吾不能守矣[4]。欲以城下，何如[5]？"张孟谈曰："臣闻之，亡不能存，危不能安，则无为贵知士也。君释此计，勿复言也。臣请见韩、魏之君。"襄子曰："诺。"

张孟谈于是阴见韩、魏之君，曰："臣闻唇亡则齿寒，今知伯帅二国之君伐赵，赵将亡矣，亡则二君为之次矣。"二君曰："我知其然。夫知伯为人也，粗中而少亲，我谋未遂而知，则其祸必至，为之奈何？"张孟谈曰："谋出二君之口，入臣之耳，人莫之知也。"二君即与张孟谈阴约三军，与之期日[6]。夜，遣入晋阳。张孟谈以报襄子，襄子再拜之。

[1]乘：登，这里是攻打的意思。 [2]舒：展，松开。舒军而围，意

思是把军队疏散开,远远地包围。　〔3〕三月:原作"三年"。《吕氏春秋·义赏》高诱注:"智伯率韩、魏之君围赵襄子于晋阳三月。"《韩非子·初见秦》:"知伯率三国之众,以攻赵襄主于晋阳,决水而灌之三月。"高亨认为:"按《史记·六国年表》计之,作灌之三月是也。《赵策》及《十过篇》作三年,皆误,当依此订正。天下岂有决水灌城历三年之久之事哉?"今据高说改。〔4〕士大夫病:"大夫"二字疑为"卒"字之误,此承上文"士卒病赢"而言,且与"粮食匮""财力尽"皆以三言列举成文。　〔5〕下:投降。〔6〕期日:约定日期。原作"期曰",据鲍本及金正炜说改。

　　守卫的部队已经部署,守卫的工具已经齐备。知、韩、魏三国的军队攻打晋阳城,便打起仗来。三个月没有能攻克,知伯于是退军包围晋阳,决开晋水淹灌晋阳。围困晋阳三个月,城里的人在高处搭窝棚居住,吊起锅做饭,资财粮食将要用尽,士兵疲惫衰弱。赵襄子对张孟谈说:"粮食缺乏,财力耗尽,士兵和官员已经支持不住,我们不能再守了。想献城投降,怎么样?"张孟谈说:"我听说,国家灭亡却不能使它保全,形势危险却不能使它安定,那就何必尊重谋臣智士呢。您打消这个念头,不要再说了!我愿意去见韩国、魏国的君主。"赵襄子说:"好吧。"

　　张孟谈于是秘密会见韩国、魏国的君主,说:"我听说'唇亡则齿寒',现在知伯率领两国的君主攻打赵国,赵国就要灭亡了,赵国一亡,二位君主就是赵国的第二了。"两国的君主说:"我们知道事情会这样。但是知伯的为人,内心粗暴,缺少仁爱,我们谋划未成如被发觉,那么灾祸必定会到来,该怎么办?"张孟谈说:"计谋出自二位的嘴,进入我的耳朵,别人是不会知道的。"两位君主当即同张孟谈秘密联合三方军队,同他约定日期。夜里,送张孟谈进入晋阳城。张孟谈把情况报告赵襄子,赵襄子向他再拜致谢。

张孟谈因朝知伯而出，遇知过辕门之外[1]。知过入见知伯曰："二主殆将有变。"君曰："何如？"对曰："臣遇张孟谈于辕门之外，其志矜，其行高[2]。"知伯曰："不然。吾与二主约谨矣，破赵三分其地，寡人所亲之，必不欺也[3]。子释之，勿出于口。"知过出见二主，入说知伯曰："二主色动而意变，必背君，不如今杀之[4]。"知伯曰："兵箸晋阳三月矣，旦暮当拔之而飨其利，乃有他心[5]。不可，子慎勿复言。"知过曰："不杀，则遂亲之。"知伯曰："亲之奈何？"知过曰："魏桓子之谋臣曰赵葭，韩康子之谋臣曰段规，是皆能移其君之计。君其与二君约[6]，破赵则封二子者各万家之县一，如是则二主之心可不变，而君得其所欲矣。"知伯曰："破赵而三分其地，又封二子者各万家之县一，则吾所得者少，不可。"知过见君之不用也[7]，言之不听，出，更其姓为辅氏，遂去不见。

张孟谈闻之，入见襄子曰："臣遇知过于辕门之外，其视有疑臣之心[8]，入见知伯，出更其姓。今暮不击，必后之矣[9]。"襄子曰："诺。"使张孟谈见韩、魏之君，曰："夜期杀守堤之吏，而决水灌知伯军。"知伯军救水而乱，韩、魏翼而击之，襄子将卒犯其前，大败知伯军而禽知伯。

知伯身死，国亡地分，为天下笑，此贪欲无厌也。夫不听知过，亦所以亡也。知氏尽灭，唯辅氏存焉。

[1]"张孟谈"二句：张孟谈阴见韩、魏之君，而又朝知伯，似于情理不合。《韩非子·十过》作"二君以约遣张孟谈，因朝知伯而出"，则朝知伯、遇知过者为韩、魏二君，下文亦无"臣遇张孟谈于辕门之外"句，似较合理。知过，又作知果，知伯同族。　[2]"其志矜"二句：《韩非子·十

过》作“其行矜而意高”。　［3］所亲之:《韩非子·十过》作“所以亲之”。
［4］今:即。原作“令”,据王念孙说改。　［5］箸（zhuó）:附着,这里
指围困。三月:原作“三年”,据高亨说改。乃:用法同“宁”,训见《经
传释词》。　［6］二君:当作“二子”。陈奇猷曰:“二君,当作二子,谓
赵葭、段规也,下文作二子可证。”［7］用:金正炜认为“用当为明字之
讹”。王念孙认为“君之不用也”五字为衍文。　［8］视:这里指神色。
［9］必后之矣:意思是说一旦知伯醒悟过来,就会先采取措施,我们一定会
落在知伯后面了。

　　张孟谈（奉使）朝见知伯后退出,在辕门外遇到知过。知过进去见知
伯,说:“韩、魏两家可能会变卦。”知伯说:“怎么回事?”回答说:“我在
辕门外面遇到张孟谈,他的志气自负,他的行动高傲。”知伯说:“不对。
我同韩、魏两家郑重约定了,灭了赵氏三家均分它的土地,这是我用来笼
络他们,一定不会欺骗我。你丢掉这种想法,不要说了。”知过出来见了
韩康子和魏桓子,又进去劝知伯说:“韩康子和魏桓子神色不安,态度也
不同往常,一定要背叛您,不如立即杀掉他们。”知伯说:“军队包围晋阳
三个月了,早晚之间就会攻下来分享它的好处,哪里会有别的想法。不行,
你千万不要再说了。”知过说:“不杀的话,就笼络他们。”知伯说:“怎么
笼络他们?”知过说:“魏桓子的谋臣叫赵葭,韩康子的谋臣叫段规,这两
个人都能左右他们君主的主意。您最好同赵葭、段规约定,灭了赵氏就封
这两人万户的县城各一座。这样,韩、魏两家的心就可以不变,您也就实
现自己的愿望了。”知伯说:“灭了赵氏,三家均分它的土地,再封给这两
人万户的县城各一座,那么我得的就太少了,不行。”知过看到知伯不能
采纳,说什么也不听,退出来,把自己的姓改为辅氏,就离开不再露面。
　　张孟谈听到这件事,进去见赵襄子,说:“我在辕门外遇到知过,他

140

的眼色带有怀疑我的意思，进去见了知伯，出来把他的姓改了。今天夜里不出击，一定会落在知伯的后面了。"襄子说:"好吧。"派张孟谈去见韩、魏的君主，说:"以今夜为期杀掉守堤的官吏，决堤放水淹灌知伯的军队。"知伯的军队救水灾乱作一团，韩、魏从两翼夹击，赵襄子率领士兵从正面攻打，大败知伯的军队并活捉知伯。

知伯死后，国家灭亡，土地被分，被天下人耻笑。这是贪得无厌的结果。而不听知过的劝告，也是灭亡的一个原因。知氏家族全部消灭，只有辅氏一支保存下来。

豫让刺赵襄子

（赵策一）

豫让为报知伯知遇之恩，两次谋刺赵襄子未遂，终于伏剑自尽。他的事迹，司马迁曾写入《史记·刺客列传》，并评为"此其义或成或不成，然其立意较然，不欺其志，名垂后世，岂妄也哉"。强调了一个"义"字，反映它要维系古代社会的道德准则。就文章的刻画，豫让是愤激于当时士风反复无常，朝秦暮楚，要以自己的行为"愧天下后世人臣怀二心者"，刺赵襄子不过是借以发挥的题目。但"士为知己者死""国士遇我，国士报之"的观念，却因此传流不衰。

晋毕阳之孙豫让，始事范、中行氏而不说，去而就知伯，知伯宠之[1]。及三晋分知氏，赵襄子最怨知伯，而将其头以为饮器[2]。豫让遁逃山中，曰:"嗟乎! 士为知己者死，女为悦己者容。吾其报知氏矣[3]!"

乃变姓名，为刑人，入宫涂厕，欲以刺襄子。襄子如厕，心动，执问涂者，则豫让也，刃其杇[4]。曰："欲为知伯报仇！"左右欲杀之。赵襄子曰："彼义士也，吾谨避之耳。且知伯已死，无后，而其臣至为报仇，此天下之贤人也。"卒释之。

豫让又漆身为厉[5]，灭须去眉，自刑以变其容，为乞人而往乞。其妻不识，曰："状貌不似吾夫，其音何类吾夫之甚也！"又吞炭以变其音[6]。其友谓之曰："子之道甚难而无功，谓子有志则然矣，谓子智则否。以子之才，而善事襄子，襄子必近幸子；子之得近而行所欲，此甚易而功必成。"豫让乃笑而应之曰："是为先知报后知，为故君贼新君，大乱君臣之义者无此矣[7]。凡吾所谓为此者[8]，以明君臣之义，非从易也。且夫委质而事人[9]，而求弑之，是怀二心以事君也。吾所为难，亦将以愧天下后世人臣怀二心者。"

[1] 毕阳：春秋时晋国的侠士。范、中行氏，知伯，及后文赵襄子、三晋分知氏：均见《韩赵魏三家灭知伯》正文及注。 [2] "赵襄子最怨知伯"句：据《史记·赵世家》，晋出公十一年，赵襄子毋恤为太子时，随知伯伐郑，知伯醉，曾强以酒灌毋恤。知伯归，又劝赵简子废毋恤，后又围毋恤于晋阳。所以襄子最怨知伯。将：持。《史记》《韩非子》《吕氏春秋》《说苑》皆作"漆"。饮器：盛酒之器，一说溺器。 [3] 吾其报知氏矣："知氏"下原有"之仇"二字，据王念孙说删。 [4] 杇（wū）：抹泥的工具，犹今之泥抹子。豫让施刃于涂器，欲以刺襄子。原作"杆"，据金正炜说改。 [5] 漆身为厉：见《范雎说秦远交近攻》注。 [6] 又吞炭以变其音：原作"又吞炭为哑变其音"，据王念孙说改。 [7] 无此：等于说无如此，无过此。 [8] 谓：通"为（wèi）"，训见《经传释词》。 [9] 委质：委身为臣。委，放下。质，通"贽"，礼物。古代臣子初次拜见君王要献上礼物，表示献身。

献礼时，要把礼物放在地上，然后退出，就叫"委质"。

晋国毕阳的孙子豫让，早先侍奉范氏和中行氏但不被赏识，便转而投靠知伯，知伯宠信他。等到韩、赵、魏三家瓜分知氏，赵襄子最恨知伯，便拿他的头颅当作溺器。豫让逃到山里，说："唉！士人为了知己的人而牺牲，女子为了爱她的人而打扮。我是定要报答知氏的了。"

于是改变姓名，装成犯罪服役的人，进入（赵襄子的）官中涂饰厕所的墙壁，想借此刺杀赵襄子。襄子上厕所，觉得心惊肉跳，捉住抹墙的人一问，原来是豫让，泥抹子上带着刀刃。豫让说："要为知伯报仇！"侍从的人要杀他。赵襄子说："他是位义士，我小心躲着他就是了。再说知伯已经死了，没有后人，可是他的臣子来替他报仇，这是天下的贤人啊。"终于把他放了。

豫让又在身上涂漆装做麻风病人，拔掉眉毛胡子，自己毁坏脸部改变容貌，装成乞丐去要饭。他的妻子认不出来，说："这个人长相不像我丈夫，他的声音为什么极像我丈夫呢？"豫让又吞吃炭火来改变自己的声音。他的朋友对他说："您的方法很艰难却不会成功。说您有志气倒是不假，说您聪明可就错了。凭您的才能，如果好好侍奉襄子，襄子一定会亲近宠幸您。您有条件接近他再实现想干的事，这很容易而且必定成功。"豫让却笑着回答他说："这种行为是为了老朋友对付新朋友，为了旧主人伤害新主人，破坏君臣道义的事没有比这更严重的了。总之我的要为知伯报仇，是为了发扬君臣大义，并非寻求容易的方法。再说委身侍奉主人，却企图杀害他，这就是怀着三心二意侍奉国君了。我选择艰难的方法，也是用来羞愧天下后世怀着三心二意的臣子的。"

居顷之，襄子当出，豫让伏所当过桥下[1]。襄子至桥而马惊。

襄子曰："此必豫让也。"使人问之，果豫让。于是赵襄子面数豫让曰："子不尝事范、中行氏乎？知伯灭范、中行氏，而子不为报雠，反委质事知伯。知伯已死，子独何为报雠之深也？"豫让曰："臣事范、中行氏，范、中行氏以众人遇臣，臣故众人报之。知伯以国士遇臣，臣故国士报之[2]。"襄子乃喟然叹泣曰："嗟乎，豫子！豫子之为知伯，名既成矣。寡人舍子，亦以足矣[3]。子自为计，寡人不舍子。"使兵环之。豫让曰："臣闻明主不掩人之义，忠臣不爱死以成名。君前已宽舍臣，天下莫不称君之贤。今日之事，臣故伏诛[4]，然愿请君之衣而击之，虽死不恨。非所望也，敢布腹心。"于是襄子义之，乃使使者持衣与豫让。豫让拔剑三跃，呼天击之，曰："而可以报知伯矣[5]！"遂伏剑而死。死之日，赵国之士闻之，皆为涕泣。

[1]二"当"字：用法同"将"，训见《经传释词》。 [2]国士：一国中的杰出人物。 [3]以：通"已"。 [4]故：通"固"。 [5]而：金正炜认为"而"系"亦"字之误。按，"而"可径训"亦"，见《古书虚字集释》。

过了不久，赵襄子将要出行，豫让埋伏在襄子将要经过的桥下。襄子行到桥边时，驾车的马受惊。襄子说："这一定是豫让了。"派人查问，果然是豫让。于是赵襄子当面斥责豫让说："你不是曾经侍奉过范氏和中行氏吗？知伯灭掉范氏和中行氏，你不替他们报仇，反而委身侍奉知伯。知伯已经死了，你为什么专门为他念念不忘地报仇呢？"豫让说："我侍奉范氏和中行氏，范氏和中行氏把我作为普通人对待，所以我像普通人那样报答他；知伯把我作为国士对待，所以我像国士那样报答他。"襄子于是长叹一声流着泪说："啊，豫先生！豫先生为了知伯，名声已经成就了;我释放先生,也已经足够了。先生自己拿主意吧,我不再释放先生了。"派兵把他围住。豫让说:"我听说英明的君主不埋没别人的正义,忠诚的臣子不吝惜一死以成就名声。您上次已经宽容释放了我,天下没有人不称颂您的贤德。今天的事情,我本来准备受死。但是希望求得您的衣服加以砍击,虽然死了也不遗憾。不敢希望您同意,愿意把心里的想法讲出来。"赵襄子认为他有义气,便让手下人拿着衣服交给豫让。豫让拔出剑来三次纵身跳起,口呼苍天,向衣服砍击,说:"这样也可以报答知伯了!"随即伏剑自杀。豫让死的那一天,赵国的士人听到后,都为他痛哭流涕。

赵武灵王胡服骑射
(赵策二)

改变长期形成的风俗制度,是异常困难的事。赵武灵王为了富国强兵,听从肥义之谏,要胡服骑射,却遇到公族和群臣的反对。从本文可以看出,古代的君主也不是不准他人说不同意见的,所谓"君无蔽言";而臣僚也以直抒己见为忠,所谓"臣无隐忠"。因为古人早已认识到"言莫予违"的结果,只能是国家的灭亡。赵武灵王既坚决实行已确定的政策,又采取说服教育的方法,是很有启迪意义的。因此后来中原各国也相继效法,使骑兵逐渐成为作战的主力。

武灵王平昼闲居,肥义侍坐[1],曰:"王虑世事之变,权甲兵之用,念简、襄之迹,计胡、狄之利乎[2]?"王曰:"嗣立不忘先德,君之道也;错质务明主之长,臣之论也[3]。是以贤君静有道民便事之教,动有明古先世之功[4];为人臣者,穷有弟长辞让之节,通有补民益主之业[5]：此两者，君臣之分也。今吾欲继襄主之业，启胡、翟之乡，而卒世不见也[6]。敌弱者，用力少而功多，可以无尽百姓之劳，而享往古之勋[7]。夫有高世之功者，必负遗俗之累；有独知之虑者，必被庶人之怨[8]。今吾将胡服骑射以教百姓，而世必议寡人矣[9]。"

肥义曰："臣闻之，疑事无功，疑行无名。今王即定负遗俗之虑，殆毋顾天下之议矣[10]。夫论至德者，不和于俗；成大功者，不谋于众。昔舜舞有苗，而禹袒入裸国[11]，非以养欲而乐志也，欲以论德而要功也。愚者闇于成事，智者见于未萌，王其遂行之。"王曰："寡人非疑胡服也，吾恐天下笑之。狂夫之乐，知者哀焉；愚者之笑，贤者戚焉。世有顺我者，则胡服之功未可知也。虽驱世以笑我，胡地中山吾必有之[12]。"

王遂胡服。

[1]武灵王：赵雍，赵肃侯之子，前325年至前299年在位，后传位于子何（赵惠文王），自号主父。赵武灵王十九年（前307年），进行军事改革，胡服骑射。肥义：赵臣，后任赵惠文王相。　[2]简：赵简子。襄：赵襄子。后文"简主""襄主"亦指此二人。简、襄之时，赵氏势力日益强大，实际上已经成为一个独立的诸侯国。参见《三家灭知伯》章。胡、狄：指北方的游牧民族。狄，又作"翟（dí）"。　[3]错质：委质，委身为臣。错，通"措"，放，置。论：通"伦"，道理。　[4]道（dǎo）：引导。　[5]弟（tì）：顺从兄长。　[6]卒世不见：鲍彪注："卒世，犹举世，言举世无能察也。"金正炜认为"卒"疑为"举"字之误。　[7]往古：这里指简、襄之世。[8]负：遭受。遗俗：背离世俗。遗，弃。累：牵累，这里是责难的意思。怨：原作"恐"，据刘本及《史记·赵世家》改。　[9]胡服：穿胡人的服装。按：当时汉族人民上身穿衣，下身穿裳（裙子）；冬天外面穿裘或袍，下身

146

穿袴（kù，套裤）。胡人的服装是上身穿褶（xí，宽袖短衣），下身穿袴（据王国维说与今天的裤子相同）。 [10]"即定负遗俗之虑"句：负、遗二字中当有一字是衍文。金正炜认为衍"遗"，日人泷川资言认为衍"负"。殆：一定，千万。 [11]"舜舞有苗"句：有苗，即苗，上古南方的少数民族。传说舜曾使人拿着盾、斧等兵器对着苗人跳舞，表示偃武修文，以德服人，果然没有使用武力，苗人就归顺了。见《韩非子·五蠹》。"禹祖入裸国"句：祖，脱衣露体。裸国，古代传说中不穿衣服的国家。禹入裸国事，又见《淮南子·原道训》。 [12]中山：国名，春秋时白狄别族所建，又称鲜虞。辖境在今河北定县、石家庄一带。前406年灭于魏，后复国，前296年复为赵灭。

赵武灵王白天闲坐，肥义坐在一旁侍奉，说："大王考虑过时势的变迁，权衡过武力的作用，思念过简子和襄子的功业，盘算过开发胡、狄的好处吗？"武灵王说："继承王位不忘祖先的功德，是国君的原则；委身为臣务必显扬国君的仁德，是臣子的道理。因此贤明的国君平时有诱导人民、便利行事的教令，战时有发扬远古、超越当世的功勋；做臣子的，没有出仕时有顺从尊长、谦恭礼让的节操，出仕后有帮助百姓、辅佐国君的业绩；这两方面，是君臣的本分。现在我想要继承襄主的事业，开发胡、狄的土地，可是所有的人都不了解。同弱者对敌，用力少而收效大，可以避免使尽百姓的力气，却享有古圣先王的功勋。有盖世功业的人，必定受到背离世俗的责难；有独到见解的人，必定遭到一般人的怨恨。现在我要穿胡人的服装学习骑射来教导百姓，可是世人一定要议论我了。"

肥义说："我听说，做事犹疑不决不会成功，行动瞻前顾后，不能立名。现在大王既已确定背离世俗的决心，千万不要再顾虑人们的议论了。讲求最高道德的人，不附合世俗之见；成就伟大功业的人，不同一般人

147

商量。从前舜对着苗人跳舞，禹光着身子进入裸国，并不是为了满足欲望开心取乐，而是要用来光大道德建立功业。愚笨的人在事情已经成功的时候还不明白，聪明的人在事情还没有萌芽的时候即已察觉，大王还是决心实行吧！"武灵王说："我不是对穿胡服犹疑不定，我担心天下人耻笑我。狂悖的人乐意的，正是聪明的人痛心的；愚笨的人高兴的，正是贤能的人忧虑的。世上如果有人顺从我，那穿胡服的效果是不可估量的。即使让世上的人都耻笑我，胡地中山我一定要据有它。"

赵武灵王于是穿上胡服。

使王孙绁告公子成曰[1]："寡人胡服，且将以朝，亦欲叔之服之也。家听于亲，国听于君，古今之公行也；子不反亲，臣不逆主，先王之通谊也[2]。今寡人作教易服，而叔不服，吾恐天下议之也。夫制国有常，而利民为本；从政有经，而令行为上。故明德在于论贱，行政在于信贵。今胡服之意，非以养欲而乐志也。事有所出，功有所止。事成功立，然后德且见也。今寡人恐叔逆从政之经，以辅公族之议[3]。且寡人闻之，事利国者行无邪，因贵戚者名不累。故寡人愿慕公叔之义，以成胡服之功。使绁谒之叔，请服焉。"

公子成再拜曰："臣固闻王之胡服也，不佞寝疾，不能趋走，是以不先进[4]。王今命之，臣固敢竭其愚忠。臣闻之：中国者，聪明睿知之所居也，万物财用之所聚也，贤圣之所教也，仁义之所施也，诗书礼乐之所用也，异敏技艺之所试也，远方之所观赴也，蛮夷之所义行也[5]。今王释此，而袭远方之服，变古之教，易古之道，逆人之心，畔学者，离中国，臣愿大王图之[6]。"

[1] 王孙绁（xiè）、公子成：都是赵国的公族。下文赵文、赵造

同。公子成是赵武灵王的叔父，所以又称公叔成。 ［2］谊：通"义"。
［3］辅：附合。公族：原作"公叔"，据金正炜说改。 ［4］趋走：古
代臣子朝见天子、国君，进了宫门要"趋"（快走），在见君的路上也要"趋"
或"走"（跑）。（参见《礼记·玉藻》）不能趋、走，就意味着不能上朝。
当时公子成托病不朝。 ［5］义行：即仪刑，仿效，作为模范。义，通"仪"。
行，当作"刑"，典范。 ［6］畔：通"叛"。

武灵王派王孙绁告诫公子成说："我穿胡服，并且要穿着它上朝，也
希望叔父能穿胡服。家庭听从父母，国家听从国君，是古往今来公认的
行为；子女不违反父母，臣民不背逆国君，是先王留下的普遍道理。现
在我制定教令改变服装，如果叔父不穿，我怕天下人议论您啊。治国有
固定的方针，而以有利人民为根本；施政有一定的原则，而以命令贯彻
为主要。所以修明德行关键在于为卑贱者晓谕；贯彻政令关键在于使尊
贵者信守。现在穿胡服的用意，并不是为了满足欲望开心取乐。事业有
了开端，功绩才能到来。事业成功，功绩建立，然后德行才可以显现。
现在我担心叔父违反施政的原则，而附会公族（反对胡服）的议论。再
者我听说，事情有利国家的，行动就不会犯错误；倚靠皇亲贵族的，名
声就不会受损害。所以我愿意仰仗叔父的声望，来实现穿胡服的功绩。
让王孙绁把这个意思报告您，请您穿胡服吧。"

公子成拜了两拜，说："我早就听说大王穿胡服了。我卧病在床，不
能上朝，因此没有先来进言。大王现在命令我，我当然要大胆竭尽我的
愚忠。我听说，中原地区，是聪明睿智的人居住的地方，是万物财货聚
集的地方，是圣贤教化的地方，是仁义施行的地方，是实行《诗》《书》
礼乐的地方，是使用奇异精巧技艺的地方，是远方的人观摩奔赴的地方，
是蛮夷仿效楷模的地方。如今大王放弃这一切，却采用远方的服装，更

改古代的教化，变易古代的常规，违反义民的心愿，背叛有学问道德的人，离弃中原地区的国家，我希望大王郑重考虑。"

使者报王。王曰："吾固闻叔之病也。"即之公叔成家，自请之曰："夫服者，所以便用也；礼者，所以便事也。是以圣人观其乡而顺宜，因其事而制礼，所以利其民而厚其国也。被发文身，错臂左衽，瓯越之民也[1]。黑齿雕题，鳀冠秫缝，大吴之国也[2]。礼、服不同，其便一也。是以乡异而用变，事异而礼易。是故圣人苟可以利其民，不一其用；果可以便其事，不同其礼。儒者一师而礼异，中国同俗而教离，又况山谷之便乎[3]？故去就之变，知者不能一；远近之服，贤圣不能同。穷乡多异，曲学多辨[4]。不知而不疑，异于己而不非者，公于求善也[5]。今卿之所言者，俗也；吾之所言者，所以制俗也。今吾国东有河、薄洛之水，与齐、中山同之，而无舟楫之用；自常山以至代、上党，东有燕、东胡之境；西有楼烦、秦、韩之边，而无骑射之备[6]。故寡人且聚舟楫之用，求水居之民，以守河、薄洛之水；变服骑射，以备燕、东胡、楼烦、秦、韩之边[7]。且昔者简主不塞晋阳，以及上党；而襄主兼戎取代，以攘诸胡，此愚知之所明也。先时中山负齐之强兵，侵掠吾地，系累吾民，引水围鄗，非社稷之神灵，即鄗几不守[8]。先王忿之，其怨未能报也。今骑射之服[9]，近可以备上党之形，远可以报中山之怨。而叔也顺中国之俗以逆简、襄之意，恶变服之名，而忘国事之耻，非寡人所望于子！"

公子成再拜稽首曰[10]："臣愚，不达于王之议，敢道世俗之闻[11]。今欲继简、襄之意，以顺先王之志，臣敢不听令！"再拜。乃赐胡服。

[1]被（pī）发文身：披散着头发，身上刺上花纹。这是古代越人的习

150

俗。错臂：站立时两臂交叉，中原人以垂手而立为礼，认为错臂是不礼貌的。左衽：衣襟向左掩，中原人的衣襟向右掩。瓯（ōu）越：古代部族名，又称东越，是百越族的一支，分布在今浙江南部及福建一带。 ［2］黑齿：用草汁染黑牙齿。雕题：在额头刺上花纹。题，额。鳀冠：用鳀鱼皮做帽子。鳀（tí），鲇鱼。秫缝：指用草缝制衣服，类似今之蓑衣。大吴：吴国，在今江苏南部。金正炜认为"大疑是干字之讹"。干，古国名，后为吴所灭。
［3］山谷：这里指地处偏僻山区的赵国。 ［4］曲学：指孤陋寡闻、只见一隅的人。辨：通"辩"。 ［5］于：用法同"以"。 ［6］薄洛：指古漳水流经今河北巨鹿、平乡两县东境的一段。常山：山名，在今河北曲阳县西北。代：原为春秋小国，为赵襄子所灭，赵武灵王置代郡，在今河北蔚县至高阳县一带。上党：赵郡，在今山西省东南部。东胡：古代东北部的一个民族。楼烦：古代北方的一个部落，春秋末分布于今山西宁武、岚县一带。赵武灵王灭楼烦后，置楼烦县。 ［7］燕、东胡：原作"其参胡"，依金正炜说，据鲍本改。 ［8］鄗（hào）：赵邑，在今河北高邑县东。
［9］服：通"备"（服、备二字在上古均系并母、职部、入声）。《史记·赵世家》作"备"。 ［10］稽首：古代最恭敬的跪拜礼，叩头至地，并作较长时间的停留。稽（qǐ），停留。 ［11］闻：原作"间"，据鲍本及《史记·赵世家》改。

　　使者回报武灵王。武灵王说："我早就听说叔父害病了。"立即到公子成家亲自问候他，说："服饰，是为了便于使用的；礼法是为了便于行事的。因此圣人考察他居留的地区而因地制宜，根据实际政务而制定礼法，就是为了方便百姓有利国家。披散头发，身刺花纹，两臂交叉站立，衣襟向左掩，是瓯越人的风俗；牙齿染黑，额上刺花，鱼皮帽子，草编衣服，是吴国人的风俗。礼法和服饰有不同，便民利国的原则是一致的。

所以地区不同措施就有变化，政务不同礼法就要更换。因此圣人只要能够有利百姓，措施就不强求一致；果真可以便于政务，礼法就不求相同。儒家出于一个老师而礼法有差异，中原地区风俗相同而教化有分歧，更何况地处偏僻山区的习俗呢？所以取舍的抉择，聪明的人不能使它一致；远近的服饰，圣贤不能使它相同。穷乡僻壤的人少见多怪，孤陋寡闻的人常常争辩。不懂得的不随便怀疑，跟自己不同的不轻易反对，是出以公心追求真理的态度。现在您所说的，是旧俗；我听说的，是用来纠正旧俗。现在我国东有黄河、漳水，与齐国、中山为界，却没有舟船的准备；从常山到代郡、上党一线，东面是燕国、东胡的边境，西面是楼烦、秦、韩的边界，却没有骑马射箭的训练。所以我将要聚集舟船作准备，招募水上的居民，来守卫黄河和漳水；改变服装，学习骑射，来加强靠近燕国、东胡、楼烦、秦、韩的边防。再说，从前简主不切断晋阳的通道，赖以到达上党；襄主兼并西戎，攻取代国，赖以抗击胡人，这是无论愚笨还是聪明的人都明白的。从前中山仗恃齐国的强大兵力，侵犯掠夺我们的土地，俘虏我们的人民，引水围困鄗邑，如果不是宗庙神灵保佑，鄗邑就几乎失手。先王对此非常愤慨，这个仇还没有能报啊。现在采用便于骑射的服饰，近可以戒备上党的险要地势，远可以报中山侵略的仇恨。可是叔父顺从中原地区的习俗，而违背简主、襄主的意志；憎恶改变服饰的名义，而忘记国家的耻辱：这不是我对您的期望啊！"

公子成再拜叩头，说："我愚蠢，没有体会大王的意图，竟敢陈述世俗的见识。现在大王想要继承简主、襄主的意志，顺从先王的心愿，我怎敢不听从命令！"说完拜了两拜。赵王才把胡服赐给他。

赵文进谏曰："农夫劳力而君子养焉，政之经也。愚者陈意而知者论焉，教之道也[1]。臣无隐忠，君无蔽言，国之禄也。臣虽愚，愿竭其忠。"王曰："虑无恶扰，忠无过罪，子其言乎！"赵文曰："当世辅俗，古之道也；衣服有常，礼之制也；循法无愆，民之职也[2]。三者，先圣之所以教。今君释此，而袭远方之服，变古之教，易古之道，故臣愿王之图之。"王曰："子言世俗之闻[3]。常民溺于习俗，学者沉于所闻。此两者，所以成官而顺政也[4]，非所以观远而论始也。且夫三代不同服而王，五伯不同教而政[5]。知者作教，而愚者制焉；贤者议俗，不肖者拘焉。夫制于服之民，不足与论心；拘于俗之众，不足与致意。故势与俗化，而礼与变俱，圣人之道也。承教而动，循法无私，民之职也。知学之人，能与闻迁；达于礼之变，能与时化。故为己者不待人，制今者不法古。子其释之！"

[1] 论：评论，这里是选择的意思。下文"贤者议俗，不肖者拘焉"的"议"，也是选择的意思（用金正炜说）。 [2] 循：原作"修"，依吴师道、王念孙说，据鲍本改。愆（qiān）：过失，错误。 [3] 闻：原作"间"，据上文"敢道世俗之闻"句改。 [4] 成官：等于说"守职"。[5] 政：治。

赵文进谏说："农民劳动体力，君子享受供养，是政事的常规；愚笨的人陈述意见，聪明的人加以选择，是教化的原则；臣子不隐藏忠心，国君不堵塞言路，是国家的福分。我虽然愚笨，愿意竭尽自己的忠心。"武灵王说："谋划不嫌弃不同的意见，忠诚不责备失当的罪过。您就说吧！"赵文说："顺应时代附和习俗，是古代的原则；衣服有固定的型式，是礼法的规定；遵循法度没有过失，是百姓的本分。这三条，是古代圣人教化的根本。如今您放弃它们，却袭用远方的服饰，改变古代的教化，更改古代的常规，所以我希望大王考虑这件事。"武灵王说："您说的是一般人的见识。普通人沉溺于风俗习惯，读书人拘泥于自己的见闻。这两种人，只能奉公守法，照章办事，并不能够高瞻远瞩议论创新的。再说夏、商、周三代的服饰不同都能成就王业，春秋五霸的教令不同都能匡正天下。聪明的人制定教令，愚笨的人受教令制约；贤能的人选择习俗，不贤的人受习俗拘束。受服饰制约的百姓，不值得同他谈论设想；受习俗拘束的人们，不值得同他说明意图。所以习俗随着时势变化，礼法不能一成不变，是圣人的原则。秉承教令而行动，遵循法度，不三心二意，是百姓的本分。聪明有学识的人，能够闻风而动；通达礼法变化的人，能够随着时代改变。所以洁身自好的人不借助别人，治理当世的人不效法古代。您还是打消那种顾虑吧！"

赵造谏曰："隐忠不竭，奸之属也；以私诬国，贼之类也[1]。犯奸者身死，贼国者族宗。此两者[2]，先圣之明刑，臣下之大罪也。臣虽愚，愿尽其忠，无遁其死。"王曰："竭意不讳，忠也；上无蔽言，明也。忠不辟危，明不距人[3]。子其言乎！"

赵造曰："臣闻之，圣人不易民而教，知者不变俗而动。因民而教者，不劳而成功；据俗而动者，虑径而易见也。今王易初不循俗，胡服不顾世，非所以教民而成礼也。且服奇者志淫，俗辟者乱民[4]。是以莅国者不袭奇辟之服，中国不近蛮夷之行，非所以教民而成礼者也。且循法无过，脩礼无邪。臣愿王之图之。"

王曰："古今不同俗，何古之法？帝王不相袭，何礼之循？宓戏、神农教而不诛，黄帝、尧、舜诛而不怒[5]。及至三王，观时而制法，因事而制礼，法度制令，各顺其宜，衣服器械，各便其用。故理世不必一道，便国不必法古[6]。圣人之兴也，不相袭而王。夏、殷之衰也，不易礼而灭。然则反古未可非，而循礼未足多也。且服奇而

154

志淫，是邹鲁无奇行也；俗辟而民易，是吴越无俊民也[7]。是以圣人利身之谓服，便事之谓教。进退之节[8]，衣服之制，所以齐常民，非所以论贤者也。故圣与俗流，贤与变俱。谚曰：'以书为御者，不尽于马之情；以古制今者，不达于事之变。'故循法之功，不足以高世；法古之学，不足以制今。子其勿反也！"

[1]贼：原作"贱"（下文"贼国者"的"贼"，同），据姚宏注及金正炜说改。　[2]此两者：原作"反此两者"，依姚宏注据刘本删"反"字。[3]距：通"拒"。　[4]辟（pì）：怪僻，邪僻。　[5]宓戏（fú xī）、神农：都是传说中的远古帝王，实际上当是原始部落的酋长。宓戏，通作"伏羲"。怒：通"孥"，一人有罪妻子连坐为孥（用高亨说，见《商君书新笺》）。　[6]理：治。"理世"原作"礼世"，"一道"原作"一其道"，据姚宏注及王念孙、金正炜说改。　[7]易：指轻浮无礼。《说苑·修文》："易，野者无礼义也。"[8]进退之节：原作"进退之谓节"，依吴师道说据《史记·赵世家》删"谓"字。

赵造劝谏说："隐藏忠诚不尽所欲言，是奸诈一类的行为；用私心欺骗国家，是危害一类的勾当。干犯奸诈的要处死，危害国家的要灭族。这两条，是古代圣贤彰明的刑罚，臣下的大罪。我虽然愚昧，愿意竭尽忠诚，不避死罪。"武灵主说："尽所欲言毫不隐讳，是忠诚；国君不堵塞言路，是贤明。忠诚不避危险，贤明不拒绝别人进言。您就说吧！"

赵造说："我听说，圣人不违反百姓施行教化，明智的人不改变习俗采取行动。顺应百姓施行教化的，不费力气就可以成功；依据习俗采取行动的，谋思简捷又容易见效。现在大王改变故事，不遵循旧俗，不顾世俗穿着胡服，这不是教化百姓、实现礼治的办法。再说服饰奇异的心

155

志就不正，习俗邪僻的会惑乱人民。因此主持国政的人不穿着奇异邪僻的服饰，中原地区不仿效蛮夷的行为，因为这不是教化百姓、实现礼治的办法。而且遵循法度就不会犯错误，学习礼法就不会产生奸邪。我希望大王考虑这个问题。"

武灵王说："古和今的习俗不相同，效法哪个古代？帝和王的礼法不因袭，遵循谁的礼法？伏羲、神农教化罪犯而不杀，黄帝、尧、舜杀罪犯却不株连家属。到了夏禹、商汤、周文王的时代，考察时势制定法律，根据实际制定礼制。法度命令，都符合当时的需要；服饰器械，都便于当时的使用。可见治理天下不必用一种方法，便利国家不必效法古代。圣人兴起的时候，并不因袭前代却统治天下；夏、殷衰败的时候，没有改变礼制却照样灭亡。那么违反古制不可以非议，遵循旧礼不值得赞许。至于说服饰奇异会心志不正，那么邹国、鲁国就不会有违反礼法的行为了；风俗邪僻百姓会轻浮浇薄，那么吴国、越国就不会有杰出的人才了。因此圣人把适合穿着的叫做服装，把便于行事的叫做教化。进退的仪节，衣服的制度，是用来规范普通百姓的，不是用来衡量贤能的人的。所以圣人顺应习俗迁移，贤人随同时代变化。俗语说：'按照书本驭马赶车的人，不能全部了解马的特性；用古代的办法治理当世的人，不能通达事物的变化。'因此遵循旧法的功效，不能够超出世俗；效法古代的学术，不能够治理当世。您最好不要反对吧！"

虞卿谏割地赂秦
（赵策三）

赵孝成王六年，秦、赵战于长平，赵军大败，降卒四十万人被坑杀。

秦退兵后，又向赵勒索六座城邑，并派策士楼缓作说客，劝赵割地求和。本文反映战国策士各为其主，唇枪舌剑，勾心斗角，其激烈程度亦不输于战争。在写法上，把争论双方安排在不直接接触的地位，别具一格。

秦攻赵于长平，大破之，引兵而归[1]。因使人索六城于赵而讲[2]。赵计未定。

楼缓新从秦来[3]，赵王与楼缓计之曰[4]："与秦城，何如不与[5]？"楼缓辞让曰："此非臣之所能知也[6]。"王曰："虽然，试言公之私[7]。"楼缓曰："王亦闻夫公甫文伯母乎[8]？公甫文伯官于鲁，病死，妇人为之自杀于房中者二八，其母闻之，不肯哭也。相室曰[9]：'焉有子死而不哭者乎？'其母曰：'孔子，贤人也，逐于鲁，是人不随；今死，而妇人为死者十六人。若是者，其于长者薄，而于妇人厚。'故从母言之，之为贤母也[10]；从妇言之，必不免为妒妇也。故其言一也，言者异，则人心变矣。今臣新从秦来，而言勿与，则非计也；言与之，则恐王以臣之为秦也。故不敢对。使臣得为王计之，不如予之。"王曰："诺。"

虞卿闻之[11]，入见王，王以楼缓言告之。虞卿曰："此饰说也[12]。"王曰："何谓也？"虞卿曰："秦之攻赵也，倦而归乎？亡其力尚能进，爱王而不攻乎[13]？"王曰："秦之攻我也，不遗余力矣，必以倦而归也。"虞卿曰："秦以其力攻其所不能取，倦而归。王又以其力之所不能攻以资之，是助秦自攻也。来年秦复攻王，王无以救矣。"

[1] 长平：赵邑，在今山西高平市西北。 [2] 讲：讲和，和解。[3] 楼缓：赵人，仕秦，赵孝成王六年（前260年）为秦说赵。 [4] 赵王：指赵孝成王，名丹，惠文王之子，前265年至前245年在位。 [5]"与

157

秦城"句：原作"与秦城何如，不与何如"，据王念孙说删后"何如"二字。
［6］臣：原作"人臣"，据鲍彪注及《史记·虞卿列传》删"人"字。 ［7］私：
指个人的意见。 ［8］公甫文伯：名歜（chù），春秋鲁国贵族季康子的族人，
鲁定公时任大夫。其母名敬姜，有贤名。［9］相室：女子出嫁时陪嫁的妇女。
［10］之：用法同"则"，训见《古书虚字集释》。 ［11］虞卿：史失其名，
赵孝成王时为上卿，受相印，故称虞卿。主张六国合纵抗秦。 ［12］饰说：
诈伪的说辞。此句下原有"秦既解邯郸之围，而赵王入朝，使赵郝约事于秦，
割六县而讲"二十四字，据黄丕烈说删。 ［13］亡（wú）其：选择连词，
还是。原作"王以其"，依王引之说，据钱、刘本改。

　　秦国攻打赵国的长平，大败赵军，撤兵回国。趁势派人向赵国索取
六座城邑作为讲和的条件。赵国还没有拿定主意。
　　楼缓刚刚从秦国来，赵王同他商量这件事，说："给秦王城邑，还是
不给呢？"楼缓推辞说："这不是我应该过问的。"赵王说："尽管如此，
不妨谈谈您个人的看法。"楼缓说："大王可曾听说过公甫文伯母亲的事
吗？公甫文伯在鲁国作官，害病死了，姬妾因此在室内自杀的有十六个
人。他母亲知道后，一声也没有哭。相室说：'哪里有儿子死了不哭的呢？'
他母亲说：'孔子，是个贤能的人，被鲁国驱逐，这个人却不追随；如今
死了，为他死的姬妾倒有十六个。照这样看来，他对谨厚的人无情，对
姬妾却亲热。'所以，以母亲的身分说这样的话，就是贤良的母亲；以妻
子的身分说这样的话，一定要被看作嫉妒的妇女了。可见话说得一样，
由于说的人不同，人们的看法也就发生变化了。现在我刚刚从秦国来，
如果说不给，实在不是好主意；如果说给，那么又恐怕大王认为我是替
秦国说话了。所以不敢回答。假使允许我替大王来考虑这件事，还是给
秦国为妥。"赵王说："好吧。"

虞卿听到后,进宫去见赵王。赵王把楼缓的话告诉了他。虞卿说:"这是花言巧语呀。"赵王问:"为什么这样说呢?"虞卿说:"秦国攻打赵国,是力尽才退兵的呢?还是力量尚能进攻,只是因为顾惜您才不再进攻的呢?"赵王说:"秦国攻打我国,已经动用了全部力量,一定是因为力尽才退兵的。"虞卿说:"秦国用它的兵力攻打它所不能夺取的城邑,力尽退兵,大王却用秦国的力量所不能攻克的城邑接济它,这是帮助秦国攻打自己啊。明年秦国再来进攻大王,大王就没有办法解救了。"

王又以虞卿之言告楼缓。楼缓曰:"虞卿能尽知秦力之所至乎?诚知秦力之不至此,弹丸之地犹不与也。令秦来年复攻,王得无割其内而媾乎?"王曰:"诚听子割矣,子能必来年秦之不复攻我乎[1]?"楼缓对曰:"此非臣之所敢任也[2]。昔者三晋之交于秦,相善也[3]。今秦释韩、魏而独攻王,王之所以事秦,必不如韩、魏也。今臣为足下解负亲之攻,启关通敝,齐交韩、魏;至来年而王独不取于秦,王之所以事秦者,必在韩、魏之后也。此非臣之所敢任也。"

王以楼缓之言告虞卿。虞卿曰:"楼缓言不媾,来年秦复攻,王得无更割其内而媾。今媾,楼缓又不能必秦之不复攻也,虽割何益?来年复攻,又割其力之所不能取而媾也,此自尽之术也,不如无媾。秦虽善攻,不能取六城;赵虽不能守,而不至失六城。秦倦而归,兵必罢[4]。我以五城收天下以攻罢秦,是我失之于天下,而取偿于秦也,吾国尚利,孰与坐而割地[5],自弱以强秦?今楼缓曰'秦善韩、魏而攻赵者,必王之事秦不如韩、魏也',是使王岁以六城事秦也,即坐而地尽矣。来年秦复求割地,王将予之乎?不与,则是弃前贵而挑秦祸也[6];与之,则无地而给之。语曰:'强者善攻,而弱者不能自守。'今坐而听秦,秦兵不敝而多得地,是强秦而弱赵也。以益愈

159

强之秦，而割愈弱之赵，其计固不止矣。且秦虎狼之国也，无礼义之心，其求无已，而王之地有尽。以有尽之地，给无已之求，其势必无赵矣。故曰，此饰说也。王必勿与！"王曰："诺。"

[1]必：用如动词，肯定。 [2]任：担保。 [3]三晋：指韩、赵、魏。春秋时期的晋国后来分裂成韩、赵、魏三国，当时习称这三国为三晋。[4]罢：通"疲"。下文"罢秦"的"罢"，同此。 [5]坐：副词，安坐不动地。"坐享其成""坐失良机""坐以待毙"等成语中的"坐"，都是这个意思。下文"坐而地尽""坐而听秦"的"坐"，同此。 [6]贵：鲍本作"资"，《史记》《新序》作"功"。何建章认为"贵"通"遗（wèi）"，赠送，给予。译文姑从何说。

赵王又把虞卿的话告诉楼缓。楼缓说："虞卿能够完全了解秦国兵力所能达到的限度吗？如果确实了解秦国的力量达不到攻取六城的地步，即使弹丸大的地方也不能给他。假定秦国明年再来攻打，大王岂不要割让六城以内的地方来讲和吗？"赵王说："如果听从您的意见割让了，您能肯定明年秦国不会再来攻打我国吗？"楼缓回答说："这可不是我能担保的。从前韩、赵、魏三国同秦国交往，彼此都很友好。现在秦国丢开韩、魏两国唯独攻打大王，可见大王的侍奉秦国，一定不及韩国和魏国了。现在我帮助您解除辜负秦国亲善而招致的进攻，打开关隘通好言和，同韩国和魏国一样结交秦国，到明年如果大王唯独为秦所不容，大王的侍奉秦国一定落在韩、魏两国的后面了。这就不是我所能担保的了。"

赵王把楼缓的话告诉虞卿。虞卿说："楼缓说不讲和，明年秦国再来攻打，大王岂不要进一步割让六城以内的地方来讲和。如果讲和，楼缓又不能担保秦国不再进攻，那么割让又有什么好处？明年秦国再次进攻，又要割让秦国力量所不能攻取的地方来讲和了，这是自取灭亡的方法啊。不如不要讲知。秦国尽管善于进攻，不能夺取六座城邑；赵国尽管不能防守，也不至于丧失六座城邑。秦国力尽退兵，兵力一定疲惫。我们用五座城邑结交天下各国攻打疲惫的秦国，那么我们虽然把五座城邑送给各国，却可以从秦国取得补偿，对我国还是有利的，怎能同平白地割让土地、削弱自己来壮大秦国相比呢？现在楼缓说秦国亲善韩、魏却攻打赵国，认定大王侍奉秦国不如韩、魏，这就是要大王每年用六座城邑侍奉秦国，那么眼瞅着土地就要割尽了。明年秦国又来要求割让土地，大王准备再给它吗？不给，那就会失去以前付出的代价，挑起秦国进攻的祸患；给它，却没有土地可割了。俗语说：'强大的善于进攻，弱小的不能自己保全。'现在毫无作为地听从秦国摆布，秦国军队不费力气却得到许多土地，这是增强秦国而削弱赵国啊。如此壮大越来越强大的秦国，却宰割越来越弱小的赵国，秦国的谋略肯定不会到此为止的了。再说秦国是虎狼一样凶狠的国家，不受礼义的约束，它的欲望没有止境，而大王的土地是有限的。用有限的土地，满足无限的贪求，这样下去必然不会再有赵国了。所以说，这是花言巧语。大王一定不要割让！"赵王说："说得对。"

楼缓闻之，入见于王，王又以虞卿言告之。楼缓曰："不然。虞卿得其一，未知其二也。夫秦赵构难[1]，而天下皆说，何也？曰：我将因强而乘弱[2]。今赵兵困于秦，天下之贺战胜者，则必尽在于秦矣。故不若亟割地求和，以疑天下，慰秦心[3]。不然，天下将因秦之怒，乘赵之敝，而瓜分之。赵且亡，何秦之图？王以此断之，勿复计也。"

虞卿闻之，又入见王曰："危矣，楼子之为秦也！夫赵兵困于秦，又割地为和，是愈疑天下，而何慰秦心哉？是不亦大示天下弱乎？且臣曰勿予者，非固勿予而已也[4]。秦索六城于王，王以五城赂齐，齐，秦之深雠也[5]，得王五城，并力而西击秦也，齐之听王，不待辞之毕也。是王失于齐而取偿于秦，一举结三国之亲，而与秦易道也[6]。"赵王曰："善。"因发虞卿东见齐王，与之谋秦[7]。

虞卿未反，秦之使者已在赵矣[8]。楼缓闻之，逃去。

[1]构难：结为怨仇，造成祸乱。 [2]乘：欺凌。 [3]疑：使……生疑，迷惑。疑天下，意思是迷惑各国，使各国不敢图赵。 [4]固：通"顾"，但，徒。 [5]"齐，秦之深雠也"句：齐闵王和秦昭王曾互称东西帝，孟尝君又曾联合韩、魏在函谷关打败秦国，迫使秦国割让河东三城求和，因此两国积怨甚深。 [6]三国：指韩、魏和齐。韩、魏本来就是赵的盟国，加上新交好的齐国，所以说"三国"。易道：易地以处。原来赵处于战败者的地位向秦求和，如果赵联齐攻秦，秦将处于战败者的地位，反过来向赵求和，所以说"与秦易道"。 [7]发：遣。齐王：指齐王建，齐襄王之子，齐国末代国君，前264年至前221年在位。 [8]"秦之使者"句：秦国听说赵派虞卿联齐谋秦，立即遣使与赵修好。

楼缓听到后，到宫中求见赵王。赵王又把虞卿的话告诉他。楼缓说："不对。虞卿只知道事情的一面，不知道事情的另一面。说到秦、赵两国结成怨仇，天下各国都高兴。为什么呢？他们说，我们要利用强的一方对付弱的一方。现在赵国的军队被秦国打败，各国祝贺胜利的使者就必然都来到秦国了。所以不如赶紧割地求和，用来迷惑各国，获得秦国的欢心。不然的话，各国将趁着秦国盛怒，利用赵国疲惫的机会，群起瓜分赵国。赵国眼看就要灭亡，还说什么打秦国的主意！大王根据这个形势做出决断吧，不要再犹疑了。"

虞卿听到后，又进宫去见赵王，说："太危险了，楼缓竟然如此为秦国打算！赵国军队被秦国打败，又割地作为求和的条件，是使各国更加困惑不解，又怎么能获得秦国的欢心呢？这岂不是向各国显示赵国的软弱吗？再说我说不给秦国城邑，并不是仅仅不给就完了。秦国向大王索取六座城邑，大王拿五座城邑奉送给齐国，齐国是秦国的死对头，得到大王的五座城邑，同心协力向西攻打秦国，齐国的听从大王，用不到把话讲完。这样割让土地给齐国却能从秦国获得补偿，这一行动连结了韩、魏、齐三国的关系，从而改变了同秦国的形势。"赵王说："好。"于是派遣虞卿到东方拜见齐王，同他策划对付秦国。

虞卿出使还没有回来，秦国求和的使者便已经来到赵国。楼缓得到消息，马上逃走了。

鲁仲连义不帝秦
（赵策三）

秦军乘长平之战大败赵军的余威，于前259年又大举攻赵，包围邯郸，长达两年之久。赵求救于楚、魏，魏反派辛垣衍说赵帝秦。在这个紧急关头，鲁仲连挺身而出，驳倒了辛垣衍要妥协投降的主张，增强了赵国抗秦的决心。鲁仲连"生平不事诸侯"，却见义勇为，不畏强暴，"为人排患释难解纷乱而无所取"，与当时一般策士的朝秦暮楚，孜孜于"金玉锦绣""卿相之尊"，不可同日而语。因此一直为后代诗文所歌咏称颂，他的形象成为我国文学史上的光辉形象之一。

秦围赵之邯郸，魏安釐王使将军晋鄙救赵[1]。畏秦，止于荡阴，不进[2]。

魏王使客将军辛垣衍间入邯郸，因平原君谓赵王曰[3]："秦所以急围赵者，前与齐湣王争强为帝，已而复归帝，以齐故[4]；今齐已益弱[5]，方今唯秦雄天下，此非必贪邯郸，其意欲求为帝。赵诚发使尊秦昭王为帝，秦必喜，罢兵去。"平原君犹豫未有所决。

此时鲁仲连适游赵[6]，会秦围赵，闻魏将欲令赵尊秦为帝，乃见平原君曰："事将奈何矣？"平原君曰："胜也何敢言事？百万之众折于外，今又内围邯郸而不能去[7]。魏王使客将军辛垣衍令赵帝秦，今其人在是。胜也何敢言事？"鲁连曰："始吾以君为天下之贤公子也，吾乃今然后知君非天下之贤公子也。梁客辛垣衍安在？吾请为君责而归之。"平原君曰："胜请召而见之于先生[8]。"

平原君遂见辛垣衍，曰："东国有鲁连先生[9]，其人在此，胜请为绍介而见之于将军。"辛垣衍曰："吾闻鲁连先生，齐国之高士也。衍，人臣也，使事有职，吾不愿见鲁连先生也。"平原君曰："胜已泄之矣。"辛垣衍许诺。

［1］邯郸：赵国都城，今河北邯郸市。魏安釐王：名圉（yǔ），魏昭王之子，前276年至前243年在位。釐：通"僖"。晋鄙：魏国大将，后为信陵君击杀。　［2］荡（tāng）阴：即汤阴，今河南汤阴县，当时是赵、魏两国交界处。　［3］客将军：用别国人为将军，称"客将"或"客将军"。间（jiàn）：秘密地，悄悄地。平原君：赵胜，赵武灵王之子，赵孝成王之叔，号平原君，战国四公子之一，时任赵相。赵王：指孝成王。　［4］"前与齐湣王"句：周赧王二十七年（前288年），齐湣王称东帝，秦昭王称西帝。后齐湣王听从苏秦的劝告，主动取消帝号，秦昭王也被迫取消帝号。［5］今齐已益弱：原作"今齐湣王已益弱"。齐湣王卒于前284年，距秦围邯郸已有二十余年。今据鲍彪注及《史记》标点本删"湣王"二字。

［6］鲁仲连：又作鲁连，齐人，战国时高士。《史记·鲁仲连邹阳列传》说他"好奇伟俶（倜）傥之画策，而不肯仕宦任职，好持高节"。 ［7］"百万之众"句：指长平之役，秦将白起坑杀赵国降卒四十万一事。百万是夸张的说法。 ［8］见（xiàn）：使……见。下文"绍介而见之于将军"的"见"，同此。 ［9］东国：指齐国，因齐居六国之东，故称东国。

秦军包围赵国的邯郸，魏安釐王派将军晋鄙援救赵国。由于畏惧秦国，驻军荡阴，不再前进。

魏王派遣客籍将军辛垣衍潜入邯郸，通过平原君对赵王说："秦国所以加紧围攻邯郸，是因为从前跟齐湣王争强称帝，不久取消帝号，是由于齐国的缘故；现在齐国已经更加衰弱，当今只有秦国称雄天下，这次并非一定要取得邯郸，秦王的用意是想谋求称帝。赵国果真派出使臣尊奉秦昭王为帝，秦王一定高兴，撤兵回去。"平原君反复考虑还不能作出决定。

这时鲁仲连恰巧在赵国游历，正赶上秦军包围邯郸，听说魏国的将军要让赵国尊奉秦王为帝，就去见平原君，说："事情打算怎么办呢？"平原君说："我哪里敢谈论国家大事？成百万的军队损失在国境上，现在秦军又深入内地包围邯郸不能解围。魏王派客将军辛垣衍让赵国尊奉秦王为帝，现在这个人就在这里。我哪里还敢谈论国家大事？"鲁仲连说："原先我认为您是当今世上贤能的公子，我现在才知道您并不是当今世上贤能的公子。魏国的客人辛垣衍在哪里？让我替您斥责他回去！"平原君说："我愿意召他来会见先生。"

平原君就召见辛垣衍，说："齐国有位鲁仲连先生，这个人正在这里，我愿意介绍他会见将军。"辛垣衍说："我听说鲁仲连先生是齐国的高士。我，是做臣子的，受命出使有职责，我不愿意会见鲁仲连先生。"平原君说："我已经让他知道了。"辛垣衍同意了。

鲁连见辛垣衍而无言。辛垣衍曰："吾视居此围城之中者，皆有求于平原君者也；今吾视先生之玉貌，非有求于平原君者，曷为久居此围城之中而不去也？"鲁连曰："世以鲍焦无从容而死者，皆非也，今众人不知，则为一身[1]。彼秦者，弃礼义而上首功之国也[2]。权使其士，虏使其民。彼则肆然而为帝，过而遂正于天下[3]，则连有赴东海而死耳，吾不忍为之民也！所为见将军者，欲以助赵也。"辛垣衍曰："先生助之奈何？"鲁连曰："吾将使梁及燕助之。齐、楚则固助之矣。"辛垣衍曰："燕，则吾请以从矣[4]。若乃梁，则吾乃梁人也，先生恶能使梁助之耶？"鲁连曰："梁未睹秦称帝之害故也。使梁睹秦称帝之害，则必助赵矣。"辛垣衍曰："秦称帝之害将奈何？"鲁仲连曰："昔齐威王尝为仁义矣，率天下诸侯而朝周[5]。周贫且微，诸侯莫朝，而齐独朝之。居岁余，周烈王崩[6]，诸侯皆吊，齐后往。周怒，赴于齐曰[7]：'天崩地坼，天子下席，东藩之臣田婴齐后至，则斮之[8]！'威王勃然怒曰：'叱嗟！而母婢也！'卒为天下笑。故生则朝周，死则叱之，诚不忍其求也。彼天子固然，其无足怪。"

[1]"世以鲍焦"四句：鲍焦，周朝隐士，传说因不满当时政治，抱木而死。从容，指胸襟宽大。无从容，指心胸狭隘。为一身，为了个人。这四句意在说明，鲍焦之死不是为了个人打算，我久居围城而不去也不是为个人打算。 [2]上首功：崇尚斩首之功。上，通"尚"。《史记·鲁仲连邹阳列传》集解："秦用卫鞅计，制爵二十等，以战获首级者计而受爵……天下谓之上首功之国。" [3]则：如果。过而遂正于天：等于说"甚而统治于天下"。过，甚。遂，行。《广雅·释诂》：遂，行也。正，通"政"。（参用王念孙说）《史记》作"过而为政于天下"，义同。 [4]吾请以从：我

166

诚然认为它会听从您的。请，通"诚"。《墨子》中"请"通"诚"的例子
很多，见孙诒让《墨子间诂》。以，认为。 〔5〕齐威王：田婴齐，齐宣王
之父，前365年至前320年在位。 〔6〕周烈王：名喜，周安王之子，前
375年至前369年在位。按，齐威王在位时，周烈王早已去世。此或由周显
王二十五年（前344年）魏惠王为逢泽之会，率诸侯朝周事传讹附会而成。
〔7〕赴：报丧，这个意义后来写作"讣"。 〔8〕天崩地坼：比喻天子死亡。
坼（chè），裂。下席：指孝子离开原住的宫屋，睡在苫席（草垫子）上守孝。
东藩：东方属国，指齐。藩，屏障。诸侯国是周王室的屏障，故称藩国。斮
（zhuó）：斩杀。

　　鲁仲连见到辛垣衍时不说话。辛垣衍说："我看住在这座围城里的，
都是有求于平原君的人；现在我看先生的仪表，不像是有求于平原君的，
为什么长期住在这座围城里而不离开呢？"鲁仲连说："世上认为鲍焦是
由于心胸狭隘而死的看法，都是错误的，如今人们不了解，却以为是为
了个人。那秦国，是个抛弃礼义而崇尚斩首之功的国家，欺诈它的士人，
奴役它的百姓。秦王如果得志称帝，甚而得以统治天下，那么我只有跳
进东海去自杀了，我是不甘心做它的百姓的。会见将军的目的，是想借
此帮助赵国。"辛垣衍说："先生怎样帮助它呢？"鲁仲连说："我要让魏
国和燕国帮助它。齐、楚两国本来就帮助它了。"辛垣衍说："燕国嘛，
那我相信它会听从您的了。至于说魏国，我就是魏国人，先生怎么能使
魏国帮助赵国呢？"鲁仲连说："魏国是因为没有看到秦国称帝的危害。
只要让魏国看到秦国称帝的危害，就一定会帮助赵国了。"辛垣衍说："秦
国称帝的危害又怎么样呢？"鲁仲连说："从前齐威王曾经实施仁义的了，
率领天下诸侯去朝拜周王室。周王室又贫又弱，诸侯都不去朝拜，可是
齐王却独自朝拜它。过了一年多，周烈王去世，诸侯都去吊唁，齐王去

晚了。周王室发怒，派人到齐国去报丧，说：'现在天崩地裂，新君睡在苫席上守孝，东方属国的臣子田婴齐迟到，就杀他的头！'齐威王勃然大怒，说：'呸！你娘是个丫头！'终于被天下人耻笑。所以活着的时候朝拜周天子，死后又骂他，实在是因为不能忍受天子的苛求。他当天子的必然如此，一点不值得奇怪。

辛垣衍曰："先生独未见夫仆乎？十人而从一人者，宁力不胜、智不若耶？畏之也。"鲁仲连曰："然梁之比于秦，若仆耶？"辛垣衍曰："然。"鲁仲连曰："然吾将使秦王烹醢梁王[1]！"辛垣衍怏然不悦，曰："嘻，亦太甚矣，先生之言也！先生又恶能使秦王烹醢梁王？"鲁仲连曰："固也！待吾言之。昔者鬼侯、鄂侯、文王，纣之三公也[2]。鬼侯有子而好，故入之于纣[3]。纣以为恶，醢鬼侯。鄂侯争之急，辨之疾，故脯鄂侯[4]。文王闻之，喟然而叹，故拘之于牖里之库百日，而欲舍之死[5]。曷为与人俱称帝王，卒就脯醢之地也？

"齐闵王将之鲁[6]，夷维子执策而从，谓鲁人曰：'子将何以待吾君？'鲁人曰：'吾将以十太牢待子之君[7]。'夷维子曰：'子安取礼而来待吾君？彼吾君者，天子也。天子巡狩，诸侯辟舍，纳于管键，摄衽抱几，视膳于堂下；天子已食，退而听朝也[8]。'鲁人投其钥，不果纳[9]。不得入于鲁，将之薛，假徐于邹[10]。当是时，邹君死，闵王欲入吊。夷维子谓邹之孤曰：'天子吊，主人必将倍殡柩，设北面于南方，然后天子南面吊也[11]。'邹之群臣曰：'必若是，吾将伏剑而死[12]。'故不敢入于邹。邹、鲁之臣，生则不得事养，死则不得饭含[13]，然且欲行天子之礼于邹、鲁之臣，不果纳。今秦万乘之国，梁亦万乘之国，俱据万乘之国，交有称王之名[14]，睹其一战而胜，欲从而帝之，是使三晋之大臣不如邹鲁之仆妾也。

168

"且秦无已而帝，则且变易诸侯之大臣。彼将夺其所谓不肖，而予其所谓贤；夺其所憎，而与其所爱；彼又将使其子女谗妾为诸侯妃姬，处梁之宫，梁王安得晏然而已乎？而将军又何以得故宠乎？"

于是辛垣衍起，再拜，谢曰："始以先生为庸人，吾乃今日而知先生为天下之士也。吾请去，不敢复言帝秦。"

秦将闻之，为却军五十里[15]。适会魏公子无忌夺晋鄙军以救赵击秦[16]，秦军引而去。

[1]烹：用鼎镬烹煮。醢（hǎi）：剁成肉酱。烹、醢都是古代的酷刑。
[2]鬼侯、鄂侯、文王：都是商纣王所封的诸侯。鬼侯封地在今河北临漳县境，鄂侯封地在今河南沁阳县境，文王（当时称西伯）封地在今陕西户县一带。
[3]子：这里指女儿。上古子女均可称子。故：用法同"特"，训见《助字辨略》。 [4]辨：通"辩"。脯：肉干，这里用如动词，制成肉干。
[5]牖（yǒu）里：即羑里，在今河南汤阴县北。库：这里指监狱。舍：置。
[6]"齐闵王将之鲁"句：齐湣王十七年（前284年），燕将乐毅率五国之师攻齐，占领临淄，湣王出亡，经卫，之鲁，过邹，当时三国都向齐称臣，但都因湣王及其臣下态度傲慢，未予接纳。闵，通"湣"。 [7]十太牢：即牛、羊、豕各十只。以十太牢相待，是当时款待诸侯的礼节。 [8]巡狩（shòu）：天子巡视诸侯治理的地方称巡狩。管键：略等于今之钥匙。于：用法同"以"，训见《词诠》《古书虚字集释》。摄：持，提起。衽（rèn）：衣襟。视膳：等于说侍膳，伺候天子用膳。天子在堂上用膳，诸侯要在堂下视膳。听朝：主持朝会处理政事。听，治理，处理。 [9]投其钥：犹言闭关下锁。
[10]薛：齐邑，在今山东枣庄市薛城区。邹：国名，在今山东邹城市一带。
[11]"主人必将"三句：古代以坐北朝南为正位，国君的灵柩也要坐北朝南停放。但是天子只能面朝南奠祭诸侯，所以让邹人把邹君的灵柩掉转过

来，设一个坐南朝北的灵堂，倍，通"背"。〔12〕伏剑而死：用剑自刎而死。伏，受。这是委婉的说法，实际是坚决拒绝。〔13〕饭（fǎn）含（hàn）：古代贵族丧礼，把米放在死者口中叫饭，把玉放在死者口中叫含。〔14〕交：俱。《小尔雅·广言》："交，俱也。"《庄子·渔父》："须眉交白。"〔15〕"却军五十里"句：《通鉴考异》云："仲连所言，不过论帝秦之利害耳，使辛垣衍惭作而去则有之，秦将何预而退军五十里乎？此亦游谈者之夸大也。"〔16〕"适会公子无忌"句：公子无忌，即信陵君。他采用侯嬴之计，窃取魏王兵符，椎杀晋鄙，夺其兵权救赵击秦。事详《史记·魏公子列传》。

辛垣衍说："先生难道没有见过那奴仆吗？十个奴仆却跟随一个主人，难道是力气敌不过、智慧比不上吗？是害怕他呀！"鲁仲连说："这样说来魏国同秦国相比，就像奴仆吗？"辛垣衍说："是的。"鲁仲连说："既然如此，我要让秦王把魏王烹煮剁成肉酱！"辛垣衍气愤地表示不高兴，说："咳！也太过分了，先生说这样的话！先生又怎么能让秦王把魏王烹煮剁成肉酱呢？"鲁仲连说："确凿无疑！等我说这个道理。从前鬼侯、鄂侯、文王，是纣王手下的三个诸侯。鬼侯有个女儿很漂亮，特意把她献给纣王。纣王认为丑，把鬼侯剁成肉酱。鄂侯为这件事急切争辩，因此把鄂侯制成肉干。文王听到后，长叹一声，因此把文王囚禁在牖里的监狱里一百天，想把他置于死地。为什么跟别人同样称帝、称王，终于沦于被宰割的地步呢？

"齐闵王将要到鲁国去，夷维子拿着马鞭随行，对鲁国人说：'你们准备怎样款待我的君主？'鲁国人说：'我们准备用十太牢款待您的君主。'夷维子说：'你们从哪里找到这种礼节来款待我的君主？我的这位君主，是天子啊，天子到各地视察，诸侯都要离开宫室，交出钥匙，提起衣襟，捧着几案，在堂下伺候饭食，天子吃完饭，才能告退处理政务。'鲁国人关门下锁，拒绝接纳。不能进入鲁国，准备到薛邑去，向邹国借道。在这时，邹国国君去世，闵王打算入境吊唁。夷维子对邹君的儿子说：'天子来吊唁，主人必须将灵柩掉转方向，在南面设一个朝北的灵堂，然后天子面向南吊唁。'邹、鲁的大臣们说：'一定要这样做，我们将伏剑自杀！'因此不敢进入邹国。邹、鲁两国的臣子，（对于他们的国君）活着时不能侍奉供养，死后不能成礼安葬，可是齐闵王想让邹、鲁的臣子对他行天子的礼节，却被拒绝接受。现在秦国是拥有万辆兵车的国家；魏国也是拥有万辆兵车的国家，同样是拥着万辆兵车的国家，同样有称王的名声，看到它打了一次胜仗，便想追随它，尊它为帝，这是使三晋的大臣比不上邹、鲁两国的仆妾了。

"再说，秦王如果没有受到阻止终于称帝，就要撤换诸侯的大臣。他排斥他认为不贤的人，而任用他认为贤能的人；排斥他所憎恶的人，而任用他所喜爱的人；他还要让他的女儿、贱妾充当诸侯的嫔妃姬妾，住在魏国的宫廷里，魏王哪里能够平安无事呢？而将军又凭什么保持旧日的恩宠呢？"

这时辛垣衍站起身来，拜了两拜，谢罪说："起初认为先生是个平庸的人，我今天才知道先生是当今世上的高士。请允许我离开这里，不敢再说尊秦为帝了。"

秦国的将领听到这件事，因而退兵五十里。正好赶上魏公子无忌夺取了晋鄙的兵权救赵攻秦，秦军撤离赵国。

于是平原君欲封鲁仲连。鲁仲连辞让者三，终不肯受。平原君乃置酒，酒酣，起，前，以千金为鲁连寿[1]。鲁连笑曰："所贵于天下之士者，为人排患、释难、解纷乱而无所取也。即有所取者，是

171

商贾之人也，仲连不忍为也。"逐辞平原君而去，终身不复见。

[1]为鲁连寿：祝鲁仲连健康长寿。为寿：祝福长寿。《汉书·高帝纪》颜师古注："凡言为寿，谓进爵于尊者，而献无疆之寿。"

这时，平原君要封赏鲁仲连，鲁仲连再三辞谢推让，始终不肯接受。平原君便设置酒宴，酒兴正浓的时候，站起身来，走到前面，拿出千金赠送鲁仲连表示谢意。鲁仲连笑着说："士人被天下所有人尊重的原因，在于给人排除祸患，消灭灾难，解决纠纷而不谋取私利。如果谋取私利，就是做买卖的人了。我是不屑于这样做的。"说罢便辞别平原君回去，终生不再见他。

赵王买马
（赵策四）

买马必待工者，治国却依靠嬖臣，看来是矛盾的，但在历史上却决非仅见。"谨备其所憎，而祸在于所爱"的悲剧，也屡见不鲜。《战国策》中关于建信君的记载不少，说他是"幼艾"（年轻貌美的人），"所以事君者，色也"，本文也把他指为"柔痈"，同"夫人、优笑、孺子"相提并论，看来是弥子瑕、龙阳君一类人物，这同与廉颇同时、曾任赵孝成王相邦的建信君是不是一个人，还值得研究。但就文章而论，立意深刻，发人深省，值得一读。

客见赵王[1]，曰："臣闻王之使人买马也，有之乎？"王曰："有之。""何故至今不遣？"王曰："未得相马之工也[2]。"对曰："王何不遣建信君乎？"王曰："建信君有国事，又不知相马。"曰："王何不遣纪姬乎[3]？"王曰："纪姬，妇人也，不知相马。"对曰："买马而善，何补于国？"王曰："无补于国。""买马而恶，何危于国？"王曰："无危于国。"对曰："然则买马善而若恶[4]，皆无危补于国。然而王之买马也，必将待工。今治天下，举错非也，国家为虚戾，而社稷不血食[5]。然而王不待工，而与建信君，何也？"赵王未之应也。客曰："郭燕之法，有所谓柔雍者，王知之乎[6]？"王曰："未之闻也。""所谓柔雍者，便辟左右之近者，及夫人、优笑、孺子也[7]。此皆能乘王之醉昏，而求所欲于王者也。是能得之乎内，则大臣为之枉法于外矣。故日月晖于外，其贼在于内[8]，谨备其所憎，而祸在于所爱。"

[1]赵王：指赵孝成王。 [2]工：指有某种专门技艺的人。 [3]纪姬：赵王宠妃。 [4]若：选择连词，或。 [5]错：通"措"。虚戾：国空人绝，也作"虚厉"。《庄子·人间世》陆德明《释文》引李颐注："居宅无人曰虚，死而无后曰厉。"成玄英疏："境土丘虚，人民灭绝。"血食：指受祭祀。 [6]郭燕：即郭偃，又称卜偃，春秋晋国大夫，曾佐晋文公变法，著有法书。《商君书·更法》曾引郭偃之法。原作"燕郭"，据王念孙说改。雍：通"痈"。柔痈：柔媚其君，为患于内，犹如痈疽，故称。"柔"原作"桑"，据王念孙说改。 [7]便（pián）辟：也作"便嬖"，依靠阿谀逢迎得到君主宠幸的人。优笑：倡优。《韩非子·八奸》："优笑侏儒，左右近习。"注："优笑者，谓俳优能啁笑者。"原作"优爱"，据金正炜说改。孺子：少年美女。《齐策三·齐王夫人死章》高诱注："幼艾美女也。"一说，姬妾的别称。 [8]晖：顾广圻认为当作"晕围"。《韩非子·备内》："故日月晕围于外，其贼在内，备其所憎，祸在所爱。"顾广圻注："《国策·赵四》有此下四句，'晕围'作'晖'，误，当依此订。"又，金正炜认为《说文》无'晕'字，古盖借'晖'

为‘晕’。"晕，环绕日月的白色光圈。贼：伤害。古人认为"日中有三足乌，月中有兔、蟾蜍"，日月的某些变异现象都是由于这些动物造成的。王充在《论衡》中已对这种不科学的说法作了批判。

客人进见赵王，说："我听说大王要派人去买马，有这回事吗？"赵王说："有。""为什么到现在还不派人去呢？"赵王说："没有找到相马的人材。"客人说："大王为什么不派建信君呢？"赵王说："建信君有国事在身，又不懂得相马。"客人说："大王为什么不派纪姬呢？"赵王说："纪姬是个妇女，不懂得相马。"客人说："买的马如果好，对国家有什么补益？"赵王说："对国家没有补益。""买的马如果不好，对国家有什么危害？"赵王说："对国家没有危害。"客人说："这样说来，买的马好或者不好，对国家都没有补益或危害。可是大王买马，却一定要依靠人材。现在治理国家，人材使用失当，国家就会衰弱破灭，社稷就会得不到祭祀。可是大王并不依靠人材，却交给建信君，这是为什么呢？"赵王没有回答。客人又说："郭偃的书上，有柔痈的说法，指的是身边的亲信近臣，和夫人、倡优、美女啊。这些人都是能趁着大王昏昏欲醉的时候，向大王索取他们想要的东西的人。这些人能够在宫内得到满足，那么大臣就会在宫外替他们徇情枉法了。所以说日月外部出现白色的光圈，它们的病根却在内部；小心戒备憎恶的人，灾祸却出自宠爱的人。"

触龙说赵太后
（赵策四）

在秦国大兵压境，齐国乘机要挟，太后溺子拒谏的紧急关头，触龙挺身而出。他从生活琐事谈起，打开了僵局，进而抓住太后溺爱幼子的心理，以燕后为衬托，从侧面迂回，由远及近，引入正题，把赵国的利益同长安君的长远利益结合起来，终于使太后幡然醒悟。触龙这番言论，不仅表现了他的巧于辞令，而且表现了他的远见卓识。因为战国时期，由于世卿世禄制度的逐步废除，统治阶级中的成员已经不能单纯依靠血缘关系来保持自己的禄位。触龙能够尖锐指出"位尊而无功，俸厚而无劳"的危害，应该说是很有见地的。

赵太后新用事[1]，秦急攻之。赵氏求救于齐。齐曰："必以长安君为质，兵乃出。"太后不肯，大臣强谏。太后明谓左右："有复言令长安君为质者，老妇必唾其面！"

左师触龙言愿见太后[2]。太后盛气而胥之[3]。入而徐趋[4]，至而自谢，曰："老臣病足，曾不能疾走，不得见久矣。窃自恕，而恐太后玉体之有所郄也，故愿望见太后[5]。"太后曰："老妇恃辇而行。"曰："日食饮得无衰乎？"曰："恃鬻耳[6]。"曰："老臣今者殊不欲食，乃自强步，日三四里，少益耆食，和于身也[7]。"太后曰："老妇不能。"太后之色少解。

左师公曰："老臣贱息舒祺，最少，不肖，而臣衰，窃爱怜之。愿令得补黑衣之数[8]，以卫王宫。没死以闻[9]。"太后曰："敬诺。年几何矣？"对曰："十五岁矣。虽少，愿及未填沟壑而托之[10]。"太后曰："丈夫亦爱怜其少子乎？"对曰："甚于妇人。"太后笑曰："妇人异甚。"对曰："老臣窃以为媪之爱燕后[11]，贤于长安君。"曰："君过矣！不若长安君之甚。"左师公曰："父母之爱子，则为之计深远。媪之送燕后也，持其踵为之泣，念悲其远也，亦哀之矣[12]。已行，非弗思也，祭祀必祝之，祝曰：'必勿使反[13]。'岂非计久长，有子孙相继为王

175

也哉？"太后曰："然。"左师公曰："今三世以前，至于赵之为赵，赵王之子孙侯者，其继有在者乎[14]？"曰："无有。"曰："微独赵，诸侯有在者乎？"曰："老妇不闻也。""此则近者祸及身，远者及其子孙。岂人主之子孙则必不善哉？位尊而无功，奉厚而无劳，而挟重器多也[15]。今媪尊长安君之位，而封之以膏腴之地，多予之重器，而不及今令有功于国，一旦山陵崩，长安君何以自托于赵？老臣窃以媪为长安君计短也，故以为其爱不若燕后。"太后曰："诺，恣君之所使之[16]。"

于是为长安君约车百乘，质于齐，齐兵乃出。

子义闻之[17]，曰："人主之子也，骨肉之亲也，犹不能恃无功之尊，无劳之奉，而守金玉之重也，而况人臣乎？"

[1]赵太后：即赵威后，赵惠文王妻，赵孝成王母。前266年，惠文王卒，子孝成王立，年幼，由威后执政。 [2]左师：官名，为了安置老臣而设置的冗散的官职。触龙：原作"触詟"，"詟"系"龙言"二字连写之误，据王念孙说及帛书《战国纵横家书》改。 [3]胥：通"须"，等待。原作"揖"，据吴师道、王念孙说及《战国纵横家书》改。 [4]徐趋：古代行礼时的步伐，其特点是步子较小，脚跟不抬起来。触龙见太后依礼应"疾趋"（步子较大，脚跟离地），因为病足，只能"徐趋"。 [5]郄（xì）：通"郤"，疲惫，引申为不舒服。望见：远远地看，这是一种谦恭的说法。 [6]鬻：通"粥"。 [7]益：逐渐。耆：通"嗜"。和：《淮南子·俶真训》高诱注："和，适也。" [8]黑衣：卫士的代称，当时王宫的卫士均着黑衣。 [9]没死：冒着死罪。没，通"昧"，冒昧。《史记》作"昧"。 [10]填沟壑：对自己死亡的谦虚说法，意思是死后无人埋葬，尸体被扔在山沟里。 [11]媪（ǎo）：对老年妇女的尊称。《史记·高祖本纪》注引韦昭："媪，妇人长老之称。"燕后：指

176

赵太后的嫁给燕国国君为后的女儿。　[12]持其踵为之泣：这是写送别燕后时的情景，燕后已登车，太后在车下摸着她的脚，对她落泪。念悲：惦念悲伤。鲍彪注："念且悲。"亦哀之矣："之"字疑衍。《战国纵横家书》无"之"字，于义为顺。　[13]"必勿使反"句：古代诸侯的女儿嫁给别国国君，除非被废或亡国，一般是不能回到母家的，所以太后祝愿女儿一定不要回来。[14]三世以前：指赵国的第五代国君赵肃侯时。赵之为赵：指赵国第一代国君赵烈侯。侯者：封侯的人。战国后期诸侯称王，宗室及大臣有功受封者皆可封侯。　[15]奉：俸禄。重器：象征国家权利的贵重器皿，如钟鼎之类。[16]恣：动词，任凭。所使之：等于说"所以使之"，支使他（长安君）的方式。[17]子义：赵国的贤士。

　　赵太后刚刚执政，秦国立即攻打赵国。赵国向齐国求救。齐国表示："必须用长安君作人质，才能出兵。"太后不愿意，大臣们极力劝谏。太后直截了当地对左右近臣说："有再说让长安君作人质的，我一定唾他一脸唾沫！"

　　左师触龙提出希望进见太后。太后怒气冲冲地等着他。触龙进宫后小步快走，到太后面前主动请罪，说："老臣腿脚有病，简直不能大步快走，已经很久没有朝见了。自己暗中原谅自己，又恐怕太后贵体也有什么欠妥，所以很希望看望太后。"太后说："我靠着车子行走。"触龙说："每天饮食该不会减少吧？"太后说："靠稀粥罢了。"触龙说："老臣近来很不想吃东西，就勉强自己散散步，每天走三四里，渐渐地想吃一点了，（这样做）对身体有好处啊。"太后说："我不能单独行走。"太后的脸色稍微缓和了一些。

　　左师公说："老臣的儿子舒祺，排行最小，不成材，可是我老了，心里很疼爱他，希望他能列入侍卫的行列中，来保卫王宫。冒着死罪把这

177

件事禀告您。"太后说:"一定照办。年纪多大了?"回答说:"十五岁了。虽然岁数还小,希望趁我还未死把他安排好。"太后说:"男子汉也疼爱自己的小儿子吗?"回答说:"比妇女还要厉害。"太后笑着说:"妇女尤其厉害。"回答说:"老臣认为您爱燕后,胜过爱长安君。"太后说:"您错了,不及爱长安君那样厉害。"左师公说:"父母疼爱儿女,就要替他们作长远打算。您送别燕后的时候,握着她的脚跟对她掉眼泪,怜惜哀伤她的远嫁,很是悲痛了。走了后,不是不想念,祭祀的时候总要为她祷告,祝愿说:'千万不要让她回国!'难道不是作长远打算,(希望她)有子孙一个接着一个地做国君吗?"太后说:"正是这样。"左师公说:"如今三代以前,直到赵氏建立赵国的时候,赵国君主的子孙封侯的,他们的后代有在位的吗?"太后说:"没有。"左师公说:"不只是赵国,诸侯(的子孙封侯的,他们的后代)有在位的吗?"太后说:"我没有听说过。""这说明时间短的本身就遇到灾祸,时间长的他们的子孙遇到灾祸。难道王侯的子孙一定都不好吗?因为地位高贵而没有功勋,俸禄优厚而没有劳绩,却拥有大量的国宝啊。现在您提高长安君的地位,封给他肥沃的土地,大量给他国宝,却不趁现在让他为国家建立功勋,有朝一日太后弃世,长安君凭什么在赵国托身立足?老臣私下以为您替长安君考虑得短浅了,所以认为疼爱长安君不如燕后。"太后说:"好吧,随便你怎样支使他。"

于是替长安君准备了一百辆车子,到齐国作人质,齐国的军队这才出动。

子义听到这件事,说:"国君的后代,骨肉的至亲,尚且不能仗恃没有功勋的高位,没有劳绩的俸禄,来保住金玉的国宝,何况是人臣呢?"

魏策

魏文侯二三事

（魏策一）

　　魏文侯是战国初期的著名贤君，他尊重士人，知人善任，师事子夏，尊敬子贡的弟子田子方、子夏的弟子段干木，文有李悝、翟璜，武有乐羊、吴起，对政治、经济和军事进行了一系列改革，使魏国迅速强大起来。这里选录的是《魏策一》中的第二、五、六三章。仅从这几则轶事中也可以看出魏文侯的为人和作风，例如对内虚心纳谏（对田子方），言必有信（对虞人），对外致力于兄弟国家的团结（对韩、赵）。

　　韩、赵相难[1]。韩索兵于魏，曰："愿得借师以伐赵。"魏文侯曰[2]："寡人与赵兄弟，不敢从。"赵又索兵以攻韩，文侯曰："寡人与韩兄弟，不敢从。"二国不得兵，怒而反，已，乃知文侯以讲于己也，皆朝魏。

　　[1]难：敌，仇怨。　[2]魏文侯：名斯，魏桓公之孙，前445年至前396年在位。

　　韩赵两国互相为敌。韩国向魏国借兵，说："希望能够借给军队以便攻打赵国。"魏文侯说："我同赵国是兄弟，不敢从命。"赵国又来借兵，攻打韩国，魏文侯说："我同韩国是兄弟，不敢从命。"韩赵两国借不到兵，都怒气冲冲地回去，事后，才知道魏文侯是为自己和解，都朝见魏国。

　　文侯与虞人期猎[1]。是日，饮酒乐，天雨。文侯将出，左右曰：

"今日饮酒乐，天又雨，公将焉之？"文侯曰："吾与虞人期猎，虽乐，岂可不一会期哉[2]！"乃往，身自罢之。魏于是乎始强。

[1]虞人：看守苑囿的小吏。　[2]会期：鲍彪注："昔与之期，今往会之。"

魏文侯同看守狩猎场的人定好时间去打猎。到了这一天，文侯喝酒喝得很高兴，天又下雨。文侯将要出发，左右的近臣说："今天喝酒喝得很高兴，天又下雨，您要到哪里去？"文侯说："我同看守狩猎场的人定好时间打猎，虽说喝得很高兴，怎么可以不按时会面呢？"就前往（狩猎场），亲自把打猎的计划取消。魏国于是开始强大起来。

魏文侯与田子方饮酒而称乐[1]。文侯曰："钟声不比乎[2]，左高。"田子方笑。文侯曰："奚笑？"子方曰："臣闻之，君明则乐官，不明则乐音。今君审于音，臣恐君之聋于官也。"文侯曰："善，敬闻命。"

[1]田子方：子贡的弟子，魏文侯臣。称：举。乐：音"yuè"，后文二"乐"字，皆音"lè"。　[2]比：和谐。

魏文侯同田子方喝酒时奏乐。文侯说："钟声不和谐啊，左边的声调高。"田子方笑了。文侯说："笑什么？"田子方说："我听说，国君贤明便以政事为乐，不贤明便以音乐为乐。现在您明辨声律，我深怕您对于政事听觉不灵啊。"文侯说："好，诚恳接受指教。"

鲁共公择言

（魏策二）

"忧劳可以兴国，逸豫可以亡身"，早已为历史经验所反复证明，历代的统治者，未必不懂得这个道理，但是真正能顶得住逸豫生活的诱惑，避免腐败，却并非易事。因此有作为的统治者经常以此自警。鲁共公在宴会上举觞择言，劝戒魏王警惕酒、味、色、乐四害，语重心长，发人深省。通篇谈话紧扣"亡国"二字，借古喻今，排比敷演，整齐严谨，言简意赅。

梁王魏婴觞诸侯于范台[1]。酒酣，请鲁君举觞。鲁君兴，避席，择言曰："昔者，帝女仪狄作酒而美[2]，进之禹，禹饮而甘之，遂疏仪狄，绝旨酒，曰：'后世必有以酒亡其国者。'齐桓公夜半不嗛，易牙乃煎敖燔炙[3]，和调五味而进之，桓公食之而饱，至旦不觉，曰：'后世必有以味亡其国者。'晋文公得南之威，三日不听朝，遂推南之威而远之，曰：'后世必有以色亡其国者。'楚王登强台而望崩山，左江而右湖，以临彷徨[4]，其乐忘死，遂盟强台而弗登，曰：'后世必有以高台陂池亡其国者[5]。'今主君之尊[6]，仪狄之酒也；主君之味，易牙之调也；左白台而右闾须，南威之美也；前夹林而后兰台，强台之乐也。有一于此，足以亡其国。今主君兼此四者，可无戒与？"梁王称善相属。

[1] 梁王魏婴：即魏惠王，名罃，前369年至前319年在位。婴，通"罃"。诸侯：指来朝见惠王的鲁共公、宋桓侯、卫成侯、韩昭侯等，时在魏惠王十四年（前356年）。 [2] 帝女仪狄：《北堂书钞》卷一百四十八引作"黄帝女仪狄作酒"。"女"下原有"令"字，据王念孙说删。 [3] 嗛（qiè）：

满足，这里指饱。易牙：名雍巫，齐桓公的宠臣，善于烹调，传说曾烹其子以进桓公。煎敖燔炙：泛指各种烹饪的方法。敖，通"熬"。燔（fán），烧。

[4] 强合：又作"荆台"，即章华台，在今湖北潜江市西南。彷徨：又作"方湟"，水名。　[5] 陂（bēi）：池塘。　[6] 尊：酒器，又写作"樽"。

　　梁王魏婴在范台宴请诸侯，酒兴正浓，请鲁共公饮酒。鲁共公站起来，离开座位，致祝酒词说："从前黄帝的女儿仪狄造的酒味道好，把酒献给夏禹，禹喝了觉得甜美，于是疏远仪狄，戒绝美酒，说：'后代一定有因为美酒而断送他的国家的。'齐桓公夜里觉得饥饿，易牙便煎炒烹炸，调和五味，献给齐桓公，齐桓公吃得很饱，睡到天亮还没醒，说：'后代一定有因为美味而断送他的国家的。'晋文公得到南之威，三天不上朝处理政务，于是屏斥南之威不再见她，说：'后代一定有因为美色而断送他的国家的。'楚王登上强台远望崩山，左边是江，右边是湖，向下俯瞰彷徨，那种乐趣似乎出世登仙，于是发誓不再登临强台，说：'后代一定有因为高台、池苑而断送他的国家的。'现在君王的酒杯里，是仪狄的美酒；君主的食物，是易牙的烹调；左边的白台，右边的间须，有南之威的美色；前面的夹林，后面的兰台，有强台的乐趣。这几件中只要占有一件，就能断送他的国家。现在您同时具备这四件，能不警惕啊！"梁王连声说好。

南辕北辙

（魏策四）

　　季梁劝阻魏王攻赵，运用了一则寓言故事，说明办任何事情首先要考虑方向是否对头，否则就会适得其反。言辞巧妙，譬喻贴切，寓理于事，雄辩有力。尽管季梁其人其事已不可考，"南辕北辙"这则寓言却一直流传至今。

魏王欲攻邯郸[1]。季梁闻之，中道而反，衣焦不申，头尘不浴[2]，往见王曰："今者臣来，见人于大行，方北面而持其驾[3]，告臣曰：'我欲之楚。'臣曰：'君之楚，将奚为北面[4]？'曰：'吾马良。'臣曰：'马虽良，此非楚之路也。'曰：'吾用多。'臣曰：'用虽多，此非楚之路也。'曰：'吾御者善。'此数者愈善，而离楚愈远耳。今王动欲成霸王，举欲信于天下，恃王国之大，兵之精锐，而攻邯郸，以广地尊名。王之动愈数，而离王愈远耳——犹至楚而北行也。"

[1]魏王：指魏惠王。魏惠王前元十六年（前354年），魏军围邯郸，次年攻克邯郸（据顾观光《战国策编年》）。 [2]焦：通"憔"（qiáo），缩，这里指衣服褶皱。申：舒展，这个意义后来写作"伸"。浴：原作"去"，据王念孙说改。 [3]大行（háng）：大路。一说即太行山。持：掌握，控制。[4]将：用法同"而"（据裴学海说）。

魏王想要攻打邯郸。季梁听到这个消息，半路上就返回魏国，衣服褶皱来不及展平，满头尘土来不及洗掉，就去谒见魏王，说："今天我回来的时候，在大路上见到一个人，正在向北驾着他的车子，告诉我说：'我要到楚国去。'我说：'您要到楚国去，却为什么向北走呢？'他说：'我的马好。'我说：'马虽然好，可这不是去楚国的路啊！'他说：'我的盘缠多。'我说：'盘缠虽然多，可这不是去楚国的路啊！'他又说：'我的车夫高明。'这几样越好，离楚国就越远啊！现在大王时刻都想成就霸

184

王之业，动辄要在诸侯国树立信誉。倚仗着大王国土广大，军队精锐，去攻打邯郸，来扩大领土，提高威望。大王的行动越频繁，可是距离建立王业越远啊——正如去楚国却往北走一样。"

唐且说信陵君
（魏策四）

信陵君窃虎符，杀晋鄙，解邯郸之围，干了一件惊天动地的大事，对赵国可谓功德无量。人在取得重大成绩之后往往容易居功自傲，《史记·魏公子列传》中便说他"意骄矜而有自功之色"。唐且的及时提醒，确实是非常明智的。"人之有德于我也，不可忘也；吾有德于人也，不可不忘也"，至今仍不失为一句有益的格言。

信陵君杀晋鄙，救邯郸，破秦人，存赵国，赵王自郊迎。唐且谓信陵君曰[1]："臣闻之曰：事有不可知者，有不可不知者；有不可忘者，有不可不忘者。"信陵君曰："何谓也？"对曰："人之憎我也，不可不知也；吾憎人也，不可得而知也[2]。人之有德于我也，不可忘也；吾有德于人也，不可不忘也。今君杀晋鄙，救邯郸，破秦人，存赵国，此大德也。今赵王自郊迎，卒然见赵王[3]，愿君忘之也！"信陵君曰："无忌谨受教。"

[1] 唐且（jū）：魏国人，一作唐雎。按，唐且之名在《战国策》中凡数见，其事前后相距百余年，决非一人，很可能记载有误。《史记·魏公子列传》载此事作"客有说公子曰"，不云唐且。 [2] 知：使动用法，使之知，

185

宾语"之"省略。 ［3］卒：通"猝"。

　　信陵君杀死晋鄙，援救邯郸，打败秦兵，保全赵国，赵王亲自到郊外迎接。唐且对信陵君说："我听到过这样的说法：事情有不可以知道的，有不可以不知道的；有不可以忘记的，有不可以不忘记的。"信陵君说："说的是什么意思？"回答说："别人厌恶我，不可以不知道；我厌恶别人，不可以让别人知道。别人对我有恩德，不可以忘记；我对别人有恩德，不可以不忘记。如今您杀死晋鄙，援救邯郸，打败秦兵，保全赵国，这是极大的恩德。现在赵王亲自到郊外迎接，不久见到赵王时，希望您忘掉给人的恩德。"信陵君说："我诚恳接受指教。"

缩高义抗信陵君
（魏策四）

　　不为利诱，不为威屈，蔑视强暴，坚持正义的精神，历来受到人们的赞颂。不辱使命的唐且，义不帝秦的鲁仲连，谋刺秦王的荆轲，他们的形象至今仍给人留下深刻的印象。布衣之士缩高和小国之主安陵君的受到赞颂，原因也在于此。作为古代统治阶级的一员，赫赫有名的大人物，信陵君知过能改，缟服辟舍，再拜谢罪，也是难能可贵的。

　　魏攻管而不下[1]。安陵人缩高，其子为管守[2]。信陵君使人谓安陵君曰："君其遣缩高，吾将仕之以五大夫，使为持节尉[3]。"安陵君曰："安陵，小国也，不能必使其民。使者自往请。"使道使者至缩高之所，复信陵君之命[4]。缩高曰："君之幸高也，将使高攻管也。

186

夫以父攻子守，人大笑也；见臣而下，是倍主也^[5]。父教子倍，亦非君之所喜也。敢再拜辞。"

使者以报信陵君，信陵君大怒，遣大使之安陵^[6]，曰："安陵之地，亦犹魏也。今吾攻管而不下，则秦兵及我，社稷必危矣！愿君之生束缩高而致之。若君弗致也，无忌将发十万之师，以造安陵之城。"安陵君曰："吾先君成侯，受诏襄王以守此地也，手受大府之宪^[7]。宪之上篇曰：'子弑父，臣弑君，有常不赦^[8]。国虽大赦，降城亡子不得与焉，'今缩高谨辞大位^[9]，以全父子之义，而君曰必生致之，是使我负襄王诏而废大府之宪也。虽死，终不敢行。"

缩高闻之曰："信陵君为人，悍而自用也。此辞反，必为国祸。吾已全己之为人臣之义矣^[10]，岂可使吾君有魏患也。"乃之使者之舍，刎颈而死。

信陵君闻缩高死，服缟素辟舍^[11]，使使者谢安陵君曰："无忌，小人也，困于思虑，失言于君，敢再拜释罪。"

[1]管：地名，在今河南郑州市，原为韩邑，后被秦占领。信陵君攻管，事在魏安釐王三十年（前247年）。 [2]安陵：在今河南鄢陵县西北，原是魏国领土，魏襄王封其弟为安陵君（即后文所说的成侯），后成为魏国的附庸国。守：官名，地方行政长官。缩高之子仕秦，任管守。 [3]五大夫：爵名，大夫中的最低级。持节尉：官名。鲍彪注："尉之持节者。" [4]道（dǎo）：引导，这个意义后来写作"导"。 [5]见：原作"是"，据鲍本改。倍：通"背"。 [6]大使：重使，由高级官员充任的使者。 [7]大府：高级官府，这里指魏王府。宪：法令。 [8]常：常刑。鲍本"常"下有"刑"字。 [9]辞：原作"解"，依吴师道、金正炜说，据鲍本改。 [10]"己之"：原作"已无"，依孙诒让说，据姚校一本改。 [11]服缟素："服"上原有"素"字，依鲍

187

彪注、吴师道说删。

　　魏国攻打管邑未能攻下。安陵人缩高，他的儿子是管邑的地方官。信陵君派人对安陵君说："您要把缩高送来，我准备封他为五大夫，让他担任持节尉。"安陵君说："安陵是个小国，不能随意使令它的百姓。最好使者自己去邀请。"派人引导使者到达缩高的住所，传达信陵君的命令。缩高说："君主错爱我，是要叫我攻打管邑。说到用父亲攻打儿子的防地，是人间的笑料；儿子见了我便投降，是背叛主人。父亲教儿子背叛，也不是君主所喜欢的吧。大胆拜辞使命。"

　　使者把这番话报告信陵君，信陵君大怒，派遣高级使者到安陵，说："安陵这块地方，也同魏国本土一样。如今我攻不下管邑，秦兵就会打到魏国，社稷必然要危险了。希望您把缩高捆绑后送来。如果您不送来，我要出动十万大军，开到安陵城下。"安陵君说："我的先君成侯，受魏襄王的诏令来镇守这块地方，亲手接受政府的法令。法令的第一篇写着：'儿子杀死父亲，臣子杀死国君，按照规定的刑罚不能赦免。国家即使大赦，献城降敌和弃城逃亡的人不在赦免之列。'现在缩高谢绝高位，以顾全父子的大义，可是您却说一定要把他活捉送上，这是要我违背襄王的诏旨，废弃政府的法令啊。就是死了也不能照办！"

　　缩高听到这个消息，说："信陵君的为人，性格强悍自以为是。这番话传到他那里，一定会给国家造成祸患。我已经保全了自己做人臣的大义了，怎么可以让我的国君受到魏国的迫害呢！"便来到使者的馆舍，刎颈自杀。

　　信陵君听到缩高已死，穿上丧服，避居侧室，派使者向安陵君谢罪说："我是个小人，考虑事情不周密，对您说错了话，特地再拜，请求恕罪。"

唐且不辱使命

（魏策四）

唐且不畏强暴，大义凛然，为了保全安陵同秦王展开针锋相对的斗争，迫使秦王"长跪而谢"。作为外交使节，唐且此行确实不辱使命。文章通过"天子之怒"与"布衣之怒"的对比映衬，把秦王的咄咄逼人和唐且的威武不屈，刻画得淋漓尽致。尽管本文显系后人拟托之作，并非信史，但是它歌颂了反抗强暴的精神，寄寓了人们的理想和愿望，而且写作技巧出色，所以一直为人传诵不衰。

秦王使人谓安陵君曰[1]："寡人欲以五百里之地易安陵，安陵君其许寡人！"安陵君曰："大王加惠，以大易小，甚善。虽然，受地于先王，愿终守之，弗敢易。"秦王不悦。安陵君因使唐且使于秦。

秦王谓唐且曰："寡人以五百里之地易安陵，安陵君不听寡人，何也？且秦灭韩亡魏，而君以五十里之地存者，以君为长者，故不错意也[2]。今吾以十倍之地请广于君[3]，而君逆寡人者，轻寡人软？"唐且对曰："否，非若是也。安陵君受地于先王而守之，虽千里不敢易也，岂直五百里哉！"

秦王怫然怒，谓唐且曰："公亦尝闻天子之怒乎？"唐且对曰："臣未尝闻也。"秦王曰："天子之怒，伏尸百万，流血千里。"唐且曰："大王尝闻布衣之怒乎？"秦王曰："布衣之怒，亦免冠徒跣，以头抢地耳[4]！"唐且曰："此庸夫之怒也，非士之怒也。夫专诸之刺王僚也，彗星袭月[5]；聂政之刺韩傀也，白虹贯日[6]；要离之刺庆忌也，仓鹰击于殿上[7]。此三子者，皆布衣之士也，怀怒未发，休祲降于天[8]，

189

与臣而将四矣。若士必怒，伏尸二人，流血五步，天下缟素，今日是也[9]。"挺剑而起[10]。

秦王色挠，长跪而谢之，曰："先生坐。何至于此！寡人喻矣：夫韩、魏灭亡，而安陵以五十里之地存者，徒以有先生也。"

[1]秦王：指嬴政，前246年至前210年在位，前221年称始皇帝。安陵：据顾观光考证，安陵即鄢陵，早在秦昭王时即已属秦，距亡魏已历58年，本文谓秦灭韩亡魏后安陵尚在，恐不可信。参见《缩高义抗信陵君》注。[2]错：通"措"，不错意，不置意。[3]广：使……大，扩大。[4]抢（qiāng）：碰，撞。[5]专诸刺王僚：前514年，吴国公子光（即后来的吴王阖闾）想杀掉吴王僚自立，假意宴请吴王僚，派刺客专诸把匕首藏在鱼腹中，借献菜肴之机将他刺死。事见《左传·昭公二十七年》和《史记·刺客列传》。彗星袭月：与下文"白虹贯日""仓鹰击于殿上"，都是"怀怒未发，休祲降于天"的具体描述，当属夸张附会之谈。[6]聂政刺韩傀：详见本书《聂政刺韩傀》一文及注。[7]要（yāo）离刺庆忌：吴公子光刺死吴王僚后，僚子庆忌逃往卫国，公子光又派刺客要离追到卫国，设计将庆忌刺死。事见《吴越春秋》。[8]休：吉兆。祲（jìn）：凶兆。休祲，偏义复词，意在"祲"，不祥之兆。[9]"伏尸二人"数句：与上文"与臣而将四矣"都是唐且警告秦王的话，意思是我今天就要跟你拼了。缟（gǎo）素：未经染色的丝织品，这里指丧服。[10]"挺剑"句：按，当时使臣上殿不得携带武器，此句显系虚构夸张之辞。

秦王派人对安陵君说："我想用纵横五百里的土地换取安陵，安陵君可要答应我！"安陵君说："大王施加恩惠，以大换小，很好。虽然如此，我从先王那里继承这块土地，愿意始终守着它，不敢换掉。"秦王很不

190

高兴。安陵君因此派遣唐且出使秦国。

秦王对唐且说:"我拿五百里的土地换取安陵,安陵君不依从我,这是为什么?再说秦国消灭了韩国和魏国,可是安陵君凭着五十里的土地安然无事,因为安陵君是忠厚的人,所以没有放在心上。如今我拿十倍的土地希望同安陵君交换,他却违抗我,不是看不起我吗?"唐且说:"不,不是这样的。安陵君从先王手里继承了封地并保有它,即使一千里也是不敢换掉的,何况只有五百里呢?"

秦王勃然大怒,对唐且说:"您可听说过天子的发怒吗?"唐且说:"我没听说过。"秦王说:"天子的发怒,横尸一百万,流血一千里!"唐且说:"大王听说过平民的发怒吗?"秦王说:"平民的发怒,不过是摘下帽子,光着脚,拿脑袋撞地罢了。"唐且说:"这是庸人的发怒,不是士人的发怒。当专诸刺杀王僚时,彗星遮盖月亮;聂政刺杀韩傀时,白虹掩蔽太阳;要离刺杀庆忌时,苍鹰在宫殿上扑击。这三个人,都是平民中的士人,满怀的怒气还没有发作,预兆就从天而降,加上我就是四个人了。如果士人一定要发怒,两具尸首倒下,五步之内流血,天下人穿白戴孝,今天就要这样了。"拔出剑站了起来。

秦王改变了脸色,挺起身跪着向唐且道歉说:"先生坐下!何至于这样呢?我明白了:韩国、魏国灭亡,可是安陵凭着五十里土地安然无事,只是因为有先生在啊。"

韩策

秦韩浊泽之战

（韩策一）

秦韩之战，由于韩宣惠王轻信楚国，不听劝谏，终于遭到岸门之败。战国期间，诸侯互相攻战，谋臣策士各献其谋，但是最后决策还要靠各国国君。由于国君昏庸，过听失计，而导致失败的，屡见不鲜，本文就是一例。

秦、韩战于浊泽[1]，韩氏急。公仲朋谓韩王曰[2]："与国不可恃[3]。今秦之心欲伐楚，王不如因张仪为和于秦，赂之以一名都，与之伐楚。此以一易二之计也[4]。"韩王曰："善。"乃儆公仲之行[5]，将西讲于秦。

楚王闻之，大恐，召陈轸而告之[6]。陈轸曰："秦之欲伐我久矣，今又得韩之名都一而具甲，秦、韩并兵南乡，此秦所以庙祠而求也[7]。今已得之矣，楚国必伐矣。王听臣，为之儆四境之内，选师言救韩，令战车满道路；发信臣[8]，多其车；重其币，使信王之救己也。韩为不能听我，韩必德王也，必不为雁行以来[9]。是秦、韩不合，兵虽至，楚国不大病矣。为能听我，绝合于秦，秦必大怒，以厚怨于韩。韩得楚救，必轻秦；轻秦，其应秦必不敬。是我困秦、韩之兵，而免楚国之患也。"

楚王大悦，乃儆四境之内，选师言救韩，发信臣，多其车，重其币。谓韩王曰："弊邑虽小，已悉起之矣。愿大国遂肆意于秦，弊邑将以楚殉韩。"

[1] 秦韩战于浊泽：关于浊泽之役，史家说法不一。《史记·韩世家》

193

谓浊泽之役即韩宣惠王十六年（前 317 年）秦韩脩鱼（在今河南原阳县西南）之战。杨宽《战国史》从之。黄少荃认为即韩宣惠王十九年（前 314 年）秦韩岸门之役。按，浊泽、岸门均在许州长社（今河南长葛市）西，且本文叙秦与韩战于浊泽而大破之于岸门，一气相承，可见浊泽之役即岸门之役。黄说近是。　［2］公仲朋：即韩朋，字公仲，韩国公族，时任韩相。"朋"原作"明"，依吴师道、黄丕烈说，据鲍本改。韩王：指韩宣惠王，韩昭侯子，前 332 年至前 312 年在位。　［3］与国：盟国，这里指赵、魏。　［4］以一易二："一"指付出一座名都；"二"指既可使秦不伐韩，又可使秦与韩伐楚。　［5］儆：戒备。这里是准备的意思。　［6］楚王：指楚怀王。陈轸：楚谋臣。均见《张仪诳楚绝齐》注。　［7］乡（xiàng）：向。南乡，指伐楚。祠：祭祀。所以庙祠而求：在宗庙里祭祀时所祈求的事。"以"字疑衍。［8］信臣：使臣。《汉书·韩信传》颜师古注："古谓使者曰信，言操信符而为使也。"［9］韩为不能："韩"上原有"纵"字，依王念孙说，据鲍本删。为：如果。下文"为能听我"的"为"，同此。

　　秦、韩两国在浊泽交战，韩国危急。公仲朋对韩王说："盟国不能依靠。现在秦国的意图是要攻打楚国，大王不如通过张仪同秦国讲和，送给它一座大都邑，同它一起攻打楚国。这是以一换二的计策。"韩王说："好。"于是就为公仲朋出行做准备，将到西方同秦国讲和。

　　楚王听到这个消息，大为恐慌，召见陈轸告诉他。陈轸说："秦国想要攻打我国已经很久了，如今又得到韩国一座大都邑的财赋可以增加兵源，秦、韩两国合兵向南，这是秦国梦寐以求的事，现在已经实现，楚国必然被进攻了。大王听从我的意见，为此事在全国范围内实行戒备，挑选军队声言援救韩国，让战车布满道路，派遣使者，增加使者的车辆，加重使者的聘礼，使韩国相信大王是在救他。韩国如果不能听从我们，一定会感激大王，决不会联兵而来。这样秦、韩两国不和，秦兵虽然来到，楚国不会遭受大的损失。韩国如果能够听从我们，同秦国决裂，秦国必然大怒，因而痛恨韩国。韩国得到楚国的援救，一定轻视秦国；轻视秦国，它应付秦国一定不恭敬。这样我们便劳乏秦、韩两国的军队，从而解除楚国的忧患。"

楚王非常高兴，便在全国范围内实行戒备，挑选军队声言援救韩国，派遣使者，增加使者的车辆，加重使者的聘礼。对韩王说："敝国虽小，已经全部动员起来了，希望贵国随心所欲地对付秦国，敝国为韩国将不惜一切牺牲。"

韩王大悦，乃止公仲。公仲曰："不可。夫以实战苦我者，秦也[1]；以虚名救我者，楚也。恃楚之虚名，轻绝强秦之敌，必为天下笑矣。且楚、韩非兄弟之国也，又非素约而谋伐秦矣[2]。秦欲伐楚，楚国以起师言救韩，此必陈轸之谋也。且王以使人报于秦矣，今弗行，是欺秦也。夫轻强秦之祸，而信楚之谋臣，王必悔之矣。"韩王弗听，遂绝和于秦。秦果大怒，兴师与韩氏战于岸门[3]。楚救不至，韩氏大败。

韩氏之兵非削弱也，民非蒙愚也，兵为秦禽，智为楚笑，过听于陈轸，计失于韩朋也。

[1] 苦：原作"告"。金正炜认为"告字疑当为苦，形似而讹"。《韩非子·十过》记此事，顾广圻认为"告当作苦，形近之误"。据金、顾说及《战国纵横家书》改。 [2] 素：预先。矣：用法同"也"，训见《经传释词》。 [3] 岸门：在今河南长葛市西北。《史记·韩世家》集解引徐广："长社有浊泽。"《史记·魏世家》正义引《括地志》："岸门在许州长社县西北十八里。"可知浊泽与岸门皆古长社县地。

韩王十分高兴，便停止公仲朋使秦。公仲朋说："不行。用实际行动使我们吃苦头的是秦国，用虚假的名义来援救我们的是楚国。倚仗楚国的虚名，轻易停止同强秦这样的敌人讲和，一定会被天下人耻笑了。而况楚、韩两国不是兄弟国家，又不是预先约定共谋攻打秦国的。秦国要攻打楚国，楚国这才发兵声言援救韩国，这一定是陈轸的计策。再说大王已经派人通知秦国了，如今使者不去，是欺骗秦国。忽视强秦的灾祸，却听信楚国的谋臣，大王一定要后悔的了。"韩王不听从，就同秦国停止讲和。秦国果然大怒，发兵同韩国在岸门交战。楚国的救兵不到，韩国大败。

韩国的军队并不弱小，人民并不愚昧，可是军队被秦国俘获，谋略被楚国耻笑，因为错误地听信了陈轸，没有采纳韩朋的计策啊。

聂政刺韩傀
（韩策二）

聂政刺杀韩傀的故事是围绕着"忠"（忠于知己）和"孝"（孝顺老母）不能两全的矛盾展开的。老母的死，使这一矛盾得到解决，聂政才能挺身而出为知己者死。但是老母虽死，姐姐尚在，还有矛盾。所以聂政还要"皮面抉眼"，自灭其名。而他姐姐的舍身认尸，以扬其名，又使这一矛盾也得到解决。至此，一个侠士、一个烈女的形象便生动鲜明地刻画出来，具有较强的艺术感染力。但是应该看到，聂政为报严遂的睚眦之怨而死，是没有价值的；所采取的暗杀手段也是不足取的；至于文中宣扬的"士为知己者死"和"全身事母"的道德观念，更具有明显的时代烙印。

韩傀相韩，严遂重于君，二人相害也[1]。严遂政议直指[2]，举韩傀之过。韩傀以之叱之于朝。严遂拔剑趋之，以救解。于是严遂惧诛，亡去，游求人可以报韩傀者。

至齐，齐人或言："轵深井里聂政[3]，勇敢士也，避仇隐于屠者之间。"严遂阴交于聂政，以意厚之。聂政问曰："子欲安用我乎？"严遂曰："吾得为役之日浅，事今薄，奚敢有请[4]？"于是严遂乃具酒，觞聂政母前[5]。仲子奉黄金百镒，前为聂政母寿。聂政惊，愈怪其厚，固谢严仲子。仲子固进，而聂政谢曰："臣有老母，家贫，客游以为狗屠，可旦夕得甘脆以养亲[6]。亲供养备，义不敢当仲子之赐。"严仲子辟人，因为聂政语曰："臣有仇，而行游诸侯众矣。然至齐，闻足下义甚高。故直进百金者，特以为大人粗粝之费[7]，以交足下之欢，岂敢以有求邪？"聂政曰："臣所以降志辱身，居市井者，徒幸而养老母。老母在，政身未敢以许人也。"严仲子故让，聂政竟不肯受。然仲子卒备宾主之礼而去。

[1]韩傀：即侠累，韩相，韩哀侯的叔父。严遂：字仲子，卫国人，时为韩相。君：指韩哀侯，前376年至前371年在位。害：嫉妒。　[2]政：通"正"，指：斥。　[3]轵：魏邑，在今河南济源市东南。深井里：里巷名。[4]为役：服役，这是谦虚的说法。事今薄：意思是侍奉您现在才开始。薄，甫，始（用金正炜说）。　[5]觞：这里是进酒劝饮的意思。　[6]甘脆：指香甜肥美的食物。　[7]直：特地。大人：对人父母的尊称。原作"夫人"，据金正炜、王伯祥说改。粗粝：糙米，这里指粗劣的饮食。

韩傀在韩国任相，严遂受到国君的器重，两人互相嫉妒。严遂义正

197

词严直言指斥，揭发韩傀的过失。韩傀因此在朝廷上斥责他。严遂拔剑奔向韩傀，因有人解救才散开。事后严遂害怕被杀，逃亡在外。到处寻求能向韩傀报复的人。

到达齐国，齐国有人说："轵邑深井里的聂政，是勇敢的士人，因为躲避仇人隐身于屠户中间。"严遂暗地里同聂政结交，用心尽意地厚待他。聂政问："您想在何处使用我呢？'严遂说："我能为您效力的时间很短，侍奉刚刚开始，哪里敢有什么请求？"随即严遂便准备酒宴，在聂政的母亲面前敬酒，又捧着黄金百镒上前献给聂政的母亲，并祝她长寿。聂政惊异，更加奇怪他的厚待，坚决谢绝严遂的礼物。严遂执意要奉献，聂政推辞说："我有老母，家里贫穷，因此作客他乡做杀狗的屠夫，以便早晚间获得可口的食物奉养母亲。母亲的供养没有欠缺，照理不敢接受您的赏赐。"严仲子避开别人，乘机对聂政说："我有仇人，因此游历过的国家不少了。可是到了齐国，才听说您的义气深重。所以特地送上百金，不过是用来作为老太太粗茶淡饭的费用，以便同您交好，哪里敢借此有什么祈求呢？"聂政说："我所以贬低志向屈辱自己；混迹在街市上，只是希望奉养老母。老母健在，我是不敢把生命应许给别人的。"严遂坚持要求收下赠金，聂政终于不肯接受。然而严遂到底还是尽了宾主之礼才离开。

久之，聂政母死，既葬，除服[1]。聂政曰："嗟乎！政乃市井之人，鼓刀以屠，而严仲子乃诸侯之卿相也，不远千里，枉车骑而交臣[2]，臣之所以待之至浅鲜矣，未有大功可以称者，而严仲子举百金为亲寿，我虽不受，然是深知政也。夫贤者以感忿睚眦之意[3]，而亲信穷僻之人，而政独安可默然而止乎？且前日要政[4]，政徒以老母。老母今以天年终，政将为知己者用。"

遂西至濮阳[5]，见严仲子，曰："前所以不许仲子者，徒以亲在。今亲不幸。仲子所欲报仇者为谁？"严仲子具告曰："臣之仇，韩相傀。傀，又韩君之季父也。宗族盛，兵卫设[6]，臣使人刺之，终莫能就。今足下幸而不弃，请益车骑壮士，以为羽翼。"政曰："韩与卫，中间不远。今杀人之相，相又国君之亲，此其势不可以多人。多人不能无生得失[7]，生得失则语泄，语泄则韩举国而与仲子为雠也，岂不殆哉！"遂谢车骑人徒[8]，辞，独行仗剑至韩。

[1]除服：除去丧服，即三年的守孝期已满。 [2]枉车骑：犹言"屈尊。"枉，委屈。车骑，车马随从。 [3]睚眦（yá zì）：怒目相视，这里指小怨小愤。意：金正炜疑为"怨"字之误。 [4]要（yāo）：邀请。[5]濮阳：卫国国都，在今河南濮阳市西南。与韩国国都阳翟（今河南禹州市）相距不远，所以后文说"韩与卫，中间（jiàn）不远"。 [6]设：完备。 [7]生得失：发生失误。得失，偏义复词，意在"失"。又，王念孙认为"失"是衍文，"生得"即被生擒，亦通。 [8]人徒：众人，这里指随行的壮士。

过了很久，聂政的母亲去世，安葬完毕，服丧期满。聂政想："唉！我不过是市场上的商贩，拿着刀屠宰，可是严仲子是诸侯的卿相，不以千里为远，屈尊下顾同我结交，我用来对待他的过于淡薄了，没有大的功劳能够相称的，严仲子捧出百金为母亲祝福，我虽然没有接受，然而他是非常了解我的。一个有道德的人因为激愤小小的仇怨，却亲近信赖一个穷困鄙陋的人，我难道可以默不作声就算了吗？再说从前邀请我，我只是因为老母（才拒绝他的），现在老母年寿已尽，我要为了解自己的人效力了。"

于是向西到了濮阳，进见严遂，说："从前所以没有答应您，只是因为母亲健在。如今母亲已经去世。您想报复的仇人是谁？"严遂详细地告诉他说："我的仇人是韩国的相韩傀，他又是韩国国君的叔父。族人很多，防备严密。我派人刺过他，始终没有成功。现在有幸蒙您不弃，请让我多准备车马壮士，作为您的帮手。"聂政说："韩国同卫国，两国距离不远，如今要杀人家的相，相又是国君的亲属，这种形势决定了人不能多。人多了不能不发生失误；发生失误就会泄露秘密；泄露秘密韩国上下就会同您结仇，岂不是十分危险吗？"于是谢绝车马和随从，辞别严遂，单身带剑来到韩国。

韩适有东孟之会，韩王及相皆在焉，持兵戟而卫者甚众。聂政直入，上阶，刺韩傀，韩傀走而抱哀侯，聂政刺之，兼中哀侯，左右大乱。聂政大呼，所杀者数十人。因自皮面抉眼，自屠出肠，遂以死。韩取聂政尸暴于市，县购之千金[1]。久之，莫知谁子。

政姊闻之，曰："弟至贤，不可爱妾之躯，灭吾弟之名，非弟意也。"乃之韩，视之曰："勇哉，气矜之隆[2]！是其轶贲、育而高成荆矣[3]。今死而无名，父母既殁矣，兄弟无有，此为我故也。夫爱身不扬弟之名，吾不忍也。"乃抱尸而哭之，曰："此吾弟轵深井里聂政也。"亦自杀于尸下。

晋、楚、齐、卫闻之[4]，曰："非独政乏能，乃其姊者，亦列女也[5]。"聂政之所以名施于后世者，其姊不避菹醢之诛，以扬其名也[6]。

[1] 县购：悬赏征求。县（xuán），县挂，这个意义后来写作"悬"。购：重赏征求。 [2] 气矜：犹言气势，气概（用金正炜说）。隆：盛。[3] 轶：超越。贲（bēn）、育：古代勇士孟贲和夏育。成荆：古代勇士。

韩国正好在东孟参与会盟，韩王和相都在那里，拿着武器护卫的人很多。聂政径直闯进去，登上台阶，剑刺韩傀，韩傀跑去抱住哀侯，聂政刺杀韩傀，同时刺中哀侯，左右的人顿时大乱。聂政大声呼喊，杀死的有数十人。随即自己割破脸面，挖掉眼睛，并剖腹流出肠子，就当场死去。韩国把聂政的尸体暴露在街市上，悬赏千金访求（凶手的姓名）。过了很久，没有人知道是谁。

聂政的姐姐听到这件事，说："我弟弟很了不起，不能爱惜自己的性命，埋没我弟弟的名声，尽管这不是弟弟的本意。"于是到韩国去。看着聂政的尸体说："勇敢啊，气概如此不凡！超过孟贲、夏育并高出成荆的了。如今死后不让人知道姓名，父母已经去世了，又没有兄弟，这是为了我的缘故啊。爱惜自己而不传播弟弟的名声，我是不忍心的。"于是抱着尸体为他痛哭，说："这是我弟弟轵邑深井里的聂政。"也自杀在聂政尸体旁边。

晋、楚、齐、卫等国听到这件事，都说："不仅聂政了不起，就是他的姐姐，也是烈女啊。"聂政所以能传名后世，是他姐姐不怕粉身碎骨的罪罚，来传播他的名声啊。

燕策

燕王哙让位亡国

（燕策一）

　　禅让，是传说中古代把帝位让于贤者的一种制度，也称官天下，同把国家视为一姓私产传位于子孙的家天下相对。它是古人理想中的政治制度。燕王哙昧于时代的不同，企图博禅让的虚名，结果闹成一场身死国破的悲剧。后世如王莽、曹丕、司马昭等，则以禅让作为夺取政权的借口，更是十足的闹剧。燕王哙的事件非同寻常，所以《策》文虽以记载策士言行为主，却为此单独叙述了事件的经过。

　　燕王哙既立，苏秦死于齐[1]。苏秦之在燕也，与其相子之为婚[2]，而苏代与子之交。及苏秦死，齐宣王复用苏代。

　　燕哙三年，与楚、三晋攻秦，不胜而还。子之相燕，贵重主断。苏代为齐使于燕，燕王问之曰："齐宣王何如？"对曰："必不霸。"燕王曰："何也？"对曰："不信其臣。"苏代欲以激燕王以厚任子之也。于是燕王大信子之。子之因遗苏代百金，听其所使。

　　鹿毛寿谓燕王曰[3]："不如以国让子之。人谓尧贤者，以其让天下于许由[4]。由必不受，有让天下之名，实不失天下。今王以国让相子之，子之必不敢受，是王与尧同行也[5]。"燕王因举国属子之，子之大重。

　　或曰："禹授益而以启人为吏[6]，及老，而以启不足任天下，传之益也。启与友党攻益而夺之天下[7]，是禹名传天下于益，其实令启自取。今王言属国子之，而吏无非太子人者，是名属子之，而太子用事。"王因收印自三百石吏而效之子之[8]。子之南面行王事，而哙老不听政，顾为臣，国事皆决子之。

[1]燕王哙（kuài）：燕易王之子，燕昭王之父，前320年即位，前318年让位给子之，前314年被齐军所杀。苏秦死于齐：燕易王时，苏秦仕燕，后佯为得罪于燕而入齐，为燕行反间之计，旋为齐大夫识破，使人刺死。[2]为婚：结为婚姻，即成为儿女亲家。 [3]鹿毛寿：《韩非子》作"潘寿"，《外储说右下》："潘寿，隐者，燕使人聘之。" [4]许由：上古隐士。传说尧让位许由，许由不受，遁耕于箕山之下。 [5]行（xìng）：品行，品德。 [6]人：犹言"臣"。原无"人"字，据鲍本及黄丕烈、金正炜说补。 [7]友党：原作"支党"，据鲍本及黄丕烈说改。 [8]三百石吏：俸禄为三百石的官吏。古代以俸禄的多少作为职官等级的标志。石（dàn）：古代容量单位，十斗为石。效：送，呈献。

燕王哙即位以后，苏秦死在齐国。苏秦在燕国的时候，曾同燕子之结为儿女亲家，苏代也同子之交好。等到苏秦死后，齐宣王又起用苏代。

燕王哙三年，联合楚、韩、赵、魏等国攻打秦国，没有取胜而退兵。子之在燕国做相，地位尊贵专权独断。苏代为齐国出使燕国，燕王问他说："齐宣王这个人怎么样？"回答说："一定不能成就霸业。"燕王说："为什么？"回答说："不信任他的大臣。"苏代是想借此激励燕王重用子之。于是燕王格外信任子之。子之因而送给苏代百镒黄金，不管他如何使用。

鹿毛寿对燕王说："不如把国家让给子之。人们说尧贤明，是因为他把天下让给许由。许由坚决不接受，尧得到让天下的美名，实际上又没有失掉天下。如今大王把国家让给子之，子之肯定不敢接受，这样大王便同尧具有相同的德行了。"燕王于是把全部国政托付子之，子之的地位更加尊贵。

有人对燕王说："禹（把国政）交给益却用启的臣下做吏，等到禹年老，又认为启不能承当天下的大任，传给了益。启同他的党羽攻打益并夺了他的天下。这是禹名义上把天下传给益，实际是让启自己夺取天下。现在大王说是把国政托付子之，可是官吏却是太子的人。这名义上是托付子之，实际上是太子掌权。"燕王于是收回俸禄在三百石以上的官吏的印信把它交给子之。子之称王行使国王的职权，燕王哙年老不问政事，反而成了臣子。国家大事都取决于子之。

子之三年，燕国大乱，百姓恫怨[1]。将军市被、太子平谋，将攻子之。储子谓齐宣王[2]："因而仆之[3]，破燕必矣。"王因令人谓太子平曰："寡人闻太子之义，将废私而立公，饬君臣之义，正父子之位。寡人国小，不足先后[4]，虽然，则唯太子所以令之。"

太子因数党聚众[5]，将军市被围公宫，攻子之，不克。百姓乃反攻，太子平、将军市被死，已殉[6]。国构难数月，死者数万众。燕人恫怨，百姓离意。

孟轲谓齐宣王曰："今伐燕，此文、武之时，不可失也[7]。"王因令章子将五都之兵[8]，以因北地之众以伐燕。士卒不战，城门不闭，燕王哙死，齐大胜燕，子之亡[9]。二年，燕人立公子职，是为燕昭王[10]。

[1]子之三年：指子之为王后的第三年，即燕王哙六年（前315年）。恫（dòng）怨：恐惧怨恨。 [2]储子：齐人，曾任齐相。 [3]仆：通"赴"，这里指以兵赴之。《汉书·邹阳传》"卒仆济北"，师古注："仆音赴。" [4]先后：犹言"左右"。 [5]数（shǔ）：计算，查点，这里是纠集的意思，与"聚"互文。 [6]"百姓乃反攻"数句：原作"将军市被及百姓乃

205

反攻太子平"。金正炜认为衍"将军市被"四字,"及百姓"三字当在"围公宫"之上,则连上文当作"……将军市被及百姓围公宫,攻子之,不克。乃反攻……"钱穆认为衍"将军市被"四字,"及"字当在"数党聚众"下。杨宽认为衍"将军市被及"五字(见《战国史》)。今据杨说改。已:通"以"。殉:通"徇",示众。 〔7〕"孟轲谓齐宣王"句:《孟子·公孙丑下》记载:齐人伐燕。或问曰:"劝齐伐燕,有诸?"曰:"未也。沈同问:'燕可伐与?'吾应之曰:'可。'彼然而伐之也。彼如曰:'孰可以伐之?'则将应之曰:'为天吏,则可以伐之。'今如杀人者,或问之曰:'人可杀与?'则将应之曰:'可'。彼如曰:'孰可以杀之?'则将应之曰:'为士师(治狱官),则可以杀之。'今以燕伐燕(用同燕国一样暴虐的齐国去讨伐燕国),何为劝之哉?"与《策》文不同,录以备考。 〔8〕章子:即匡章,齐将。匡章伐燕在燕王哙七年(前314年)。五都:齐国的五座大城市。都,大邑。一说:四县为都,齐发内地二十县之兵,故称五都。 〔9〕子之亡:《史记·燕世家》集解引《汲冢纪年》"齐人禽子之而醢其身也",引《六国年表》"君哙及太子、相子之皆死",与本文所记不同。

〔10〕公子职:原作"公子平"。据钱穆、徐中舒、杨宽考证,当作"公子职"。时公子平已死(本章上文明言"太子平、将军市被死"),赵武灵王送回在韩国做人质的公子职即位,是为燕昭王。说见钱穆《战国策考辨》、徐中舒《论战国策的编写及有关苏秦诸问题》及杨宽《战国史》。

子之三年,燕国大乱,百姓恐惧怨恨。将军士被、太子平密谋,准备攻打子之。储子对齐宣王说:"趁这个机会出兵,一定能打败燕国。"齐王于是派人对太子平说:"我听说太子仁义,准备废除私恩主持公道,整饬君臣之间的大义,匡正父子相承的权位。我的国家小,不能左右局势,虽然如此,却愿意听从太子的差遣。"

太子于是纠合党羽、聚集士卒,将军市被包围了王宫,攻打子之,不能取胜。百姓发起反攻，太子平、将军市被被杀死，拿来示众。国内祸乱长达数月，死伤好几万人。燕国人民恐惧怨恨，百姓离心离德。

孟轲对齐宣王说："现在攻打燕国，这正是文王、武王救民伐罪的时机，不可错过。"齐王于是命令匡章率领五都的士卒，并凭借北部边境的军队攻打燕国。燕国的士卒不抵抗，城门不关闭，燕王哙身死，齐国大胜燕国，子之逃亡。两年以后，燕国人拥立公子职，就是燕昭王。

燕昭王求贤
（燕策一）

《战国策》是一部为士张目的书，但它真实地反映了历史上士只能因人成事的客观事实。一般而言，只有国君在企图有所作为或思量复国雪耻时，才能发生"求贤"之举。本文提出了统治者如果真的有心"求贤"，必须信任人才，尊重人才，并且应该由近及远。这在一定程度上提高了士的地位，因此"千金市骨""请自隗始"历来传为美谈，不少失意士人更有"谁人更扫黄金台"（李白《行路难》其二）的慨叹。所谓"学成文武艺，货与帝王家"，这是旧时士人唯一的出路，也是千古士人的悲哀。

燕昭王收破燕后即位[1]，卑身厚币以招贤者，欲将以报雠。故往见郭隗先生，曰："齐因孤国之乱而袭破燕。孤极知燕小力少，不足以报。然得贤士与共国，以雪先王之耻，孤之愿也。敢问以国报雠者奈何？"

郭隗先生对曰："帝者与师处，王者与友处，霸者与臣处，亡国与役处。诎指而事之，北面而受学，则百己者至[2]；先趋而后息，

207

先问而后默，则什己者至；人趋己趋，则若己者至；冯几据仗，眄视指使，则厮役之人至[3]；若恣睢奋击，跔籍叱咄，则徒隶之人至矣[4]。此古服道致士之法也[5]。王诚博选国中之贤者，而朝其门下，天下闻王朝其贤臣，天下之士必趋于燕矣。"

[1]燕昭王：名职，燕王哙之子，前311年至前279年在位。收破燕后即位：参见《燕王哙让位亡国》。 [2]诎：通"屈"。指：意，这个意义又写作"旨"。北面受学：古代老师南面授徒，学生北面受业，以示尊师。 [3]冯几据仗：倚着几案，拄着手仗。几、仗都是尊者之物，犹言养尊处优。冯（píng）：依靠，这个意义后来写作"凭"。眄（miàn）视：斜着眼看。指使：用手指示意支使人。都表示对人极不尊重。 [4]恣睢：怒视的样子。奋击：指动手打人。跔籍：脚踏着地跳跃的样子。跔（jū）：跳跃，原作"呴"，据吴师道说改。籍（jí）：通"藉"，践踏。叱咄：大声喝斥。徒隶：服劳役的犯人或奴隶。 [5]服：事。道：指有道者（用鲍彪说）。

燕昭王收复残破的燕国后登上王位，降低身分，加重聘礼来招致贤能的人，想要依靠他们报仇。所以去见郭隗先生，说："齐国趁我国内混乱攻破燕国。我深知燕国地方小、力量弱，不能够报复。可是得到贤能的人同他们共同治理国家，来洗刷先王的耻辱，是我的愿望。请问要为国家报仇该怎么办？"

郭隗先生回答说："成就帝业的人同师长共处，成就王业的人同朋友共处，成就霸业的人同臣下共处，亡国的君主同仆役共处。降心屈意侍奉别人，用弟子之礼接受教育，那么胜过自己百倍的人就会到来；趋走在前安处在后，咨访在前不语在后，那么胜过自己十倍的人就会到来；别人做什么自己也去做什么，那么跟自己差不多的人就会到来；高坐指

208

画，发号施令，那么干粗活的奴仆就会到来；如果狂妄残暴，动辄责骂，那么服劳役的罪犯就会到来了。这是古代事奉有道、招致贤士的办法。大王果真广泛选拔国内的贤士，亲自到他们的门下拜访，天下人听说大王拜访他的贤臣，天下士人一定都奔向燕国了。"

昭王曰："寡人将谁朝而可？"郭隗先生曰："臣闻古之人君有以千金求千里马者[1]，三年不能得。涓人言于君曰[2]：'将求之。君遣之。三月得千里马，马已死，买其首五百金，反以报君。君大怒曰：'所求者生马，安事死马，而捐五百金[3]！'涓人对曰：'死马且买之五百金，况生马乎？天下必以王为能市马，马今至矣[4]。'于是不能期年，千里之马至者三。今王诚欲致士，先从隗始；隗且见事，况贤于隗者乎？岂远千里哉！"

于是昭王为隗筑宫而师之。乐毅自魏往，邹衍自齐往，剧辛自赵往，士争凑燕[5]。燕王吊死问生，与百姓同其甘苦。二十八年，燕国殷富，士卒乐佚轻战。于是遂以乐毅为上将军，与秦、楚、三晋合谋以伐齐[6]。齐兵败，闵王出走于外。燕兵独追北，入至临淄，尽取齐宝，烧其宫室宗庙。齐城之不下者，唯独莒、即墨[7]。

[1]人君：原作："君人"，据王念孙说改。 [2]涓人：即申涓，国君的侍臣。 [3]安事：何用。事，用。 [4]今：用法同"即"，训见《经传释词》。 [5]乐毅：中山国人，魏国名将乐羊之后。邹衍：齐人，战国时著名学者，阴阳家。剧辛：赵人，燕破齐，多赖其谋。 [6]"与秦楚"句：乐毅率诸侯之师伐燕，《史记》诸篇说法不一，本文作"与秦楚三晋合谋"，则为六国。按，当为燕、秦、韩、赵、魏五国，楚国并未攻齐，相反还派淖齿救齐。 [7]莒：在今山东莒县。即墨：在今山东平度市西南。

昭王说："我应当拜访谁才合适？"郭隗先生说："我听说古代的国君有用千金征求千里马的，一连三年没有得到。侍臣对国君说：'让我去找千里马吧。'国君派他去了。三个月找到千里马，可是马已经死了，便用五百金买了它的头，回来报告国君。国君大怒说：'要找的是千里马，死马有什么用？却花了五百金！'侍臣回答说：'死马尚且花五百金买下来，何况活马呢？天下人一定认为大王能出高价买马，千里马就要来了。'于是不到一年，送上门来的千里马就有三匹。如今大王果真想要招致人才，就先从我开始吧。我尚且受到重用，何况比我高明的人呢！他们哪里会以千里为远呢！"

于是昭王为郭隗建造官邸，尊他为师。（不久），乐毅从魏国赶去，邹衍从齐国赶去，剧辛从赵国赶去：士人争相聚集到燕国。燕王吊唁死去的人，慰问活着的人，跟百姓同甘共苦。（经过）二十八年，燕国兴旺富裕，士兵安闲勇于战斗。于是就任命乐毅为上将军，和秦、楚、三晋共同策划攻打齐国。齐军战败，齐闵王出逃国外。燕军单独追赶败兵，深入到临淄，全部夺取齐国的宝物，烧毁齐国的宫殿和宗庙。齐国的城邑没有被攻下的，只有莒和即墨。

苏代为燕说齐

（燕策二）

策士进说最艰难的一关，是必须首先设法进见游说的对象。苏代不惜卑辞厚礼，并以马自喻，而称誉齐王亲信的近臣淳于髡为伯乐，可见进说之难。而三旦立市，人莫之知，伯乐一顾，价增十倍的说解却生动感人。

按《战国策》的编排，本文的故事发生在燕惠王时，其时齐威王时用事的淳于髡早已不在人世，可见此文亦为《策》文作者的杜撰。

苏代为燕说齐。未见齐王，先说淳于髡曰[1]："人有卖骏马者，比三旦立市[2]，人莫之知。往见伯乐曰：'臣有骏马，欲卖之，比三旦立于市，人莫与言。愿子还而视之，去而顾之，臣请献一朝之费[3]。'伯乐乃还而视之，去而顾之，一旦而马价十倍。今臣欲以骏马见于王，莫为臣先后者[4]，足下有意为臣伯乐乎？臣请献白璧一双，黄金十镒[5]，以为马食。"淳于髡曰："谨闻命矣。"入言之王而见之，齐王大说苏子。

[1] 淳于髡：见《淳于髡止齐伐魏》注。 [2] 比：接连，连续。[3] 还（xuán）：旋转，围绕。费：原作"贾"，据鲍本及吴师道说改。[4] 先后：左右，帮助。 [5] 十：原作"千"，据王念孙说改。

苏代替燕国游说齐王。还没有见到齐王，先向淳于髡游说道："有个出卖骏马的人，接连三天站在市场上，没有人了解他卖的是骏马。他去见伯乐，说：'我有一匹骏马，打算卖掉它，接连三天站在市场上，没有人过问。希望您围绕着马看一圈，临走时再回头瞧瞧它，我奉送您一天的花费。'伯乐于是围绕着马看了一圈，临走又回头瞧瞧它。一下子马的价格提高十倍。现在我打算以骏马的身分进见齐王，可是没有帮助我的人，先生愿意替我做伯乐吗？我愿奉送白璧一对、黄金十镒，作为您喂马的饲料。"淳于髡说："诚恳接受指教。"进宫对齐王说了此事，因而接见苏代，齐王非常欣赏苏代。

乐毅报燕王书
（燕策二）

在古代，君臣（特别是权臣）之间的疑忌，所谓权高震主，是无法解决的矛盾。战国时群雄并立，被疑忌的权臣还可以遁逃他国，如乐毅的逃奔赵国。到秦统一全国后，其结果不是所谓"篡弑"，就是"被诛"，如秦之李斯、汉之韩信等。"狡兔死，走狗烹；飞鸟尽，良弓藏"，是封建社会的必然规律。何况乐毅的事发生在燕昭王和燕惠王易代之时，即使没有齐国的反间，事情也可能发生。从本文可知当事双方的心理状态。

昌国君乐毅为燕昭王合五国之兵而攻齐，下七十余城，尽郡县之以属燕，二城未下而燕昭王死[1]。惠王即位，用齐人反间，疑乐毅，而使骑劫代之将[2]。乐毅奔赵，赵封以望诸君。齐田单诈骑劫[3]，卒败燕军，复收七十城以复齐。燕王悔，惧赵用乐毅承燕之弊以伐燕[4]。

燕王乃使人让乐毅，且谢之曰："先王举国而委将军，将军为燕破齐，报先王之雠，天下莫不振动，寡人岂敢一日而忘将军之功哉！会先王弃群臣[5]，寡人新即位，左右误寡人。寡人之使骑劫代将军者，为将军久暴露于外，故召将军且休计事。将军过听，以与寡人有隙，遂捐燕而归赵。将军自为计则可矣，而亦何以报先王之所以遇将军之意乎[6]？"

[1] 昌国君：乐毅破齐有功，于燕昭王二十八年（前284年）封昌国君。昌国，本齐地，在今山东淄博市东南。五国：指燕、秦、韩、赵、魏五国（说

212

详《燕昭王求贤》注）。二城：指莒和即墨。原作"三城"，据金正炜说改。
[2]惠王：燕昭王子，前278年至前272年在位。《史记·田单列传》："惠
王立，与乐毅有隙。田单闻之，乃纵反间于燕，宣言曰：'齐王已死，城不
拔者二耳。乐毅畏诛而不敢归，以伐齐为名，实欲连兵南面而王齐。齐人未
附，故且缓攻即墨以待其事。齐人所惧，唯恐他将之来，即墨残矣。'燕王
以为然，使骑劫代乐毅。"反间（jiàn）：利用敌方的间谍反过来去离间敌人。
[3]田单：见《田单攻狄》注。诈骑劫：指田单用"火牛阵"等计击败燕军，
杀死骑劫。"诈"上原有"欺"字，据鲍本及黄丕烈说删。　[4]承：通
"乘"，趁。　[5]弃群臣：对君王死的委婉说法。　[6]吴师道认为燕惠王
遗乐毅书至此并未完，后面的文字错简误入《燕策三·燕王喜使栗腹以百
金为赵孝成王寿》章。顾炎武《日知录》、梁玉绳《史记志疑》、马骕《绎
史》、钟凤年《国策勘研》亦持此说。

　　昌国君乐毅替燕昭王联合五国的军队攻打齐国，攻陷七十多座城邑，
全部改成郡县隶属燕国，只差两座城邑没有攻陷，燕昭王便死了。惠王
即位，中了齐国人的反间计，怀疑乐毅，派骑劫代他领兵。乐毅逃到
赵国，赵国封他为望诸君。齐国田单用计诓骗骑劫，终于打败燕军，重
新收回七十多座城邑，光复了齐国。燕惠王后悔，害怕赵国任用乐毅趁
燕国战败攻打燕国。
　　燕惠王于是派人责备乐毅，并向他表示歉意，说："先王把整个国家
托付给将军，将军替燕国攻破齐国，报复先王的怨仇，天下人无不为之
震惊，我哪里敢一时半刻忘记将军的功劳呢！正赶上先王逝世，我刚刚
即位，左右的人蒙蔽了我。我派骑劫代替将军，是因为将军长时间在国
外作战，所以召回将军暂且休息一下计议国事。将军听信了流言，以致
同我有了隔阂，于是抛弃燕国投奔赵国。将军为自己打算是周到的了，

然而又怎样报答先王厚待将军的心意呢？"

望诸君乃使人献书报燕王曰："臣不佞，不能奉承先王之教，以顺左右之心[1]；恐抵斧质之罪，以伤先王之明，而又害于足下之义，故遁逃奔赵[2]。自负以不肖之罪，故不敢为辞说。今王使使者数之罪，臣恐侍御者之不察先王之所以畜幸臣之理，而又不白于臣之所以事先王之心，故敢以书对。

"臣闻圣贤之君，不以禄私其亲，功多者授之；不以官随其爱，能当之者处之。故察能而授官者，成功之君也；论行而结交者，立名之士也。臣以所学者观之，先王之举错，有高世之心，故假节于魏王，而以身得察于燕[3]。先王过举，擢之乎宾客之中，而立之乎群臣之上，不谋于父兄，而使臣为亚卿[4]。臣自以为奉令承教，可以幸无罪矣，故受命而不辞。

[1] 左右：这里实指燕惠王，因不敢直斥燕王本人，所以推言左右。下文"侍御者"（侍奉国君的人），同此。　[2] 斧质之罪：指死刑。质，杀人用的砧板。斧、质都是古代的刑具，置人于质上，以斧斫之。"以伤"二句：此言如果乐毅回燕国而被杀，不明真相的人会认为昭王用人不当，有伤先王之明；了解实情的人又会认为惠王屈杀忠臣，有害足下之义。　[3] 节：符节，古代外交使臣所持的凭证。乐毅原仕魏，是以外交使节的身分入燕为臣的。《史记·乐毅列传》："乐毅于是为魏昭王使于燕，燕王以客礼待之。乐毅辞让，遂委质为臣。"察：知。　[4] 父兄：指同族的宗室大臣。当时国君有重大措施，往往要同宗室大臣商量。亚卿：爵名，地位仅次于上卿。

望诸君于是派人呈送书信回答燕王说："我没有才能，不能够秉承先王的教诲，来顺遂您的心意；担心触犯杀身的罪刑，以致伤害先王的明察，又有损足下的大义，所以隐避逃奔赵国。自己承担不贤的罪名，所以不敢有所辩白。现在大王派使者来责备我的罪过，我恐怕您不了解先王重用亲近我的道理，又不明白我用来侍奉先王的心意，所以冒昧地用书信作答。

"我听说贤能圣明的国君，不把俸禄赏赐他亲近的人，功劳多的人才给予；不把官职送给他喜爱的人，能力相称的人才任命。所以考察能力授予官职的，是能够成就功业的国君。衡量德行结交朋友的，是能够建立名声的士人。我用所学到的知识来观察，先王的举动行事，有高出世人的心志，所以为魏王出使，从而使自己得以被燕国所了解。先王不适当地任用，把我从宾客中提拔起来，在朝廷居于群臣之上，不同宗室大臣商量，便封我为亚卿。我自以为遵奉命令、秉承教诲，便可以不致获罪了，所以接受任命而没有推辞。

"先王命之曰：'我有积怨深怒于齐[1]，不量轻弱，而欲以齐为事。'臣对曰：'夫齐，霸国之余教而骤胜之遗事也，闲于兵甲，习于战攻。王若欲攻之，则必举天下而图之。举天下而图之，莫径于结赵矣。且又淮北、宋地，楚、魏之所同愿也[2]。赵若许约，楚、魏尽力[3]，四国攻之，齐可大破也。'先王曰：'善。'臣乃口受令，具符节，南使臣于赵[4]。顾反[5]，命起兵随而攻齐。以天之道，先王之灵，河北之地随先王举而有之于济上[6]。济上之军，奉令击齐[7]，大胜之。轻卒锐兵，长驱至国[8]。齐王逃遁走莒，仅以身免。珠玉财宝，车甲珍器，尽收入燕；大吕陈于元英，故鼎反于历室，齐器设于宁台[9]；蓟丘之植，植于汶皇[10]。自五伯以来，功未有及先王者也。先王以为惬其志，以臣为不顿命[11]，故裂地而封之，使之得比于小国诸侯。

臣不佞，自以为奉令承教，可以幸无罪矣，故受命而弗辞。

[1]"我有积怨"句：燕王哙七年（前314年），齐国乘燕国内乱，出兵伐燕，五十天攻下燕国，杀死燕王哙，因此昭王与齐有积怨。 [2]淮北：指淮河以北地区，本楚地，时属齐，楚欲得之。宋地：前286年，齐、魏、楚三国灭宋，三分其地，这里指归齐所有的宋国故地，即今江苏铜山、河南商丘、山东曲阜之间的地区，魏欲得之。 [3]楚魏尽力：原作"楚魏宋尽力"，据黄丕烈、金正炜说删"宋"字。 [4]"臣乃口受令"句："口"疑本作囗，阙文的标志。此句《新序》作"臣乃受命"，译文从《新序》。
[5]顾反：同义词连用，犹言"回来"。顾，还（用王念孙说）。反，返回。《史记·屈原贾生列传》："使于齐，顾反，谏怀王"，与此义同。 [6]"河北之地"句：河北之地指齐国黄河以北的土地。"于济上"三字疑涉下而衍。
[7]济上之军：指燕军。济上，指济水之滨。乐毅率五国之师与齐军在济水西岸决战，击溃齐军主力。济西决战之后，乐毅遣还秦、韩之师，分魏师攻占旧宋国地，分赵师攻取河间，自己率师长驱至齐，攻占齐都临淄。 [8]国：国都，这里指齐都临淄。 [9]大吕：钟名。元英：燕宫殿名。故鼎：指齐军占领燕国期间抢走的燕鼎。历室：燕宫殿名。宁台：燕国台名。 [10]蓟丘：燕国国都，在今北京市。于：用法同"以"，训见《词诠》。汶：汶水，即今山东大汶河。皇：通"篁"，竹的通称。 [11]顿：这里是耽误、贻误的意思。

"先王命令我说：'我同齐国有积怨深恨，不考虑国力微弱，想要同齐国作战。'我答说：'这个齐国，是有霸主的传统、屡胜敌国的余威的国家，熟习军事，擅长作战。大王如果想攻打它，必须联合天下各国来对付它。联合天下各国来对付它，没有比结交赵国更便捷的了。况且淮北和宋国故地,是楚、魏两国都希望获得的。赵国如果同意结盟,楚、魏两国尽力协助,四个国家攻打齐国,齐国就可以打垮了。'先王说:'好。'我于是接受命令,备办符节,派我向南出使赵国。回来以后,命令起兵随即攻打齐国。依靠老天的保佑,先王的声威,黄河以北的土地顺从先王全部占有直到济水边上。济水边上的军队,奉命追击,大胜齐军。轻锐的队伍,长驱直入齐都临淄。齐闵王逃亡到莒邑,仅仅保住自己的性命。齐国的珠玉财宝、战车铠甲、珍贵器皿,全部收归燕国。大吕陈列在元英,燕国的大鼎回到历室,齐国的宝器摆设在宁台;蓟丘种上了汶水边的竹子。自从春秋五霸以来,功绩没有赶得上先王的。先王感到满足了他的愿望,认为我没有贻误命令,所以分出土地封赏给我,使我同小国诸侯的地位相当。我没有才能,自以为遵奉命令,秉承教诲,就可以不致获罪了,所以才接受命令而没有推辞。

"臣闻贤明之君,功立而不废,故著于春秋[1];蚤知之士[2],名成而不毁,故称于后世。若先王之报怨雪耻,夷万乘之强国,收八百岁之蓄积[3],及至弃群臣之日,余令诏后嗣之遗义,执政任事之臣,所以能循法令、顺庶孽者,施及萌隶,皆可以教于后世[4]。

"臣闻善作者不必善成,善始者不必善终。昔者伍子胥说听乎阖闾,故吴王远迹至于郢。夫差弗是也,赐之鸱夷而浮之江。故吴王夫差不悟先论之可以立功,故沉子胥而不悔。子胥不蚤见主之不同量,故入江而不改[5]。夫免身全功,以明先王之迹者,臣之上计也。离毁辱之非,堕先王之名者[6],臣之所大恐也。临不测之罪,以幸为利者[7],义之所不敢出也。

"臣闻古之君子,交绝不出恶声;忠臣之去也,不洁其名。臣虽不佞,数奉教于君子矣。恐侍御者之亲左右之说,而不察疏远之行也[8],

故敢以书报，唯君之留意焉。"

[1]春秋：古代编年史的通称，这里泛指史书。 [2]蚤：通"早"。下文"子胥不蚤见"的"蚤"，同此。 [3]八百岁：自前1065年周封姜尚于齐，至前284年乐毅破齐，约计八百年。 [4]"余令"以下数句：原文疑有误，文义不可通。《史记·乐毅列传》作："余教未衰，执政任事之臣，修法令，慎庶孽，施及乎萌隶，皆可以教后世。"庶孽，庶子。施（yì）：延续。萌（máng）隶：奴隶，这里指百姓。萌，通"氓"。 [5]"昔者伍子胥"数句：公元前506年，吴王阖闾伐楚，用伍子胥之谋，攻陷郢都。前494年，阖闾之子夫差大败越王勾践后，接受越国求和，转而攻齐。伍子胥力谏不听，反将伍子胥赐死，尸首装进皮囊，投入江中。鸱（chī）夷：皮制的口袋。先论：指伍子胥先前提出的攻齐而不灭越，吴必亡于越的论断。 [6]离：通"罹"，遭遇。堕（huī）：毁坏。 [7]为利：图谋私利，指助赵伐燕。 [8]疏远：指被疏远的人，这里是乐毅自指。

　　"我听说贤明的国君，功勋建立后不废弃，所以能载入史册；有先见之明的士人，名声成就后不败坏，所以能扬名后世。像先王那样报仇雪恨，削平拥有万辆兵车的强国，收取了它八百年来的积蓄，等到他去世的时候，遗留的法令是教导后代国君的遗训，执政掌权的大臣所以能够遵循法令、安定宗室，余惠普及到百姓中间，都可以用来教育后代。

　　"我听说善于开创的人不一定善于完成，有好的开端的人不一定有好的结局。从前伍子胥的主张被吴王阖闾接受，所以吴王的足迹能够远到郢都。吴王夫差不接受意见，赐给他皮囊让他浮尸江上。原因是吴王夫差不理解先前的主张可以建功立业，所以把伍子胥沉入长江而不悔恨；伍子胥不能预见两位吴王的气量不同，所以被抛入长江也不离开吴国。

使自己免于灾祸保全功名，从而彰明先王的业绩，这是我最好的打算。遭到诋毁和侮辱，以致毁坏先王的名声，这是我最大的恐惧。面临无法预计的罪责，却希图谋求私利，在道义上是我所不敢做的。

"我听说古代的君子，交情断绝，不互相攻击；忠臣罢职离国，不为自己洗刷恶名。我虽然不才，曾多次受到君子的教诲了。恐怕您听信左右侍臣的说辞，而不了解被疏远的人的行为，所以冒昧地用书信作答，希望您加以考虑。"

鹬蚌相争
（燕策二）

善于运用寓言故事形象生动地说明重大的政治问题，是《战国策》的一个显著特色。其中不少寓言一直流传至今，成为习用的成语。"鹬蚌相争，渔人得利"就是一例。

赵且伐燕。苏代为燕谓惠王曰："今者臣来，过易水，蚌方出曝，而鹬啄其肉，蚌合而拑其喙[1]。鹬曰：'今日不雨，明日不雨，蚌将为脯[2]。'蚌亦谓鹬曰：'今日不出，明日不出，即有死鹬。'两者不肯相舍，渔者得而并禽之。今赵且伐燕，燕赵久相支，以弊大众，臣恐强秦之为渔父也[3]。故愿王之熟计之也。"惠王曰："善。"乃止。

[1]拑（qián）：夹持。　[2]蚌将为脯：原作"必有死蚌"，"蚌"与"雨"不叶韵（下文"出""鹬"叶韵），依王念孙说，据《艺文类聚》《太平御览》所引改。　[3]支：持。弊：困乏，疲惫。父（fǔ）：对老年人

的尊称。

赵国将要攻打燕国。苏代为燕国对赵惠文王说："今天我来的时候，路过易水，看见一只蚌正出来晒太阳，一只鹬啄住蚌的肉，蚌合起壳夹住鹬的嘴。鹬说：'今天不下雨，明天不下雨，你就要成为肉干。'蚌也对鹬说：'今天不放你，明天不放你，就有死鹬了。'双方谁也不肯放开谁。打鱼的人见到就把它们一起逮走了。现在赵国打算攻打燕国，两国长期相持不下，以致困乏百姓，我担心强大的秦国会成为渔翁啊！因此希望大王仔细考虑这件事。"赵惠文王说："好。"于是停止攻打燕国。

荆轲刺秦王
（燕策三）

在秦国兵临易水，燕国危在旦夕的形势下，燕太子丹派荆轲使秦，把国家的命运完全寄托于铤而走险、孤注一掷的暗杀活动，是不足取的。但是荆轲的事迹具有舍身为国、反抗强暴的性质，气节感人，可歌可泣，所以历来为人传诵。本文通过错综复杂的情节安排和生动感人的细节描写，精心刻画了田光、樊於期、高渐离等栩栩如生的人物形象，特别是荆轲的勇敢沉着、刚毅豪迈的性格，更加鲜明突出，是一篇出色的史传散文。

燕太子丹质于秦，亡归[1]。见秦且灭六国，兵以临易水[2]，恐其祸至。太子丹患之，谓其太傅鞠武曰："燕、秦不两立，愿太傅幸而图之。"武对曰："秦地遍天下，威胁韩、魏、赵氏，则易水以北未有所定也。奈何以见陵之怨，欲批其逆鳞哉[3]？"太子曰："然则何由？"

太傅曰："请入图之[4]。"

居之有间，樊将军亡秦之燕[5]，太子容之。太傅鞠武谏曰："不可。夫秦王之暴，而积怨于燕，足为寒心，又况闻樊将军之在乎！是以委肉当恶虎之蹊，祸必不振矣[6]！虽有管晏，不能为谋。愿太子急遣樊将军入匈奴以灭口，请西约三晋，南连齐、楚，北讲于单于[7]，然后乃可图也。"太子曰："太傅之计，旷日弥久，心惛然，恐不能须臾[8]。且非独于此也[9]，夫樊将军困穷于天下，归身于丹，丹终不迫于强秦而弃所哀怜之交，置之匈奴。是丹命固卒之时也，愿太傅更虑之。"鞠武曰："燕有田光先生者，其智深，其勇沉，可与之谋也。"太子曰："愿因太傅交于田先生，可乎？"鞠武曰："敬诺。"出见田光，道太子曰："愿图国事于先生。"田光曰："敬奉教。"乃造焉。

[1]燕太子丹：燕王喜之子，秦王政即位后入质于秦，秦王政十五年（前232年）自秦逃归。 [2]以：通"已"。易水：源出今河北易县，是当时燕国的南部边界。 [3]见陵之怨：《史记·刺客列传》："丹质于秦，秦王之遇太子丹不善，故丹怨而亡归。"批：触犯。逆鳞：古代传说龙颈下有鳞倒生，人触到它，龙就要杀人。见《韩非子·说难》。后世遂常以"批逆鳞"比喻触怒帝王。 [4]入：还。《汉书·武帝纪》集解引晋灼：入，犹还也。 [5]樊将军：名於期（wū jī），秦将，因得罪于秦王，逃到燕国。[6]以：用法同"谓"，训见《经传释词》。蹊（xī）：径，小路。振：拯救，挽救。 [7]单（chán）于：外来语，匈奴称其王为单于。 [8]惛（hūn）然：烦乱的样子。能（nài）：通"耐"，禁得起。 [9]于：用法同"如"，训见《经传释词》。

燕太子丹在秦国做人质，潜逃回国。见到秦国将要吞灭六国，军队

221

已经迫近易水,害怕大祸临头。太子丹十分忧虑,对他的太傅鞠武说:"燕、秦两国不能并存,希望太傅能考虑这件事。"鞠武回答说:"秦国领土遍及天下,韩、魏、赵三国被迫屈服,那么易水以北的燕国是无法安定的了。怎能因为受到凌辱的怨恨,就要触犯秦王的恼怒呢?"太子说:"那么该怎么办?"太傅说:"让我回去考虑一下。"

过了不久,樊将军从秦国逃亡到燕国,太子收留了他。太傅鞠武劝谏说:"不能这样做。以秦王的残暴,并且同燕国积下怨仇,已经够叫人胆战心寒的了;更何况听到樊将军在这里呢!这是把肉放在饿虎经过的路上,灾祸肯定是无法挽救的了。即使有管仲、晏婴的大才,也想不出办法。希望太子赶紧打发樊将军到匈奴去以防止消息传播,同时西边结交三晋,南边联合齐、楚,北边交好匈奴单于,然后才可以对付秦国。"太子说:"太傅的办法,旷日持久,我心烦意乱,恐怕一刻也等不得了。而且不仅如此,这位樊将军到处走投无路,来到我这里,我总不能害怕强暴的秦国就抛弃我所同情的朋友,把他打发到匈奴去。这正是我豁出性命的时候了,希望太傅重新考虑这件事。"鞠武说:"燕国有位田光先生,他智谋高深,勇气盛大,可以同他商量。"太子说:"希望通过太傅跟田先生结识,可以吗?"鞠武说:"一定照办。"鞠武出去会见田光,传达太子的话说:"希望同先生商量国家大事。"田光说:"接受指教。"便去进见太子。

太子跪而逢迎,却行为道[1],跪而拂席。田先生坐定,左右无人,太子避席而请曰:"燕、秦不两立,愿先生留意也。"田光曰:"臣闻骐骥盛壮之时,一日而驰千里。至其衰也,驽马先之。今太子闻光壮盛之时,不知吾精已消亡矣。虽然,光不敢以乏国事也[2]。所善荆轲可使也[3]。"太子曰:"愿因先生得交于荆轲,可乎?"田光曰:"敬诺。"即起,趋出。太子送之至门,曰:"丹所报[4],先生所言者,国

222

大事也，愿先生勿泄也。"田光俯而笑曰："诺。"

　　偻行见荆轲[5]，曰："光与子相善，燕国莫不知。今太子闻光壮盛之时，不知吾形已不逮也，幸而教之曰：'燕、秦不两立，愿先生留意也。'光窃不自外，言足下于太子，愿足下过太子于宫。"荆轲曰："谨奉教。"田光曰："光闻长者之行，不使人疑之，今太子约光曰[6]：'所言者，国之大事也，愿先生勿泄也。'是太子疑光也。夫为行使人疑之，非节侠士也。"欲自杀以激荆轲，曰："愿足下急过太子，言光已死，明不言也。"遂自刭而死。

　　[1]道（dǎo）：引导，这个意义后来写作"导"。　　[2]乏：荒废。[3]荆轲：著名侠士，本齐人，徙于卫，卫人称之庆卿，又至燕，燕人称之荆卿。卿，古代对男子的尊称。　　[4]报：私下嘱咐。金正炜注："报，谓阴有所属也。"[5]偻（lǚ）行：弯着腰走路，形容田光衰老。　　[6]约：约束，这里是告诫的意思。

　　太子跪着迎接，退着走给他引路，又跪下拂拭座席。田光坐定，左右的人都回避，太子离开座席告请说："燕、秦不能并存，希望先生能加以注意。"田光说："我听说骏马年轻力壮的时候，一天能跑一千里；等到它衰老了，劣马跑在它前头。现在太子听到的是我年轻力壮的时候，却不知道我的精力已经消失了。虽说这样，我还是不敢因此荒废国家大事。我的好友荆轲是可以任用的。"太子说："希望通过先生能够同荆轲交往，可以吗？"田光说："一定照办。"立即起身，快步走出。太子送他到门口，说："我请教的，先生所讲的，是国家大事，希望先生不要泄露。"田光低头笑着说："知道了。"

　　田光随即快步去见荆轲，说："我同您友好，燕国没有人不知道。现

223

在太子听到的是我年轻力壮的时候，不知道我的体力已经远不如前了。承蒙他指教说：'燕、秦不能并存，希望先生能加以注意。'我不能置身事外，已经把您推荐给太子，希望您到宫里去拜访太子。"荆轲说："接受指教。"田光说："我听说谨厚自重的人的行为，不会被别人怀疑。现在太子告诫我说：'我们议论的是国家的大事，希望先生不要泄露。'这说明太子怀疑我了。一个人的所作所为被人怀疑，就不是有节操、讲义气的人。"想用自杀来激励荆轲，便说："希望您赶紧拜访太子，说田光已经死去，表明不会再说话了。"于是刎颈自杀。

　　轲见太子，言田光已死，明不言也。太子再拜而跪，膝行流涕[1]，有顷而后言曰："丹所请田先生无言者，欲以成大事之谋，今田先生以死明不泄言，岂丹之心哉！"荆轲坐定，太子避席顿首曰："田先生不知丹不肖，使得至前，愿有所道[2]，此天所以哀燕不弃其孤也[3]。今秦有贪饕之心[4]，而欲不可足也。非尽天下之地，臣海内之王者，其意不厌。今秦已虏韩王，尽纳其地[5]，又举兵南伐楚，北临赵。王翦将数十万之众临漳、邺，而李信出太原、云中[6]。赵不能支秦，必入臣。入臣，则祸至燕。燕小弱，数困于兵，今计举国不足以当秦。诸侯服秦，莫敢合从。丹之私计，愚以为诚得天下之勇士，使于秦，窥以重利，秦王贪其贽，必得所愿矣。诚得劫秦王，使悉反诸侯之侵地，若曹沫之与齐桓公[7]，则大善矣；则不可[8]，因而刺杀之。彼大将擅兵于外，而内有大乱，则君臣相疑。以其间[9]，诸侯得合从，其偿破秦必矣[10]。此丹之上愿，而不知所以委命。唯荆卿留意焉。"久之，荆轲曰："此国之大事，臣驽下，恐不足任使。"太子前顿首，固请无让。然后许诺。
　　于是尊荆轲为上卿，舍上舍，太子日日造问，供太牢异物，间进车骑美女[11]，恣荆轲所欲，以顺适其意。

[1] 膝行：原作"膝下行"，据王念孙说删"下"字。 [2] 道：通
"导"，教导。 [3] 孤：这里指太子丹自己。《史记·刺客列传》索隐："无
父称孤，时燕王尚在，而丹称孤者，或记者失辞；或诸侯嫡子，时亦僭
称孤也。" [4] 贪饕（tāo）：贪婪。 [5]"今秦"二句：秦王政十七年
（前230年）灭韩，虏韩王安，收韩地建为颍川郡。 [6] 王翦：秦国名
将，在秦统一六国的战争中屡建大功。漳邺：漳水、邺县一带（在今河北
临漳县和河南安阳县之间），时为赵国南部边境。李信：秦将。太原：秦郡
名，治所在晋阳（今山西太原市西南），原为赵地，前245年秦建郡。云
中：郡名，治所在云中（今内蒙古托克托东北），原为赵郡，前234年被秦
攻占。 [7] 曹沫：春秋鲁人，尝率鲁军与齐军战，三战三北，鲁割地求
和，后乘鲁庄公与齐桓公在柯地会盟之机，持匕首劫持齐桓公，迫使他退
还鲁国被侵占的土地。事见《公羊传·庄公十三年》《史记·刺客列传》。
[8] 则：用法同"即"，如果。 [9] 以其间：趁这个机会。间（jiàn），空
隙。"间"下原有"诸侯"二字，依金正炜说，据鲍本及《史记》删。
[10] 其：用法同"则"，训见《古书虚字集释》。偿破：鲍本无"破"字，《史
记》无"偿"字。黄丕烈认为："此当是《策》文作'偿'，《史记》作'破'，
因两存也。" [11] 间（jiàn）进：断断续续地进献，间隔不久就进献一次。

荆轲进见太子，说田光已经死去，表明不会再说话了。太子拜了两
拜跪下，用膝盖行走，泪流满面，过了好一会才说："我所以请求田先生
不要说话的原因，是要实现重大的计划。现在田先生用死来表明不泄露
谈话的内容，哪里是我的本意呢！"荆轲坐定后，太子离开座席叩头说：
"田先生不知道我不成材，使我能来到您的跟前，希望您有所教导，这

是老天哀怜燕国不抛弃它的后代啊。秦国有贪婪的野心，欲望没有止境。不占尽天下的土地，臣服海内的诸侯，它的心意不会满足。现在秦国已经俘虏了韩王，全部吞并韩国土地，又发兵南下攻打楚国，北上逼近赵国。王翦率领几十万军队到达漳水、邺邑一带，李信又从太原、云中出兵。赵国抵挡不住秦国，必然入秦称臣。赵国入秦称臣，灾祸就轮到燕国了。燕国弱小，屡次受到战争困扰，现在估量动员全国的力量也不足以抵挡秦国。诸侯都屈服于秦国，谁也不敢联合抗秦。我个人的想法，认为如果能找到天下的勇士，出使秦国，示以重利，秦王贪图厚礼，一定能如愿以偿了。果真能胁迫秦王，让他全部归还各国被侵占的土地，像曹沫对待齐桓公那样，就太好了；如果不答应，就趁势刺杀他。秦国的大将率兵在国外，国内发生大乱，那么君臣互相猜疑，趁这个机会，各国就可以联合抗秦，实现破秦的愿望就毫无疑问了。这是我最高的愿望，但是不知道把这个使命委托给谁。只有请您加以注意。"过了好久，荆轲说："这是国家大事，我才能低下，恐怕不能承担这个使命。"太子向前叩头，坚决请求不要推辞。这样荆轲才答应。

于是尊奉荆轲为上卿，住在上等馆舍，太子天天登门问候，供给丰盛的饮食、珍奇的物品，并不断地进献车马、美女，尽量满足荆轲的要求，使他称心如意。

久之，荆卿未有行意。秦将王翦破赵，虏赵王[1]，尽收其地，进兵北略地，至燕南界。太子丹恐惧，乃请荆卿曰："秦军旦暮渡易水，则虽欲长侍足下，岂可得哉？"荆卿曰："微太子言，臣愿得谒之[2]。今行而无信[3]，则秦未可亲也。今夫樊将军，秦王购之金千斤、邑万家。诚能得樊将军首，与燕督亢之地图献秦王[4]，秦王必说，见臣，臣乃得有以报太子。"太子曰："樊将军以穷困来归丹，丹不忍以己之

226

私而伤长者之意。愿足下更虑之。"

荆轲知太子不忍，乃遂私见樊於期，曰："秦之遇将军，可谓深矣[5]。父母宗族皆为戮没。今闻购将军之首，金千斤，邑万家，将奈何？"樊将军仰天太息流涕，曰："吾每念，常痛于骨髓，顾计不知所出耳。"轲曰："今有一言，可以解燕国之患，而报将军之仇者，何如？"樊於期乃前曰："为之奈何？"荆轲曰："愿得将军之首以献秦，秦王必喜而善见臣，臣左手把其袖，而右手揕其胸[6]，然则将军之仇报，而燕国见陵之耻除矣。将军岂有意乎？"樊於期偏袒扼腕而进，曰："此臣日夜切齿拊心也[7]，乃今得闻教。"遂自刎。

太子闻之，驰往，伏尸而哭，极哀。既已无可奈何，乃遂收盛樊於期之首，函封之。

[1]"秦将"句：秦王政十九年（前228年），王翦破赵，虏赵王迁，赵公子嘉出奔代，自立为代王。 [2]谒：请，告。 [3]信：信物，取信于人的凭证。 [4]督亢：燕国南部的富庶地区，约当今河北涿州市、定兴、高碑店市、固安一带。 [5]深：刻，这里是严酷、刻苛的意思。[6]揕（zhèn）：刺。"揕"下原有"抗"字，依王念孙说，据鲍本删。[7]拊心：捶胸。拊（fǔ）：拍，轻击。

过了很久，荆轲仍没有动身的意思。（这时）秦将王翦攻破赵国，俘虏赵王，全部占有赵国的领土，向北进军掠夺土地，到达燕国的南部边界。太子丹害怕，就召见荆轲说："秦军早晚间就要渡过易水，我即使想长期侍奉您，怎么可能呢？"荆轲说："就是太子不说，我也想报告这件事。现在行动却没有取信的凭证，那么秦王还不可能接近。如今这个樊将军，秦王悬赏一千斤黄金和一万户封邑逮捕他，如果真能得到樊将军的头，连同燕国督亢地区的地图献给秦王，秦王一定高兴，并接见我，我才能够有报效太子的机会。"太子说："樊将军由于走投无路来投奔我，我不忍心因为自己的私利而辜负他的心意。希望您重新考虑一下。"

荆轲知道太子不忍心，于是私自去见樊於期，说："秦国对待将军，可以说太狠毒了。父母家族都被杀尽。现在听说悬赏黄金千斤、封邑万户求取将军的头，您打算怎么办？"樊将军仰天长叹，泪流满面，说："我每一想到这件事，总是痛入骨髓，只是想不出什么办法罢了。"荆轲说："现在有一个计策，能够解除燕国的灾难，报复将军的冤仇，怎么样？"樊於期上前一步说："那该怎么办？"荆轲说："希望得到将军的头献给秦王，秦王一定高兴并且愿意接见我，我左手抓住他的袖子，右手直刺他的胸膛。这样一来，将军的冤仇得以报复，燕国受欺凌的耻辱也消除了。将军是不是有意这样做呢？"樊於期解衣袒露一臂握住另一只手的手腕走上前，说："这是我日夜切齿捶胸的事情，今天才得以听到您的指教！"于是自杀。

太子丹听到这件事，驾车急忙赶去，伏在尸体上大哭，非常哀痛。但是已经无法挽回，便收拾樊於期的头，装在匣子里封好。

于是，太子预求天下之利匕首，得赵人徐夫人之匕首，取之百金，使工以药淬之，以试人，血濡缕，人无不立死者[1]。乃为装遣荆轲。燕国有勇士秦武阳，年十二杀人，人不敢忤视[2]。乃令秦武阳为副。荆轲有所待，欲与俱，其人居远未来，而为留待。顷之未发。太子迟之，疑其有改悔，乃复请之，曰："日以尽矣[3]，荆卿岂无意哉？丹请先遣秦武阳。"荆轲怒，叱太子曰："今日往而不反者，竖子也[4]！今提一匕首入不测之强秦，仆所以留者，待吾客与俱。今太子迟之，请辞决矣[5]！"遂发。

228

太子及宾客知其事者，皆白衣冠以送之。至易水上，既祖[6]，取道。高渐离击筑，荆轲和而歌，为变徵之声，士皆垂泪涕泣[7]。又前而为歌曰："风萧萧兮易水寒，壮士一去兮不复还！"复为慷慨羽声，士皆瞋目，发尽上指冠。于是荆轲遂就车而去，终已不顾。

　　[1]徐夫人：人名，姓徐，名夫人，淬（cuì脆）：煅烧后放入水中急速冷却叫淬。濡：润湿，浸渍。缕：细线，丝线。《史记集解》："人血出，足以沾濡丝缕，便立死也。"[2]忤视：迎着目光对视。忤，逆，迎。[3]以：通"已"。[4]往而不反：意思是去了而不能完成任务回来。燕太子派荆轲使秦的第一方案是劫持秦王，迫使他归还六国失地，并非一去不返，故有此言。竖子：小孩，这是骂太子丹的话。[5]决：通"诀"，别。[6]祖：祭祀路神。古人远行常常要祭祀道路之神。[7]高渐离：荆轲的好友，善击筑。筑：古代一种弦乐器，形似琴，奏时左手按弦，右手持竹尺敲击。变徵（zhǐ）之声：古代乐律分宫、商、角、变徵、徵、羽、变宫七调，大致相当西乐之C、D、E、F、G、A、B七调。变徵大致相当F调，其调凄厉悲凉。后文"羽调"大致相当A调，其调高亢激昂。

　　这时，太子已经预先访求天下最锋利的匕首，发现赵国人徐夫人的匕首，用百金买了来，让工匠用毒药淬炼。拿它试着刺人，流出的血只要够沾湿一根丝线的，被刺的人没有不立刻死去的。于是整治行装送荆轲出发。燕国有个勇士秦武阳，十二岁时便杀过人，人们都不敢迎着目光同他对视。于是让秦武阳做副手。荆轲要等一个人，想同他一起去，那个人住在远处还没有来，因此留下来等待。过了些时候还没有出发。太子见他行动迟缓，怀疑他有翻悔，便又告诉他说："时间已经差不多了，您难道不想去了吗？让我先派秦武阳去吧。"荆轲很生气，申斥太子说：

"今天去后不能成功地回来，就是因为你啊！如今是凭着一把匕首进入无法预料的强秦，我所以滞留的原因，是等待我的朋友一起去。现在太子认为我迟缓，那就告辞吧！"随即出发。

太子和知道这件事的宾客，都穿戴着白衣白帽送别荆轲。到了易水边上，祭过路神，就要上路。高渐离敲着筑，荆轲和着乐声歌唱，发出凄厉悲凉的调子，人们都哭泣落泪。荆轲又走上前去唱道："风萧萧兮易水寒，壮士一去兮不复还！"又发出激昂慷慨的音声，人们都瞪大眼睛，怒发冲冠。然后荆轲就上车出发，再没有回头看一眼。

既至秦，持千金之资币物，厚遗秦王宠臣中庶子蒙嘉。嘉为先言于秦王曰："燕王诚振怖大王之威，不敢兴兵以拒大王，愿举国为内臣，比诸侯之列，给贡职如郡县，而得奉守先王之宗庙[1]。恐惧不敢自陈，谨斩樊於期头，及献燕之督亢之地图，函封，燕王拜送于庭，使使以闻大王。唯大王命之。"

秦王闻之，大喜。乃朝服，设九宾[2]，见燕使者咸阳宫。荆轲奉樊於期头函，而秦武阳奉地图匣，以次进。至陛下，秦武阳色变振恐，群臣怪之。荆轲顾笑武阳，前为谢曰："北蛮夷之鄙人，未尝见天子，故振慑，愿大王少假借之[3]，使毕使于前。"秦王谓轲曰："起，取武阳所持图！"轲既取图奉之[4]，发图，图穷而匕首见。因左手把秦王之袖，而右手持匕首揕之。未至身，秦王惊，自引而起，绝袖。拔剑，剑长，摻其室[5]。时惶急，剑坚[6]，故不可立拔。荆轲逐秦王，秦王还柱而走。群臣惊愕，卒起不意[7]，尽失其度。而秦法：群臣侍殿上者，不得持尺兵[8]；诸郎中执兵[9]，皆陈殿下，非有诏不得上。方急时，不及召下兵，以故荆轲逐秦王，而卒惶急无以击轲，而乃以手共搏之。是时，侍医夏无且以其所奉药囊提轲[10]。秦王方

230

环柱走,卒惶急,不知所为。左右乃曰:"王负剑! 王负剑[11]! "遂拔以击荆轲,断其左股。荆轲废,乃引其匕首提秦王,不中,中柱。秦王复击轲,被八创。轲自知事不就,倚柱而笑,箕踞以骂曰[12]:"事所以不成者,乃欲以生劫之,必得契约以报太子也。"左右既前,斩荆轲。秦王目眩良久。已而论功赏群臣及当坐者各有差[13]。而赐夏无且黄金二百镒,曰:"无且爱我,乃以药囊提轲也。"

[1]振怖:原作"振畏慕",据鲍本及《史记》改。振,通"震"。下文"振恐""振慑"的"振",同此。内臣:国内的臣僚,这里是藩属的意思。《左传·僖公七年》:"我以郑为内臣。"杜预注:"以郑事齐,如封内臣。"职:贡。贡职,同义词连用。 [2]设九宾:由九个傧相(迎宾、赞礼的人员)依次传呼接引外国使臣上殿,这是古代接待外宾的最隆重的仪式。宾,通"傧"。 [3]振慑:震恐。慑(shè),恐惧。假借:这里是宽容、担待的意思。 [4]既:用法同"即",训见《古书虚字集释》。下文"左右既前,斩荆轲"的"既",同此。 [5]掺(shǎn):持,操。室:剑鞘。 [6]坚:长。《广雅·释诂四》:"坚,长也。"王念孙疏证:"坚,为长短之长。"[7]卒:通"猝",突然。下文"卒惶急"的"卒",同此。[8]尺兵:尺寸之兵,短小的兵器。 [9]郎中:秦职官名,掌管宫廷的警卫。 [10]且:音居(jū)。提(dǐ):掷。 [11]负剑:把剑推到背上。这是提醒秦王的话。因为剑太长,不易拔出,把剑背到背后比较好拔。[12]箕踞:又开两腿坐在地上,膝盖微屈,形似簸箕。这是一种对人蔑视不敬的姿式。 [13]当坐者:应当判罪的人。坐,定罪。差(cī):等级。

到了秦国,拿着价值千金的礼物,厚赠秦王的宠臣中庶子蒙嘉。蒙嘉替荆轲先向秦王进言说:"燕王确实畏惧大王的声威,不敢发兵抗拒大王，愿意献出国家做秦国的藩属，排在诸侯的行列里，备办贡赋像秦国的郡县，以求取保全先王的宗庙。因害怕不敢自己来陈情，诚敬斩下樊於期的头，并献出燕国督亢的地图，用匣子封好，燕王在朝廷拜送，派遣使者来禀报大王。一切听从大王的命令。"

　　秦王听了，非常高兴。就穿上朝服，安排最隆重的仪式，在咸阳宫接见燕国的使臣。荆轲捧着樊於期的头匣，秦武阳捧着地图匣，一前一后地往前走。到了宫殿的台阶前，秦武阳吓得变了脸色，秦国的臣僚对他产生疑忌，荆轲回头看着秦武阳笑了笑，上前替他谢罪说："北方荒僻地区没有见过世面的人，从来没有见过天子，所以害怕，希望大王稍予宽容，让他在您面前完成使命。"秦王对荆轲说："起来，把秦武阳拿着的地图给我！"荆轲立即取过地图，奉献秦王。展开地图，地图的尽头露出匕首。荆轲乘势左手抓住秦王衣袖，右手握住匕首直刺秦王。还没有刺到身体，秦王大惊，退避站起，挣断衣袖。急忙拔剑，剑身长，握住了剑鞘。当时惊慌着急，剑又长，所以不能立刻拔出来。荆轲追赶秦王，秦王绕着柱子跑。臣僚们惊慌失措，突然发生意外，全都失去常态。而秦国的法律：臣僚们侍立在宫殿上的，不许携带任何武器；宫廷侍卫手执武器，都站在殿下，没有命令不能上殿。正在危急的时刻，来不及宣召殿下的警卫，因此荆轲能追赶秦王，而人们仓猝惊慌无法还击荆轲，就用徒手同荆轲搏斗。这时，随从的医官夏无且用他捧着的药袋子向荆轲掷去。秦王正在绕着柱子跑，仓猝惊慌不知该怎么办。左右的人说："大王把剑推到背上去！大王把剑推到背上去！"这才拔出剑来砍荆轲，砍断他的左腿。荆轲倒下，就举起匕首向秦王掷去，没有击中，扎到柱子上。秦王又砍荆轲，砍中八处，荆轲知道事情办不成了，倚着柱子大笑，又开腿坐在地上，骂道："事情所以没有成功，是想活着劫持秦王，务必得到签署的凭证来回报太子啊。"左右的人立即上前杀死荆轲。秦王两眼昏花了好长时间。事后评定功过，按情况分别赏赐群臣和惩办有罪的人。又赐给夏无且黄金二百镒，说："无且爱护我，才用药袋投掷荆轲啊。"

于是秦王大怒燕，益发兵诣赵，诏王翦军以伐燕。十月而拔燕蓟城[1]。燕王喜、太子丹等，皆率其精兵东保于辽东[2]。秦将李信追击燕王，王急，用代王嘉计[3]，杀太子丹，欲献之秦。秦复进兵攻之，五岁而卒灭燕国[4]，而虏燕王喜。秦兼天下。

其后荆轲客高渐离以击筑见秦皇帝，而以筑击秦皇帝，为燕报仇，不中而死。

[1]十月：指秦王政二十一年（前226年）十月。蓟城：燕国国都，在今北京市。 [2]辽东：燕郡，在今辽宁省大凌河以东一带。 [3]代王嘉：即赵公子嘉。秦破赵虏赵王迁，公子嘉逃亡到代，自立为代王。 [4]五岁：秦王政二十五年（前222年），秦灭燕。自前227年王翦伐燕，到前222年灭燕，历时五年。

于是秦王对燕国大为恼怒，增派军队到赵地，命令王翦的军队去讨伐燕国。第二年十月攻克蓟城。燕王喜和太子丹等，都率领精兵退到东边据守辽东。秦将李信追击燕王，燕王惶急，采用代王嘉的计策，杀死太子丹，想把他献给秦国。秦国仍旧进兵攻打燕国，经过五年终于灭掉燕国，俘虏燕王喜。秦国兼并天下。

后来，荆轲的朋友高渐离因击筑技能被秦始皇召见，用筑猛击秦始皇，替燕国报仇，没有击中被处死。

宋卫策

墨子止楚攻宋

（宋卫策）

墨子止楚攻宋，也见于《墨子·公输》，是一直为人传诵的故事。它体现了墨家反对"强凌弱""众暴寡"的思想，和用实际行动制止侵略战争的实干精神。墨子在逻辑思想上首先提出"类"的概念，并把类推的方法运用到论辩上来，本文即是一例。

公输般为楚设机[1]，将以攻宋。墨子闻之，百舍重茧[2]，往见公输般，谓之曰："吾自宋闻子，吾欲藉子杀人[3]。"公输般曰："吾义固不杀人。"墨子曰："闻公为云梯，将以攻宋。宋何罪之有？义不杀人而攻国，是不杀少而杀众。敢问攻宋何义也？"公输般服焉，请见之王。

墨子见楚王[4]，曰："今有人于此，舍其文轩，邻有弊舆而欲窃之[5]；舍其锦绣，邻有短褐而欲窃之[6]；舍其粱肉，邻有糟糠而欲窃之。此为何若人也？"王曰："必为有窃疾矣。"墨子曰："荆之地方五千里，宋方五百里，此犹文轩之与弊舆也。荆有云梦，犀兕麋鹿盈之，江汉鱼鳖鼋鼍为天下饶，宋所谓无雉兔鲋鱼者也，此犹粱肉之与糟糠也[7]。荆有长松、文梓、楩、楠、豫樟[8]，宋无长木，此犹锦绣之与短褐也。臣以王吏之攻宋[9]，为与此同类也。"王曰："善哉！请无攻宋。"

[1]公输般：战国鲁人，即传说中的鲁班，善于制造奇巧的器械。"般"

也作"班""盘"。 〔2〕百舍：止宿百次，极言长途跋涉。茧：通"趼"。
〔3〕人：原作"王"，据吴师道、黄丕烈说改。下文"吾义固不杀人"，"义
不杀人而攻国"的"人"，同。 〔4〕楚王：指楚惠王，名章，楚昭王子，
前488年至前432年在位。 〔5〕文轩：涂饰文采的车。 〔6〕短褐：粗毛
或粗麻制成的衣服。短：通"裋（shù）"，粗衣。 〔7〕犀兕（sì）：犀牛，
雄的叫犀，雌的叫兕。麋（mí）：鹿类动物，似鹿而大。鼋（yuán）：鳖一
类的动物。鼍（tuó）：鳄鱼的一种。鲋（fù）鱼：鲫鱼。 〔8〕文梓：梓树，
纹理细密，故称文梓。楩（pián）：黄楩木。豫樟：樟木。 〔9〕臣：原作"恶"，
依黄丕烈、金正炜说，据鲍本改。

公输般替楚国制造器械，准备用来攻打宋国。墨子听到消息，长途
跋涉，脚底磨出厚茧，去见公输般，对他说："我从宋国听到您的大名，
我想借助您的力量杀人。"公输般说："我遵循道义从来不杀人。"墨子说：
"听说您制造云梯，准备用来攻打宋国。宋国有什么罪？遵循道义不肯
杀人却攻打一个国家，这是不杀少数人而杀多数人。请问攻打宋国有什
么道义呢？"公输般被墨子说服了，便介绍他去见楚王。

墨子进见楚王，说："如果有个人在这里，不要自己的彩饰车子，邻
居有辆破车却想把它偷来；不要自己的锦绣衣服，邻居有件粗布衣服却
想把它偷来；不要自己的美味佳肴，邻居有点糟糠却想把它偷来。这算
是个什么样的人呢？"楚王说："一定是有偷窃癖了。"墨子说："楚国的
土地纵横五千里，宋国纵横五百里，这就像彩车同破车相比一样。楚国
有云梦大泽，犀兕麋鹿遍布其中，长江汉水的鱼鳖鼋鼍是天下最丰富的，
而宋国是人们所说的连雉兔鲋鱼都没有的地方，这就像佳肴同糟糠相比
一样。楚国有长松、文梓、楩、楠、豫樟，宋国却没有高大的树木，这
就像锦绣衣服同粗布衣服相比一样。我认为大王属下的攻打宋国，也是

同一类型的行为啊。"楚王说："说得好啊！我不攻打宋国了。"

要言失时

（宋卫策）

新妇下车伊始便发表意见，指挥家人，虽是要言，仍不免为人所笑，因为还没有到她说这种话的时候。作者原意似乎是喻指向国君进言要掌握时机，可言则言，未可言则不言。其实，我们平时说话做事想取得预期的效果，何尝不需要考虑时机和场合呢？

卫人迎新妇。妇上车，问："骖马，谁马也[1]？"御曰："借之[2]。"新妇谓仆曰："拊骖，无笞服[3]！"车至门，扶，教送母[4]："灭灶，将失火[5]！"入室见曰，曰："徙之牖下，妨往来者！"主人笑之。此三言者，皆要言也，然而不免为笑者，蚤晚之时失也。

[1] 骖（cān）马：古代用三匹或四匹马驾一辆车，中间的一匹或两匹叫服马，两边的两匹叫骖马。后文"无笞服"的"服"，即服马。
[2] 之：用法同"者"，训见《古书虚字集释》。 [3] 拊（fǔ）：抚，爱。
[4] 送母：伴送新娘的妇女，俗称伴娘。 [5] 将：殆，恐怕。训见《经传释词》。

卫国有个人迎娶新娘。新娘一上车，就问："骖马是谁家的马？"赶车的说："借的。"新娘对仆人说："要爱护骖马，也不要鞭打服马！"车子到了家门，被扶下车，便嘱咐伴娘："把灶膛里的火灭掉，恐怕要失火！"

进屋见到石臼，又说："把它搬到窗下去，妨碍来往的人！"婆家的人都笑她。其实这三句话都是要紧的话，然而不免要被人笑话，是因为说话的早晚不合时宜啊。

中山策

中山君以壶餐得士

（中山策）

中山亡于赵，并非亡于楚；中山君"以一杯羊羹亡国"之说，更不足信。本章可能是袭用《左传·宣公二年》华元与羊斟、赵盾与灵辄两个故事。但把这两件事拼合起来，前后便形成鲜明的对比，并由此生发出"与不期众少，其于当厄；怨不期深浅，其于伤心"的一番感慨，倒颇能发人深省。

中山君飨都士[1]，大夫司马子期在焉。羊羹不遍，司马子期怒而走于楚，说楚王伐中山[2]。中山君亡，有二人挈戈而随其后者[3]。中山君顾谓二人："子奚为者也？"二人对曰："臣有父，尝饿且死，君下壶餐饵之[4]。臣父且死，曰：'中山有事，汝必死之。'故来死君也。"中山君喟然而仰叹曰："与不期众少，其于当厄；怨不期深浅，其于伤心[5]。吾以一杯羊羹亡国，以一壶餐得士二人。"

[1]中山：国名，地在今河北定州市一带。前406年，魏文侯灭中山武公；前380年前后，中山复国；前296年，赵武灵王又灭中山桓公。都：都邑，国都。 [2]"楚王伐中山"句：楚伐中山，于史无征。于鬯《战国策年表》系本章于周赧王十四年，云："赵攻中山，中山君臣于齐。中山君亡，有二人挈戈随其后。"亦未云楚伐中山事。 [3]挈（qiè）：提着。 [4]饿：严重的饥饿，因挨饿而病倒。壶餐：一壶熟食。 [5]"与不期"四句：裴学海云："期、其皆训在，与谓施与也。"（《古书虚字集释》）

中山国君宴请国都里的士人，大夫司马子期也在其内。由于羊羹没有分给自己，司马子期一生气便跑到楚国去，劝楚王攻打中山。中山君逃亡，有两个人提着武器跟在他身后。中山君回头对这两个人说："你们是干什么的？"两人回答说："我们的父亲有一次饿得快要死了，您赏下一壶熟食给他吃。他临死时说：'中山君有了危难，你们一定要为他而死。'所以特来为您效命。"中山君仰天长叹，说："施与不在多少，在于正当人家困难的时候；仇怨不在深浅，在于是否伤了人家的心。我因为一杯羊羹亡国，因为一壶熟食得到两个勇士。"

赵丕杰

首都师范大学中文系教授。1932 年生于天津。1952 年毕业于北京大学。主要著作有《文言难句析疑》《中国古代礼俗》《战国策选译》《战国策校释二种》（校点）等。编写并担任副主编的工具书有《现代汉语规范字典》《现代汉语成语规范词典》《现代汉语规范词典》《学生规范字典》。致力于成语应用研究，出版文集《成语误用辨析 200 例》《成语误用辨析 200 例（二）》《成语误用辨析 200 例（三）》《成语误用辨析手册》《咬文嚼字话成语》。

名家精译史学经典

《国语选译》
《战国策选译》
《左传选译》
《史记选译》
《汉书选译》
《后汉书选译》
《三国志选译》
《资治通鉴选译》